# Histoire des Huns

*Aux sources du peuple kazakh*

*

Kalibek DANIAROV

# Histoire des Huns

*Aux sources du peuple kazakh*

\*

Traduit du russe par Chloé Varrin

**Du même auteur**

*Histoire de Gengis Khan,*
*Tome 2, Aux sources du peuple kazakh,*
Éditions L'harmattan, 2018.

*Histoire de l'oulous de Djötchi et de la Horde d'Or,*
*Tome 3 : Aux sources du peuple kazakh,*
Éditions L'Harmattan, 2018.

© L'Harmattan, 2016 – nouvelle édition 2018
5-7, rue de l'Ecole-Polytechnique, 75005 Paris

http://www.editions-harmattan.fr

ISBN : 978-2-343-09492-2
EAN : 9782343094922

## Table des matières

Avant-propos ...................................................................... 9
Introduction ....................................................................... 13
Bibliographie ..................................................................... 19
Les premiers Huns ........................................................... 31
Formation de l'Empire des Huns ..................................... 35
De l'Empire des Huns ...................................................... 39
Le gouvernement des Huns ............................................. 51
La politique intérieure des Huns ..................................... 55
La guerre contre la Chine ................................................ 57
Frontière orientale ........................................................... 65
Frontière septentrionale .................................................. 67
Territoire et économie de l'Empire hunnique ................. 69
La culture des Huns ......................................................... 71
La religion des Huns ....................................................... 73
Reprise des guerres entre les Huns et la Chine ............... 77
Pertes hunniques .............................................................. 79
Guerres de Wei Qing et de Wudi contre les Huns ........... 87
Renforcement des Huns ................................................... 99
Les Huns en Asie centrale et la construction de la ville de Taraz 137
De l'origine des Huns ...................................................... 163
Origine du mot « Hun » ................................................... 165
Les recherches de Konstantin Inostrantsev ..................... 179
De la religion des Huns (complément) ............................ 193
La campagne vers l'Ouest ............................................... 195
Conclusion ....................................................................... 269

Je dédie ce livre à Ernst Woldemar von Tiesenhausen, chercheur et grand humaniste qui, en rassemblant des matériaux sur l'histoire de Djötchi et de la Horde d'Or, a permis au peuple kazakh de connaître l'histoire de ce grand empire (1223-1480) et de revaloriser son glorieux passé.

# Avant-propos

Notre famille était dotée d'un penchant prononcé pour l'histoire et mon père, Kaiyrbaï Daniarov[1], qui avait étudié à Saratov et travaillé avec Alikhan Bokeïkhanov, du temps où celui-ci était député à la Douma d'État de Russie, me disait qu'il fallait étudier cette science et rédiger une histoire véritable du peuple kazakh, exempte de toute tromperie. En 1955, lorsque je me suis procuré mes premières sources primaires sur l'histoire du Kazakhstan, j'ai constaté qu'il n'existait pas d'histoire véritable, ni en URSS, ni dans sa colonie, la RSS du Kazakhstan. Tous les historiens ne faisaient qu'exécuter des commandes du Comité central du Parti communiste de l'Union soviétique et falsifiaient les faits. Pour se faciliter la tâche, ils inventaient des « standards » et des « systèmes » au moyen desquels, sans aucun fondement ni aucune analyse scientifiques des faits historiques, ils rédigeaient l'histoire des empires et des peuples de manière arbitraire, sans se référer aux sources primaires. L'histoire de l'URSS et de sa colonie la RSS du Kazakhstan était saturée de pensée impérialiste et d'idéologie communiste. Dans tous les manuels soviétiques, on présentait les colonies comme des pays ne possédant aucune histoire propre et auxquels l'Empire avait apporté le bonheur en les tirant d'un état d'arriération séculaire. Les historiens kazakhs

---

[1] Un double système de transcription des mots russes a été utilisé pour la traduction : dans le corps du texte, j'ai opté pour la transcription d'usage en littérature, alors que dans les notes biographiques de bas de pages, j'ai choisi le système ISO 9, pour plus de précision. (NdT)

ont réécrit l'histoire impériale à leur façon, mais en n'y apportant que de légères modifications. Un des exemples de cette manière de procéder est l'*Histoire du Kazakhstan*, en cinq tomes, publiée par l'Institut d'histoire et d'ethnographie à la fin du XX$^e$ siècle – alors que le Kazakhstan était déjà indépendant –, dans laquelle, de l'aveu même de ses auteurs, « les éléments nouveaux ne dépassent pas dix pages ».

Les manuels d'histoire du Kazakhstan ne s'appuient sur aucun examen scientifique des sources primaires du XII$^e$ au XVIII$^e$ siècle, aucune analyse scientifique des faits historiques ni aucune étude des situations concrètes ; ils relèvent de l'interprétation arbitraire des faits et font référence à des auteurs russes ayant rédigé l'histoire de l'Empire russe, et non celle du Kazakhstan indépendant : Bartol'd, Kliachtorny, Malov et Iakinf, entre autres. Tous les manuels fondés sur cette méthode de rédaction sont empreints de falsification et donc inutilisables.

Se référer à des sources primaires concrètes prévient toute falsification et enseigne, en outre, aux élèves la pensée scientifique et l'attachement à la vérité. C'est pourquoi j'ai opté, en matière d'écriture de l'histoire, pour la méthode occidentale, en étudiant exhaustivement et scientifiquement les sources primaires et en m'y référant. Dans tous les livres que j'ai publiés, lorsque je décris les faits historiques, je fais référence aux sources primaires du XII$^e$ au XVIII$^e$ siècle, en indiquant les numéros de pages. En tant que privat-docent de l'Institut polytechnique du Kazakhstan, j'ai examiné les programmes d'enseignement de l'histoire dans les Universités d'État de l'URSS, et j'ai constaté leur complète inutilité pour établir une histoire authentique du Kazakhstan. En URSS, on formait les historiens au moyen d'un programme conçu pour la métropole. Aujourd'hui, les programmes scolaires, le matériel pédagogique, les instructions relatives à la méthode et même les manuels ne répondent pas aux exigences scientifiques en matière historique, et ne sont pas dignes de cet État indépendant qu'est la République du Kazakhstan. L'histoire y est enseignée au moyen de manuels, très légèrement remaniés, écrits au temps de l'URSS et de la RSS du Kazakhstan : c'est un préjudice grave pour un État qui construit son développement et son indépendance.

Notre pays ignore complètement la règle pourtant connue et immuable, selon laquelle il est impossible de construire un État fort et développé à tous les niveaux sans un patriotisme, une conscience et un esprit nationaux qui s'ancrent sur une histoire véritable et exempte de toute falsification.

Les livres sur l'histoire du Kazakhstan ne présentent la plupart du temps, en guise de bibliographie, qu'une liste d'ouvrages qui n'ont aucun rapport avec le sujet traité ou n'ont même pas été consultés. Ces livres ne contiennent presque aucune référence, aucune mention des numéros de pages ni aucune recherche personnelle et ne renvoient qu'à Bartol'd, Kliachtorny ou à d'autres historiens russes. Mais ces derniers ont établi l'histoire du point de vue de l'empire qu'ils servaient. Pourquoi nos historiens, en revanche, lorsqu'ils rédigent l'histoire du Kazakhstan, ne mènent-ils pas leurs propres recherches scientifiques sur le sujet ? Quel singulier manque d'ambition et quelle absurdité ! Cette situation est certes pénible et douloureuse à évoquer, mais il est indispensable de le faire.

En outre, Bartol'd, Kliachtorny, Malov et les autres sont des historiens ordinaires de la Russie du XX$^e$ siècle et ne constituent en aucun cas des sources primaires. Ils ont utilisé peu de documents datant du XII$^e$ au XVI$^e$ siècle : leurs ouvrages n'apportent par conséquent aucune valeur ajoutée, et certainement pas pour le Kazakhstan. Le seul historien russe qui s'en soit tenu à une histoire scientifique et véritable et qui ait fait usage des sources primaires est Konstantin Inostrantsev.

Il faut tenir compte de cela lorsqu'on tente d'établir l'histoire véritable du Kazakhstan, une histoire pourtant si nécessaire à ce jeune État indépendant et à son peuple après plus de deux siècles d'esclavage colonial.

# INTRODUCTION

Qui furent les tout premiers Turcs ? Les habitants du khaganat turc ? Incontestablement non, puisque celui-ci date de la fin du IV<sup>e</sup> siècle de notre ère. Alors qui furent donc les premiers Turcs, puisqu'il est clair que des ethnies aussi importantes que les Turcs, les Kazakhs, les Ouzbeks, les Azéris, les Tatars, les Bachkirs, les Ouïgours, etc., n'ont pas pu se former seulement aux VII<sup>e</sup> et VIII<sup>e</sup> siècles de notre ère ?

L'étude d'un abondant matériau historique sur les Huns, son examen détaillé et son analyse scientifique permettent d'affirmer sans erreur possible que les premiers Turcs dont font mention les sources écrites primaires furent les Huns.

Il existe bien sûr, des avis divergents sur cette question. Lev Goumilev, qui a rassemblé une documentation importante sur les premiers Huns, laisse la question de leur langue ouverte, ne les rattachant, linguistiquement parlant, à aucun groupe de peuples. Certains historiens (une minorité) ont émis des avis divergents sur l'origine des Huns, sans toutefois parvenir à étayer leurs dires par des preuves. Cela s'explique, en grande partie, par le fait qu'aucun historien turc maîtrisant la langue turque n'a examiné la question en profondeur. Lorsqu'on étudie attentivement les livres et les travaux scientifiques sur l'histoire des Huns – et ils sont légion – les caractéristiques turques y sautent pourtant aux yeux, que ce soit du point de vue des noms, de la langue, des coutumes, des traditions, du folklore, du système économique ou encore des affaires militaires.

Dans leurs travaux, la plupart des historiens européens cités dans le présent ouvrage considèrent les Huns comme des Turcs, et force est de considérer leur avis comme déterminant. Cette question n'est ni complexe, ni obscure, et elle est résolue sans ambiguïté dans ce livre : les Huns sont des Turcs. Actuellement, les Huns sont d'ailleurs les premiers Turcs que les écrits mentionnent, mais il n'est pas exclu que l'on retrouve un jour de nouvelles sources écrites primaires ou que l'on fasse des découvertes archéologiques qui établiront l'existence de Turcs antérieurs aux Huns.

L'examen complet de l'histoire des Huns permet d'établir tout le cheminement historique des peuples turcs comme suit :

1. Empire commun à tous les Huns, une seule langue et un seul peuple (XII$^e$ s. av. J.-C. – IV$^e$ s. apr. J.-C).
2. Empire commun à tous les Turcs, une seule langue et un seul peuple au sein du khaganat turc (IV$^e$ – X$^e$ s. apr. J.-C).
3. Réunification de différentes tribus et division de celles-ci en différents clans : oghouz, alach, karlouk, etc.
4. Division des Oghouz et formation de trois ethnies importantes : Turcs, Azéris, Turkmènes.
5. Formation d'ethnies turques à partir des Karlouk et d'autres clans turcs : Ouïgours, Turcs d'Asie centrale, etc.
6. Division des Alach en six parties (alty Alach, alty Arys) et formation des clans kazakhs contemporains : kiyat, naïman, kereyit, kiptchak, konggirat, djalaïr, manghit, dughlat, alban, souan, chapyrachty, ochakty, ysty, sirgheli, alchyn, etc., et probablement tatar.

7. Formation du khanat tatar. Formation, à partir de plusieurs clans kazakhs distincts, de mini-États : khanat kiyat, khanat naïman, khanat kereyit, khanat merkit, khanat kiptchak et démembrement de celui-ci en plusieurs khanats. Formation de nations turques en Asie occidentale (Anatolie) : seldjoukide, osmanli.
10. Formation de l'empire de Gengis Khan : réunification de clans kazakhs isolés en un seul empire et un seul peuple, les Mynkol (« mille armées » : « myn » = mille, « kol » = armée – les Kazakhs d'aujourd'hui), 1206 – 1223.
11. Formation de l'empire de Djötchi et de la Horde d'Or et changement de nom du peuple mynkol, qui devient le peuple nogaï, d'après le nom de Nogaï, général et héros de la Horde d'Or, 1223 –1480.
12. Dissolution de la Horde d'Or et formation des khanats du Kazakhstan, de Crimée, de Kazan et d'Astrakhan et de la Horde Nogaï (composée des membres du clan de Nogaï, les Manghit), 1480. Le peuple nogaï change de nom et devient le peuple kazakh.
13. Khanat kazakh, 1480 – 1824.
14. Kazakhstan, colonie de la Russie, 1824 – 1991.
15. Kazakhstan indépendant, depuis 1991.

En ce qui concerne l'histoire du peuple et de l'État kazakhs, on peut distinguer, parmi toutes les phases successives de formation et de division des États turcs, les périodes suivantes :

1. Période de l'empire des Huns.
2. Période des khaganats turcs.
3. Période de l'empire et du peuple alach.

4. Démembrement de l'empire alach et du peuple alach en six parties (Alty Alach) et formation des clans kazakhs.
5. Réunification par la force, dans l'empire de Gengis Khan, des clans kazakhs dispersés sur les vastes territoires s'étendant de l'est de l'actuelle Mongolie au Dniepr, à l'ouest.
6. Règne de Djötchi et Horde d'Or.
7. Khanat kazakh.
8. Période coloniale.
9. République indépendante du Kazakhstan.

J'ai étudié, analysé et classé de manière scientifique et détaillée toutes les périodes mentionnées ci-dessus, à l'exception de celle de l'empire alach, pour laquelle il n'existe pas de sources primaires. Toutefois, l'existence d'un peuple et d'un empire alach est établie. Le peuple alach, comme indiqué plus haut, se composait des mêmes clans que le peuple kazakh : c'est la raison pour laquelle, lorsqu'on établit son histoire, il est indispensable de s'arrêter au moins sur les raisons de sa division.

La publication du présent ouvrage vise à mettre un terme aux incertitudes et à la confusion entourant l'histoire des Turcs et des Kazakhs, en particulier du XII$^e$ siècle av. J.-C. au XII$^e$ siècle de notre ère, c'est-à-dire sur une période de vingt-quatre siècles.

L'histoire des Huns est indissolublement liée à celle de l'Europe au V$^e$ siècle et à la chute de l'Empire romain. À quoi ressemblait donc l'Europe au V$^e$ siècle de notre ère ? L'Empire romain était divisé en deux parties : l'Empire romain d'Orient et l'Empire romain d'Occident. L'Empire romain d'Orient était un vaste État esclavagiste relativement puissant, comprenant la Grèce, la Bulgarie, la Serbie, la Macédoine et d'autres nations balkaniques ainsi que d'importants territoires en Asie. L'Empire romain d'Occident, dont la capitale était Rome, était uni aux royaumes wisigoth, franc et burgonde, et contrôlait de fait toute l'Europe occidentale. Toutefois, les nations vassales de Rome étaient lasses de sa domination et se soulevaient régulièrement contre la capitale de l'Empire. L'Empire romain était le seul État esclavagiste d'Europe à avoir réduit en vassalité d'autres peuples et d'autres nations. L'apparition d'une nouvelle véritable puissance en Europe rendait sa chute inéluctable. Cette puissance nouvelle, les Huns, emmenée par Attila, gagna l'Europe au tout début du V$^e$ siècle de notre ère.

Le présent ouvrage, qui se fonde sur l'analyse et l'étude scientifiques de tous les principaux livres écrits sur les Huns, a pour objectif d'établir leur histoire à partir du moment où ils sont mentionnés pour la première fois dans les chroniques chinoises ; l'histoire de leur affirmation en tant qu'entité étatique et en tant que peuple et l'histoire de leur déclin et de leur renaissance. Car l'histoire des Huns qui, en mille ans, ont essaimé des plaines de Mandchourie jusqu'en France et joué un rôle majeur dans l'histoire mondiale, est extraordinaire. Ce sont les Huns qui, arrivés en Europe au début du V$^e$ siècle et l'ayant quittée en 454, ont mis à bas l'empire esclavagiste romain, ouvrant ainsi de multiples voies pour la construction d'une Europe nouvelle. De nombreux ouvrages traitent du séjour des Huns en Europe. Toutefois, à ce jour, aucun ouvrage n'a couvert l'histoire des Huns de leur apparition en Asie, puis en Europe, à leur disparition complète en tant qu'entité étatique. La précision est importante, car le peuple des Huns, lui, ne s'est pas dissous : il a simplement changé de nom pour devenir le peuple turc et a poursuivi sa marche vers une nouvelle histoire. Ce que vous tenez entre les mains est par conséquent la première histoire exhaustive des Huns.

# BIBLIOGRAPHIE

Konstantin Inostrantsev, l'académicien Arist Kounik, Wilhelm Tomashek, Ármin Vámbéry, Matveï Sokolov et Vassili Vassilievski sont les plus grands turcologues européens. Leurs analyses sont très profondes, objectives et elles englobent une multitude d'éléments. Quoi qu'il en soit, Konstantin Inostrantsev, après la publication de son ouvrage *Khounnou i Gounny*[1] en 1926, ne put pratiquement plus faire éditer aucun de ses travaux scientifiques. Ce n'est qu'en 1970, soit plus de quarante-quatre ans plus tard, qu'on lui donna la possibilité de publier un de ses ouvrages, et de loin pas le plus important, *Istoria stran zaroubiejnoï Azii v srednie veka*[2]. Inostrantsev tomba ensuite dans l'oubli. Pourquoi ? Parce que l'Empire rouge (soviétique) ne voulait pas d'une turcologie fidèle à la vérité : il la considérait comme dangereuse, contraire aux intérêts de l'État, et craignait qu'elle ne prétende à jouer un rôle dominant dans le monde (théorie du panturquisme).

Des peuples turcs importants vivaient en URSS : les Kazakhs, les Kirghizes, les Ouzbeks, les Tatars, les Turkmènes, les Bachkirs et les Azéris, sans même compter les plus petits peuples : Karakalpaks, Yakoutes, Khakass, Touvines, Tatars de Crimée, Balkars, Karatchaïs, Koumyks, Gagaouz, etc. Ces peuples turcs constituaient plus de 20 % de

---

[1] *Les Xiongnu et les Huns*. (NdT)
[2] *Histoire des pays d'Asie au Moyen Âge*. (NdT)

la population totale de l'URSS. En outre, l'Union soviétique n'a jamais cessé de tenter de s'emparer des détroits du Bosphore et des Dardanelles, qui lui auraient procuré un accès à la mer Méditerranée ; c'est pourquoi elle était en très mauvais termes avec la Turquie, seul État turc indépendant. La politique de l'URSS visait à affaiblir les peuples turcs vivant sur son territoire : famine organisée au Kazakhstan, déportation des Tatars de Crimée, des Karatchaïs, des Koumyks et des Balkars, déplacements massifs d'autres peuples sur les terres des peuples turcs – au Kazakhstan, au Tatarstan, au Bachkortostan –, dans le but de réduire la part de ceux-ci par rapport à la population totale. Au gouvernement central de l'URSS (Conseil des ministres de l'URSS), il n'y avait aucun représentant kazakh, ouzbek, kirghize ou turkmène, c'est-à-dire aucun représentant des peuples turcs d'Asie centrale. On menait une politique active de « déturquisation ». Dans ce contexte, de nouveaux experts en turcologie sont apparus : certains se sont contentés de suivre la ligne politique officielle, à l'instar de Vassili Bartol'd, de Lev Goumilev et de Sergueï Malov. D'autres, en revanche, ont fait œuvre de propagande active en établissant l'histoire officielle des peuples turcs, celle qui plaisait aux cercles dirigeants de l'URSS : c'est le cas de l'académicien Boris Grekov et des historiens Sergueï Kliachtorny et Toursoun Soultanov, entre autres. Konstantin Inostrantsev fut condamné à l'oubli. Son livre *Khounnou i Gounny*, publié à 700 exemplaires en 1926, ne fut jamais réédité et se perdit dans des bibliothèques privées ou d'autres fonds. C'est avec beaucoup de difficultés que je suis parvenu à me procurer un exemplaire de cet ouvrage à la bibliothèque Belinski d'Ekaterinbourg et à le photocopier.

Il faut souligner ici que la turcologie au Kazakhstan est dans la même situation qu'en ex-URSS. De nombreux membres du gouvernement, dans leur charge « officielle », ne tiennent pas compte de la véritable histoire du peuple kazakh et de la place qu'il occupe dans l'État (en 2002, les Kazakhs constituaient plus de 60 % de la population totale du pays ; toutefois, les « rapports » officiels et la presse citent encore les chiffres de janvier 1999, soit 53 %) : ils considèrent le Kazakhstan comme une espèce d'agrégat d'individus dont ils ont la charge. La plupart d'entre eux ne maîtrisent pas la langue nationale et ne l'apprennent pas. Les manuels d'histoire du Kazakhstan, qui forgent la pensée des écoliers, datent encore du temps de l'Empire rouge et ne contiennent que quelques ajouts et changements insignifiants (7 à 8 %).

Pour rédiger son livre, Konstantin Inostrantsev a consulté les travaux de tous les historiens européens qui avaient un rapport avec le sujet et il a exprimé des jugements objectifs presque sur la totalité d'entre eux. Voici la liste complète de ces travaux :

*Index des principaux ouvrages traitant de la question de l'origine des Xiongnu et des Huns jusqu'au XX$^e$ siècle.*
1. Jean-Pierre Abel-Rémusat, *Recherches sur les langues tartares* (Paris, 1820).
2. Nikolaï Aristov, *Zametki ob etnitcheskom sostave tiourkskikh plemen i narodnosteï* (Jivaïa starina, 1896, Vyp. III-IV).
3. Karl Ernst von Baer, *Die Makrokephalen im Boden der Krim und Österreichs* (Mémoires de l'Académie des Sciences de Saint-Pétersbourg, VII$^e$ série, T. № 6).

4. Benjamin Bergmann, *Nomadische Streifereien unter den Kalmüken in den Jahren 1802 und 1803* (Riga, 1804).
5. Nikita Bitchourine (Iakinf), *Zapiski o Mongolii* (SPb, 1828). *Sobranie svedeni o narodakh, obitavchikh v Sredneï Azii v drevnie vremena* (SPb, 1851).
6. Edward Charles Bowra, « The Xovvot and the Hsiung-nu », in : *Notes and Queries on China and Japan*, ed. by N. Dennies, vol. I, January-December, 1876, Hong Kong.
7. Léon Cahun, *Vseobchaïa istoria pod redaktsieï Lavisa i Rambo*, T. II, gl. XVI (trad. russe). *Introduction à l'Histoire de l'Asie. Turcs et Mongols. Des Origines à 1405* (Paris, 1896).
8. Matthias Alexander Castrén, *Reiseberichte und Briefe aus den Jahren 1845-1849* (herausgeg. von. A. Schiefner, 1856).
9. Pavel Chafarik, *Slavjanskie drevnosti*, T. I (1847, per. Belinskogo).
10. Vassili Florinski, *Pervobytnye slaviane po pamiatnikam ikh doistoricheskoï jizni* (iz Tomskogo universiteta, VII, 1895).
11. Edward Gibbon, *Histoire de la décadence et de la chute de l'Empire romain*, (trad. russe), T. III.
12. Julien Girard de Rialle, *Mémoire sur l'Asie Centrale* (Paris, 1875).
13. Joseph de Guignes, *Mémoire historique sur l'origine des Huns et des Turcs* (Paris, 1748), *Histoire des Huns, des Turcs, des Mogols et des autres Tartares occidentaux* (Paris, 1756-8).
14. Fejér György, *Aborigenes et incunabula Magyarorum ac gentium cognataram populi Pontici, Pontus* (Budae, 1840).

15. Pál Hunfalvy, *Ethnographie von Ungarn* (Budapesth, 1877).
16. Dmitri Ilovaïski, *Vopros o narodnosti Russov, Bolgar i Gounnov* (Journ. Min. Nar. Prosv., 1881, maï). *Peresmotr voprosa o Gounnakh* (Rousskaïa Starina, 1882). *Razyskania o natchale Rusi* (Moskva, 1882). *Poborniki Normanizma i Touranizma* (Rousskaïa Starina, 1882).
17. Alexandre Jardot, *Révolutions des peuples de l'Asie Moyenne* (Paris, 1839).
18. Julius von Klaproth. *Asia polyglotta* (Paris, 1823). *Mémoire sur l'identité des Thou khin et des Hioung-nou avec les Turks* (Journal Asiatique, 1825, novembre). *Tableaux historiques de l'Asie, depuis la monarchie de Cyrus jusqu'à nos jours* (Paris, 1826).
19. Arist Kounik, *O tiourkskikh Petchenegakh i Polovtsakh po mad'iarskim istotchnikam* (Zap. AK Naouk, 1955, T. III). *Retsenzia na sotchinenie Goloubovskogo o Petchenegakh, Torkakh i Polovtsakh* (vm. s akad. V. V. Radlovym).
20. Charles Lebeau, revu par M. de Saint-Martin, *Histoire du Bas-Empire*, T. II, III, IV.
21. Friedrich Müller, *Allgemeine Ethnografie* (Wien, 1873).
22. Friedrich Müller, *Der Ugrische Volksstaram* (Berlin, 1837).
23. Karl Friedrich Neumann, *Asiatische Studien* (Leipzig, 1837). *Die Völker der Südlichen Russlands in ihrer geschichtlichen Entwicklung* (Leipzig, 1847).
24. Pietr Ouslar, *Drevneïchie izvestia o Kavkaze*. Zapiski kavkazkogo otd. Geogr. obchtch. XII, 1881 i sobranie svedeni o kavkazskikh gortsakh, X.

25. Peter Simon Pallas, *Sammlungen historischer Nachrichten über die mongolischen Völkerschaften*, I (1776).
26. Reinhold Pallmann, *Die Geschichte der Völkerwanderung* (1863).
27. György Pray, *Annales veteres Hunnorum* (Vindobonae, 1761)
28. Ferdinand von Richthofen, *China, Ergebnisse eigener Reisen* (1877-1912)
29. Aleksandr Rittikh, *Materialy dlia etnografii Rossii*, T. I (Kazan', 1870). *Tchetyre lektsi po russkoï etnografii.*
30. Vivien de Saint Martin, « Sur les Huns ouraliens », in : *Nouvelles Annales des voyages*, T. III, (1848, décembre).
31. Isaak Jakob Schmidt, *Forschungen im Gebiete der älteren religiösen, politischen und literärischen Bildungsgeschichte der Völker Mittel–Asiens* (SPb, 1824).
32. Wilhelm Schott, *Über das Altaische oder Finnisch-Tatarische Sprachengeschlecht* (Abhandlungen Berliner Akademie, 1847).
33. Petr Semenov, cf. Ritter.
34. Matveï Sokolov, *Iz drevneï istorii Bolgar* (SPb, 1879)
35. Amédée Thierry, *Histoire d'Attila et de ses successeurs* (Paris, 1856).
36. Wilhelm Tomaschek, *Retsenzia na sotchinenie Iretcheka. Istoria Bolgar* (Zeitschrift für Österreich, Gymnasium, 1877).
37. *Trudy V arkh. s"ezda v Rossii*, izd. pod red. Uvarovoï. Moskva, 1887.
38. *Trudy etnografitcheskogo otdela Moskovskogo obchtchestva lioubiteleï estestvoznania za 1886 g.*, VII (Popov, Miller, Korch, Anoutchine)

39. Charles-Eugène Ujfalvy, *Les migrations des peuples et particulièrement celles des Touraniens* (Paris, 1873).
40. Armin Vámbéry, *Der Ursprung der Magyaren* (Leipzig, 1882).
41. Vassili Vassilievski, *O mnimom slavianstve Gounnov, Bolgar i Roksalan* (Journ. Min. Nar. Prosv., 1882, jul). *Echtche raz o mnimom slavianstve Gounnov.* (Journ. Min. Nar. Prosv.,, 1883).
42. Vassili Vassilievski, *Neskolko novyx soobrajeni po povodou peresmotra voprosa o Gounnakh* (Journ. Min. Nar. Prosv., 1882, sentjabr')
43. Iouri Veneline, *Drevnie i nyneshnye Bolgary*, T.I (1829)
44. Edouard Karl August Wilhelm von Wietersheim, *Geschichte der Völkwanderung*, Zweiter Band, Leipzig, 1881
45. Yrjö Sakari Yrjö-Koskinen, *Finnische Geschichte von den frühesten Zeiten bis auf die Gegenwart* (Leipzig, 1874).
46. Johann Kaspar Zeuss, *Die Deutschen und die Nachbarstämme*, (1837).

En Russie, Dmitri Ilovaïski, co-fondateur du slavisme et spécialiste de l'histoire des anciens Slaves, comptait de nombreux disciples. Il considérait les Huns comme des Slaves et faisait remonter leur histoire au XII$^e$ s. av. J.-C. Aleksandr Blok et Anna Akhmatova, représentants du « siècle d'argent » de la poésie russe, furent eux aussi des disciples d'Ilovaïski. Blok a d'ailleurs écrit dans ses vers : « Da, Gounny my, da, Asiaty my ! » L'historien Lev Goumilev, fils d'Anna Akhmatova, était manifestement du même avis : dans son livre *Khounnou*, comme dans d'autres de ses ouvrages, il nie l'origine turque des Huns, tournant ainsi le dos à la vérité et à la science. Dans ce contexte de pression exercée par les slavistes, il n'était pas facile pour Konstantin Inostrantsev et les autres savants véritables, qui plaçaient l'honnêteté et la vérité au premier plan de la science, d'opposer aux travaux pseudo-scientifiques des slavistes leurs recherches et leurs preuves. Inostrantsev osa néanmoins le faire, tout comme Arist Kounik et Vassili Radlov, entre autres. C'est d'ailleurs probablement ce qui entraîna l'isolement d'Inostrantsev et son exclusion du cercle des principaux turcologues dans son pays et dans le monde.

Les informations sur les Huns sont disséminées dans de nombreuses sources primaires qui n'ont été ni rassemblées, ni étudiées en détail, ni analysées, ni classées de manière scientifique : c'est la raison pour laquelle il est difficile, à ce jour, de dresser un tableau exhaustif des Huns. Cependant, dans tous leurs ouvrages, les historiens contemporains européens et américains tiennent les Huns pour un peuple d'origine turque.

Leurs travaux donnent des renseignements extrêmement précieux sur les Huns :

- Dans son livre *The Darkness and the Dawn*, l'historien et écrivain américain Thomas B. Costain déclare, à propos de son travail : « J'ai tenté, dans cet ouvrage, de m'en tenir aux faits charriés par l'histoire sur la vie et la mort d'Attila, grand guerrier et empereur des Huns[3] »...

- En 1856, l'historien français Amédée Thierry a publié un livre en deux tomes à Paris, intitulé *Histoire d'Attila, de ses fils et successeurs jusqu'à l'établissement des Hongrois en Europe*. Son ouvrage regorge de faits et

---

[3] T. B. Costain, *Gunny*, Armada, Moskva, 1997, p. 431 (édition russe).

dévoile une pensée originale. Contrairement à ses confrères américains et européens qui voient en Attila un barbare cruel n'ayant semé que de la désolation, Amédée Thierry le considère comme un grand homme, à l'origine de progrès et de renouveau sur le continent européen. Il écrit que la société hunnique ne connaissait pas l'esclavage et que les Huns étaient des nomades libres mais possédaient déjà une structure étatique. Dans son ouvrage, l'historien apporte la preuve scientifique que les Huns, sous la direction du grand stratège Attila – égal par son talent guerrier aux grands généraux du passé : Alexandre le Grand, Hannibal, César, Gengis Khan et Napoléon – ont détruit la Rome esclavagiste et, ainsi, mis un terme à l'esclavage en Europe. C'est après le passage d'Attila en Europe que de nouvelles unions nationales ont vu le jour. L'historien français est d'avis qu'en mettant fin au système esclavagiste, les Huns ont accompli une grande mission et rendu un fier service à l'Europe[4].

- Lev Goumilev a rassemblé de nombreux documents. Il existe des renseignements sur les premiers Huns dans les sources primaires européennes. Mais les savants européens se sont avant tout intéressés au séjour européen des Huns et à leur rôle en Russie et en Europe à cette époque. Dans tous leurs ouvrages, ils affirment que les Huns sont des Turcs et qu'ils parlaient le turc. Le mérite de Lev Goumilev, dans son livre *Khounnou, e*st d'avoir rassemblé des matériaux sur les premiers temps des Huns et classé et structuré les informations éparpillées dans diverses sources primaires chinoises. Lev Goumilev écrit

---

[4] Amédée Thierry, *Histoire d'Attila et de ses successeurs*, Paris, 1856.

lui-même que les informations sur les Huns que l'on trouve dans les sources primaires chinoises ne sont pas classées. Ce qui est tout à fait compréhensible, dans la mesure où les historiens chinois n'ont jamais étudié l'histoire des Huns : dans leurs travaux et leurs chroniques, ils ne relevaient que les éléments pertinents pour l'histoire chinoise. Au sujet de la langue des Huns, Lev Goumilev ne tire aucune conclusion et se contente de renvoyer aux recherches de Paul Pelliot, qui pensait que les Huns parlaient le turc, et à ceux de Lajos Ligeti, qui affirmait que la question de la langue des Huns ne pouvait et ne devait pas être tranchée[5].

- La série *Vzgliad na mir. Strany mira. Zavoïevately*[6]. Le livre comporte une brève histoire des Huns et de belles illustrations, sur lesquelles on remarque clairement que les visages, les vêtements et les armes des Huns ne diffèrent en rien des visages, des vêtements et des armes des Kazakhs. On rencontre ce type de visages aujourd'hui encore dans les rues de n'importe quelle ville du Kazakhstan. Ces illustrations sont des copies de tableaux de célèbres peintres européens, contemporains des Huns, qui ont fait leur portrait lorsque ceux-ci ont fait irruption en Europe. Ce sont des témoignages qui nous parviennent du fond des âges et qui, dans une large mesure, nous permettent de tirer des conclusions sur l'ethnie à laquelle appartenaient les Huns. Ces illustrations ne représentent

---

[5] L. Gumilev, *Hunnu, p. 59.*
[6] Série *Vzgljad na mir. Strany mira. Zavoevately*, Moskva, 2-oj Kolobovskij pereulok, izdatel'skaja firma « Kubk ». Rupert Matthews, *Attila, Vožd gunnov*, pp. 42-34.

aucun visage mongoloïde, comme on en trouve en Mongolie, en Chine ou en Corée[7].

- « Khronika tchelovietchestva », *Bolchaïa enziklopedia* : Bodo Harenberg (projet et rédaction). Auteurs et rédacteurs : Brigitte Baier, Rafaele Drekskhatche, prof. Mikhaïl Erbe et al. Édition russe (traduction) par Grigori Eritsian. Edité par Brepols, Belgique, 1996. 1200 pages de texte, plus de 3500 illustrations. L'ouvrage présente brièvement les événements de l'histoire mondiale ayant un lien avec les Huns et donne des renseignements précieux sur les premiers Turcs. Il délimite précisément la période hunnique, dont il situe la fin au $V^e$ siècle de notre ère, et la période turque, qui commence à ce moment-là. Parce que l'ouvrage traite des clans qui nomadisaient sur le territoire où ont d'abord vécu les Huns, puis les Turcs, on peut en déduire qu'il s'agissait et ne s'agit que d'un seul peuple, qui change de nom au fil du temps.

- Nikolaï Aristov, *Zametki ob etnitcheskom sostave tiourkskikh plemen i narodnosteï i svedenia ob ikh tchislennosti.* (Otdelny ottisk iz jivoï staryni, vyp. III i IV. 1896 g. Sankt-Peterbourg. Tipografia S. N. Khoudiakova. Vladimirski pereoulok, №12, 1897).

- Nikolaï Tcheboksarov, Irina Tcheboksarova, *Narody, rassy, koultoury.* Izdatelstvo « Naouka », Moskva, 1971.

- Nikita Bitchourine (Iakinf), moine, diplômé de l'académie ecclésiastique de Kazan. Pendant 14 ans (de 1807 à 1821), il a dirigé la mission religieuse russe de Pékin. Il maîtrisait le chinois à la perfection. En 1851, à Saint-Pétersbourg, Iakinf a publié en trois tomes un

---

[7] N. Čeboksarov, I. Čeboksarova, *Narody, rasy, kul'tury*, izdatel'stvo « Nauka », 1971, pp. 117-118

ouvrage intitulé *Sobranie svedeni o narodakh, obitavchikh v Sredneï Azii v drevnie vremena*, réédité en 1950 et 1953 à Moscou et Leningrad. Il a également traduit des textes tirés des archives chinoises : *Opisanie Djoungari i Vostotchnogo Tourkestana v drevnem i nyneshnem sostojanii* (4. 1-2. SPb, 1829). Lev Goumilev a utilisé les traductions de Iakinf. Dans ses travaux, le moine n'a pas examiné les sources primaires chinoises. Notons par ailleurs que certaines sources primaires chinoises sont falsifiées, notamment *Oumirotvorenie Djoungari* (cf. *Anyrakaï i Djoungaria*[8], 2002).

Incluons en outre à cette liste les nombreux ouvrages que j'ai rédigés en lien avec notre sujet :

    1. *Kazakstannyn balama tarikhy*[9], Almaty, 1997.
    2. *Alternativnaïa istoria Kazakhstana*, Almaty, 1998.
    3. *Istoria Abylaï-khana*, Almaty, 1999
    4. *Alternativnaïa istorija Oulysa Jochy-Zolotoï Ordy*. Almaty, 1999.
    5. *Istoria kazakhskogo gossoudarstva* :
    6. *Kazakhskoïe khanstvo*, T. I
    7. *Kazakhstan kolonia Rossii*. Almaty, 2000, T. II.
    8. *Istoria Tchinghiskhana*. Almaty, 2001.
    9. *Anyrakaï i Djoungaria (Istoria gibeli Djoungari)*, 2002.
    10. *Tchinghiskhannyn tegi kim ?*[10] Journal. Kazak Tarikhy. 1994-96, pp. 3-7.

---

[8] Ouvrage de K. Daniarov, dont la référence bibliographique se trouve un peu plus loin. (NdT)
[9] Titre en kazakh. (NdT)
[10] Titre en kazakh. (NdT)

## LES PREMIERS HUNS

Les premiers Huns vivaient sur les vastes territoires situés à l'est, au nord et à l'ouest de la Chine, s'étendant de la rivière Argoun, à l'Est, aux rivières Ili et Ichim dans l'actuel Kazakhstan. Toutefois, les archives historiques ne font mention que des Huns qui vivaient sur les frontières avec la Chine et faisaient fréquemment irruption sur ses terres, remportant parfois d'importantes victoires sur les armées chinoises, raison pour laquelle ils se sont retrouvés dans ces chroniques. La toute première mention des Huns se trouve dans les travaux de l'historien chinois Sima Qian. Plus tard, l'historien Joseph de Guignes est revenu sur la question des premiers Huns.

Ayant étudié lui aussi la question, Lev Goumilev écrit : « En s'appuyant sur Sima Qian, De Guignes affirme que la formation du premier empire hunnique remonte à 1200 av. J.-C. C'est à cette époque que les Huns ont commencé à peupler les steppes du Hebei jusqu'à Barkol et, de là, à lancer des raids sur le territoire chinois[1] ». Arrêtons-nous un instant sur le nom de la localité de « Barkol », parce qu'il aura une importance essentielle pour l'histoire ultérieure des Huns et l'histoire des Turcs. Ce nom n'apparaît pas sous n'importe

---

[1] L. Gumilev, *Hunnu*, p. 45. Toutes les citations de cet ouvrage que fait K. Daniarov, ainsi qu'il le précise lui-même, sont plutôt de l'ordre du résumé ou de la paraphrase, étant donné, entre autres, qu'il se réfère à la version kazakhe de l'ouvrage, tout en écrivant en russe. (NdT)

quelle plume, mais sous celle de l'immense historien chinois Sima Qian, dont les travaux sont incontournables lorsqu'on étudie l'histoire de la Chine de cette époque-là. S'il existait, en 1200 av. J.-C., une localité du nom de Barkol, alors il devait exister un peuple dans la langue duquel ce nom s'exprimait. Le terme « Barkol » existe dans presque toutes les langues turques, tout comme en kazakh contemporain. En outre, un lac au Kazakhstan porte ce nom. Plus loin dans cet ouvrage, nous mentionnerons d'autres mots turcs tirés de la langue des Huns. Il n'y a aucun doute possible sur le fait que ceux-ci sont des Turcs purs, et cette question fait d'ailleurs l'objet d'un autre chapitre de ce livre : « De l'origine des Huns ».

Pour établir la filiation entre un peuple ancien et tel ou tel peuple actuel, il suffit de connaître une dizaine de mots – au nombre desquels, des noms – de la langue parlée par ce peuple ancien. Ainsi, dans notre cas, il suffirait de trouver le nom ne serait-ce que d'un clan hunnique dans les sources chinoises ou européennes, ou encore d'établir la religion des Huns.

Dans son ouvrage *Khounnou*, Lev Goumilev affirme que la première source primaire chinoise à faire mention des Huns est le *Livre de poésie*, édité en 822 av. J.-C. : « Les Huns, en grand nombre, surgirent en hurlant... ». Mais l'historien note aussi qu'il n'existe aucune autre mention de ce raid, et que le but de celui-ci – conquête de territoires ou pillage[2] – reste par conséquent obscur. Plus loin, il évoque les guerres des Huns contre les princes chinois du Zhao : pour se battre contre les nomades, les princes levèrent une armée de

---

[2] L. Gumilev, *Hundar*, traduit en kazakh par E. Žumabaev et P. Bejsenov, Kazakhstan, 1998, p. 54.

cavalerie légère, ce qui s'avèrera plus tard être le meilleur moyen pour cela. Sima Qian rapporte qu'au IIIe s. av. J.-C., les irruptions des Huns en Chine se renforcèrent. Toutefois, Li Mu, général du royaume Zhao (Shanxi) parvint à les repousser. La tactique des Huns consistait à effectuer des incursions très rapides, conduites par un petit groupe d'hommes. Les troupes de Li Mu étaient, elles, constituées de 13 000 cavaliers, de 50 000 « guerriers d'or » et de 100 000 archers bien entraînés…

Mais les princes du Zhao furent défaits par la dynastie Qin, qui s'attela à réunifier la Chine en soumettant les différents petits chefs. La réunification dura deux cents ans, après quoi la dynastie Qin entreprit de construire la Grande Muraille de Chine pour se défendre contre les assauts des Huns[3]. Le fait que la dynastie chinoise Qin décide d'ériger un ouvrage aussi important prouve que les attaques des Huns, souvent fructueuses pour ces derniers, se sont étendues sur de nombreux siècles. Sinon, pourquoi dépenser autant de moyens et engager une véritable armée d'ouvriers pour construire un mur aussi imposant, long de mille kilomètres ? Les Chinois pensaient que, même si leurs envahisseurs parvenaient à franchir cette muraille, ils ne pourraient pas emmener avec eux leurs chevaux ; or, sans leurs montures, les Huns étaient tout à fait inoffensifs et ne représentaient aucune menace guerrière. La Grande Muraille de Chine remplit d'ailleurs sa fonction contre les attaques nomades : après sa construction, les assauts diminuèrent. Plus tard, pour garder la Muraille, les Chinois engagèrent les nomades Rong

---

[3] L. Gumilev, *Hunnu*, pp. 64-65.

et Khu, notamment, en leur distribuant des terres le long du mur pour qu'ils s'y sédentarisent.

Plus loin, Lev Goumilev écrit, qu'hormis ces brèves mentions dans l'histoire chinoise, il n'existe aucune mention des Huns jusqu'au III$^e$ siècle av. J.-C. Au moment où les Huns cessèrent d'importuner la Chine par leurs attaques, il s'y produisit – visiblement pour des motifs purement intérieurs – un renversement de la dynastie au pouvoir : à la dynastie Qin succéda la dynastie Han (206 av. J.-C.).

# FORMATION DE L'EMPIRE DES HUNS

En 209 av. J.-C., le chef (*chanyu*) Modu[1] prit la tête des Huns. À cette époque-là, ceux-ci vivaient au voisinage des Donghu, qui avaient souvent des prétentions à leur égard.

Modu avait toujours ménagé les Donghu, leur cédant même une partie de son territoire, considérée comme inutilisable. Cependant, en secret, Modu préparait la guerre. Après avoir endormi leur vigilance, Modu attaqua subitement les Donghu. Ne s'attendant pas à une telle tournure des événements, ceux-ci subirent d'énormes pertes, s'enfuirent et perdirent leur importance en tant que peuple. Toute la plaine de Mandchourie était désormais aux mains de Modu. S'ensuivit une longue guerre entre les Huns et les Yuezhi, dont nous ne connaissons ni la durée exacte, ni l'issue finale. En 205-204 av. J.-C., Modu soumit les tribus des Baïan[2] et des Leou-fan, qui vivaient dans la région de l'Ordos. En Chine, la dynastie Qin venait de tomber et la guerre civile faisait rage. Modu, qui possédait alors une armée de 300 000 hommes, en profita pour attaquer. C'est ainsi que Sima Qian relate la formation d'un empire hunnique puissant[3]. Ce récit montre que l'empire des Huns se forma au nord-est de la Chine et qu'il englobait la plaine de

---

[1] En kazakh contemporain, le terme signifie « aspiration, objectif, intérêt ».
[2] En kazakh contemporain, « baïan » désigne incontestablement une tribu turque.
[3] L. Gumilev, *Hunnu*, p. 75.

Mandchourie. Modu possédait un grand talent politique et militaire ; il légua un empire immense et très peuplé, doté d'une armée de 300 000 hommes. Il réforma profondément cette armée, du point de vue surtout de la qualité de l'armement, de la tactique, de la stratégie et de la discipline de fer qu'il y instaura. Pour son corps d'archers, Modu introduisit l'utilisation de flèches sifflantes dont le bruit, lorsqu'elles étaient tirées en grand nombre, semait la terreur dans les rangs adverses. La première guerre entre les Han et les Huns éclata en 203-202 av. J.-C. Les Huns se frayèrent un chemin jusqu'au sud de la Chine et, en 200, atteignirent la capitale de la province du Shanxi, Jinyang[4]. Les Huns continuaient d'importuner la Chine par leurs invasions.

« En 177 av. J.-C., les Huns lancèrent un nouvel assaut contre la Chine, mais les opérations de l'empereur Wendi et de son armée de 85 000 hommes s'avérèrent payantes et Wendi parvint à repousser les Huns, qui battirent en retraite sans livrer bataille. Toutefois, la révolte du chef de guerre Sin Ghiouïa obligea l'empereur chinois à reconnaître les Huns comme des égaux et à conclure la paix avec eux. Ce fut une victoire sans précédent pour les Huns qui, après avoir anéanti les Yuezhi, occupaient à présent également l'actuel Turkestan oriental, territoire sur lequel vivaient les Wusun et les Qian[5] ». Les Qian étaient des tribus nomades tibétaines. À cette époque, les Wusun ne faisaient pas encore partie des Huns. La question des Wusun est particulièrement épineuse… L'explorateur chinois Zhang Qian rapporte qu'ils vivaient entre Dunhuang et Qilian Shan. Toutefois, là vivaient aussi les Yuezhi… Kurakichi Shiratori s'étonne lui

---

[4] L. Gumilev, *Hunnu*, pp. 74-76.
[5] L. Gumilev, *Hunnu*, pp. 78-79.

aussi du fait que deux peuples aussi importants pour l'époque aient partagé le même territoire. Cette région est délimitée, à l'Ouest, par le Lob Nor, et au Nord, par l'Edzin-Gol[6], ce que confirme le *Shiji*[7], qui précise que les Wusun et les Yuezhi vivaient à l'ouest de la province de Gansu, jusqu'à Guangzhou et Dunhuang, du temps des dynasties Qin et Han[8]. L'auteur du *Shiji* rapporte aussi que les terres d'origine des Wusun se situent au pied des monts Nanshan[9].

---

[6] Apparemment le lac Zaïssan.
[7] Mémoires historiques rédigés de -109 à -91 par Sima Qian. (NdT)
[8] L. Gumilev, *Hunnu*, p. 80.
[9] L. Gumilev, *Hunnu*, p. 81.

# DE L'EMPIRE DES HUNS

Les Huns ne s'appuyaient pas sur une armée régulière, mais sur les formations militaires de leurs différents peuples, que dirigeaient les chefs des clans (tribus) hunniques. Au premier siècle de notre ère, la société nomade des Huns avait atteint un très haut niveau et, du point de vue de sa capacité à faire du profit, elle dépassait les sociétés sédentaires des autres peuples. Les Huns se composaient de clans qui, tous, faisaient partie d'une alliance hunnique qu'il faut considérer comme un empire. Au cœur de cette alliance, il y avait la Horde (centre). À sa tête, le *chanyu*. Celui-ci gouvernait, non d'un pouvoir absolu, mais d'un pouvoir limité par l'assemblée de l' « os blanc », constituée par les chefs des clans. Chaque chef possédait une armée de 2 000 à 10 000 cavaliers. On pense que le *chanyu* était désigné aux assemblées de l' « os blanc », par un système d'élection dont l'habitude s'est ensuite perdue. Plus tard, le trône se transmit de père en fils[1]. Ce mode de désignation sera repris dans les khanats formés par les tribus kazakhes, naïman, kitptchak, kereyit, kiyat, merkit et kangly. Tous ces khanats disparurent au moment de l'unification des clans en un peuple, les Mynkol, par le fondateur du premier empire kazakh, Gengis Khan. Plus tard, dans le deuxième empire kazakh de l'*oulous* de Djötchi (Horde d'Or), khanat kazakh gengiskhanide, les

---

[1] L. Gumilev, *Hunnu*, pp. 82-83.

khans se succèderont par droit d'hérédité. La cérémonie d'intronisation était la même chez les Huns que dans l'empire de Gengis Khan ou le khanat kazakh de Djötchi. Le prétendant au trône était placé sur un tapis de feutre blanc que l'on élevait vers le ciel, et il était déclaré souverain. Chez les Huns, l'élu prenait le nom de *chanyu*[2], et de khan[3] dans les autres empires kazakhs. Dans son ouvrage, Lev Goumilev écrit : « Le *chanyu* règne sur toutes les questions militaires et diplomatiques. Deux fois par jour, il s'incline devant le soleil et la lune[4]. On en déduit que la religion des Huns – le culte du soleil et de la lune se transforma plus tard en adoration du ciel éternel – était le tengrisme, qui fut adopté aussi par les descendants des Huns, les khaganats turcs, puis par Gengis Khan et la population de son empire nomade[5].

À cette époque, les Huns se divisaient en trois grands groupes : les Koïan, les Lan et les Siouïbou. Lev Goumilev pense que « Koïan » et « Siouïbou » sont des désignations turques, et que « Lan » est un mot chinois signifiant « orchidée », fleur nationale des Chinois dans l'Antiquité[6]. » En réalité, « Lan » est incontestablement un mot kazakh. Les trois groupes des Huns ont donc indéniablement trois noms turcs.

Plus tard, après la chute du khaganat turc, ces trois groupes sont devenus :

---

[2] « Chanyu » est un terme kazakh, dont la dernière syllabe signifie « maison ».
[3] Dérivé du mot « khagan », qui est également un terme kazakh.
[4] L. Gumilev, *Hunnu*, p. 83.
[5] Les inscriptions de l'Orkhon et de l'Ienisseï, sculptées sur des pierres aux VIe et VIIe s., font mention de Tengri: « En haut est le seigneur, maître du ciel éternellement bleu Tengri . » Cette inscription a été faite par le *khagan* Köl Tegin.
[6] L. Gumilev, *Hunnu*, p. 83.

- le groupe des Turcs oghouz (Turcs, Azéris, Turkmènes, Gagaouz),
- le groupe des Turcs kiptchak (Kazakhs, Bachkirs, Koumyks, Karachaïs, Balkars)
- le groupe des Turcs karlouk.

Ce n'est que plus tard que les peuples turcs connurent leur division actuelle. L'objet de ce livre n'est toutefois pas l'histoire des Turcs, mais celle des Huns en tant que premiers Turcs, et c'est pourquoi nous nous arrêtons là sur cette question.

L'histoire des Huns et celle des khaganats turcs sont indissociablement liées. Lev Goumilev écrit : « Les Chinois appelaient les chefs des tribus hunniques non « gounn », mais « khan » (van)[7] ». Ainsi, « khan », la désignation du chef de l'entité étatique, remonte aux anciens Huns et entra plus tard en usage au sein de tous les peuples turcs. On donna le titre de Gengis Khan[8] au fondateur du premier empire kazakh, Temüdjin. Il en allait tout autrement dans les tribus mongoles, où les chefs portaient le titre de Khong Tayiji[9]. Dans les khaganats turcs, le chef portait le titre de khagan ; après la chute des khaganats turcs, les peuples turcs revinrent à l'appellation khan. Plus loin, Lev Goumilev affirme que faisaient également partie de l'alliance hunnique, outre les grands clans connus, de plus petits clans, traités sur un pied d'égalité avec eux et dirigés par des princes. Ce terme de

---

[7] L. Gumilev, *Hunnu*, p. 83.

[8] « Gen » signifie « haut pic montagneux », « ghis », « rayon du soleil » et « khan », le « chef ». Gengis Khan désigne donc le « chef suprême radieux ».

[9] Cf. *Al'ternativnaja istorija Kazahstana*, 1998 ; *Istorija Čingishana*, 2001.

« prince » est l'équivalent du « tchjouki » chinois, qui désigne le rang inférieur de la noblesse.

« Tous les dirigeants huns avaient leurs propres troupes militaires. Les plus hauts dirigeants avaient sous leurs ordres des formations de 10 000 guerriers ; les dirigeants de rang inférieur possédaient des divisions de quelques milliers d'hommes[10] »

Ainsi, les Huns possédaient un système militaire précis et bien organisé. Chaque chef de clan (de tribu) entretenait une armée, dont le nombre de soldats dépendait directement de la taille du clan. En cas de guerre, les chefs des clans, avec leurs troupes, se réunissaient en une armée commune, l'armée des Huns, dirigée par le chef suprême. Grâce à cette organisation, la formation et l'entretien des troupes relevaient des chefs de clans et le chef suprême des Huns avait la possibilité, à n'importe quel moment et dans les plus brefs délais, de réunir une armée de cavaliers bien entraînée et armée.

« Les Huns avaient leur propre code civil, que les Chinois considéraient comme souple et tolérant. Les délits majeurs, la menace au moyen d'une arme ou l'utilisation d'une arme étaient punis de la peine de mort ; le vol entraînait la confiscation de toute la fortune de la famille du voleur ; les délits mineurs étaient punis de peines de privation de liberté pouvant aller jusqu'à dix jours. Les geôles ne comptaient généralement pas plus d'une dizaine de prisonniers.[11] » Ainsi, la paix dans l'empire et la société hunniques était garantie par une loi simple, stricte mais juste pour l'époque, dont certains articles, comme ceux qui prévoyaient des peines légères pour les délits mineurs, pourraient encore inspirer de nombreux

---

[10] L. Gumilev, *Hunnu*, p. 85.
[11] L. Gumilev, *Hunnu*, p. 85.

pays au XXIᵉ siècle. Un parallèle peut être établi entre la législation des Huns et celle des khaganats turcs et des empires de Gengis Khan et de Djötchi : elles se ressemblent et sont même identiques sur de nombreux points en ce qui concerne les peines. Gengis Khan a élaboré ses lois en se fondant sur celles des Huns et des khaganats turcs et les a menées à un stade proche de la perfection. Son code de lois, le *yassaq*, a été fixé dans un livre d'or, l'*Altan Debter*[12].

Djötchi a repris les lois fondamentales de Gengis Khan en les complétant. Ainsi, par exemple, un individu déclaré coupable de tromperie ou de tricherie était condamné à porter un lien blanc au pied droit pour une période de trois à cinq ans. Dans le peuple, on appelait ces individus des « alaïaks », ce qui signifie : « au pied bariolé ». S'ils ne respectaient pas leur jugement, les alaïaks étaient condamnés à un an ou un an et demi de *zindan*[13]. Dans le peuple kazakh, et même dans la littérature, on désigne aujourd'hui encore les trompeurs et les tricheurs du nom d' « alaïaks ».

La continuité que l'on observe de l'empire des Huns au khanat kazakh, en passant par les khaganats turcs et les empires de Gengis Khan et de Djötchi, du point de vue de la législation, de la religion, des rites, des coutumes et de la langue prouve que les Huns sont bien les ancêtres des Kazakhs. De nombreuses composantes de la mentalité et certaines caractéristiques des Huns, des khaganats turcs, des empires gengiskhanides, de la Horde d'Or et du khanat kazakh ont traversé les millénaires et se retrouvent telles quelles chez les Kazakhs du XXIᵉ siècle. Comme indiqué

---

[12] K. Daniarov, *Istorija Čingishana*, Almaty, Tipografija « Kompleks », 2001, pp. 57-80.
[13] Prison traditionnelle d'Asie centrale, souvent souterraine. (NdT)

plus haut, les khaganats turcs étaient composés notamment d'Oghouz et de Karlouk, qui vivaient parmi les peuples étrangers qu'ils avaient conquis, et dont la langue n'était pas la même que la leur : à leur contact, la langue des peuples turcs se transforma en profondeur, mais non sans garder ses racines turques. La langue kazakhe a conservé des traces de la langue des anciens Huns, des khaganats turcs, des empires de Gengis Khan et de Djötchi. Cela est dû au fait que les Kazakhs sont restés des nomades, jusque dans les années vingt du XX$^e$ siècle, et ont vécu ensemble sans se mélanger à d'autres peuples. Des érudits suédois, ayant récemment visité le Xinjiang (en Chine), ont noté une particularité étonnante des Kazakhs : « Si les Ouïgours et les Ouzbeks s'assimilent relativement vite, les Kazakhs, eux, restent à part : ils ne s'assimilent pas et conservent leur langue et leur culture. » Il s'agit d'une constante : jusqu'à l'obtention de leur indépendance en 1991, les Kazakhs constituaient une minorité nationale de l'ancienne République socialiste soviétique kazakhe (ils représentaient 40 % de la population totale) ; ils maîtrisaient bien la langue russe, mais ne se sont jamais assimilés.

Ce phénomène, rarissime au monde, est le reflet du grand passé des Kazakhs et de leur mentalité d'ancien grand peuple, un peuple descendant des Huns, des khaganats turcs, de l'empire de Gengis Khan, de la Horde d'Or et du khanat kazakh.

Le peuple kazakh a toujours été libre et n'a connu ni l'esclavage, ni le droit de servage féodal, ce qui lui a permis de conserver sa mentalité particulière d'habitants libres des steppes.

Le peuple kazakh, constitué de nombreux clans et sous-clans, répartis en trois *juz*[14], vit sur un vaste territoire. Bien qu'ayant été privé de souveraineté pendant près de trois cents ans, il ne s'est pas scindé en une multitude d'États comme, par exemple, les Arabes ou les Pachtounes. Cela est dû au fait que ce peuple a toujours préservé ses symboles d'unité et de centralisation, dont les principaux sont Attila[15], grand chef des Huns, et les célèbres Gengis Khan et Ablaï Khan.

À propos du génie militaire des Huns, Lev Goumilev écrit : « Le droit commun reconnaissait coupables de trahison et punissait de la peine de mort les hommes qui ne respectaient pas la discipline militaire ou ne remplissaient pas leur devoir militaire. Seuls l'Athènes de la période de Draconte et l'empire de Gengis Khan, avec le *yassaq*, connaîtraient plus tard de telles lois. C'est cette législation qui a favorisé l'unité des Huns et fait d'eux le peuple le plus puissant d'Asie centrale.[16] »

Gengis Khan (1155-1227) vécut bien après la période décrite par Goumilev : ses lois n'ont pas pu être rédigées sans tenir compte des traditions militaires des anciens Turcs (Huns). Ce n'est qu'après la chute du khaganat turc, lui-même né sur les ruines de l'empire hunnique et constitué des mêmes clans et tribus que lui, que les Turcs ont commencé à se diviser en différents groupes et à vivre isolés les uns des autres. Les descendants du peuple alach, les tribus kazakhes kiyat, naïman, arghyn, kiptckak, kangly, kereyit, merkit, wusun, djalaïr, alchyn, etc., se sont dispersées, chacune de

---

[14] Les *juz* sont les trois divisions territoriales traditionnelles du peuple kazakh. (NdT)

[15] K. Daniarov nomme également Attila de son nom kazakh, Edil. (NdT)

[16] L. Gumilev, *Hunnu*, p. 86.

son côté, dans les vastes steppes eurasiennes, de la rivière Khalkha, à l'est de l'actuelle Mongolie, au Dniepr, à l'Ouest. Là, les traditions guerrières ont été momentanément oubliées. Après avoir rassemblé les Kazakhs au sein d'un empire, le génial Gengis Khan est revenu à ces lois et les a perfectionnées en y ajoutant de nombreux éléments. Ainsi, on peut prouver que la mémoire populaire des nomades, bien que très ancienne, a conservé l'essentiel (sur le peuple alach, cf. *Anyrakaï i Djoungaria (Histoire de la mort de Djoungari)*[17].

En ce qui concerne les terres (pâturages) des Huns et en se fondant sur les sources chinoises, Lev Goumilev écrit la chose suivante : « Ce peuple possède de vastes et riches pâturages, c'est la raison pour laquelle les Turcs se disputent au sujet de leur partage. » Du temps des Huns, chacun des vingt-quatre clans choisissait des terres à sa convenance. Les Huns considéraient que la terre est le fondement de l'empire, et ils observèrent toujours rigoureusement cette règle[18]. Chez les Huns, comme plus tard dans l'empire de Gengis Khan, c'est le khan qui répartissait les pâturages entre les différents clans et, à l'intérieur des clans, ce sont les chefs du clan qui se les partageaient. Cette tradition hunnique, qui a perduré dans l'empire de Gengis Khan, la Horde d'Or et le khanat kazakh, évitait toute querelle ou conflit entre les clans et à l'intérieur de ceux-ci. C'est là l'une des principales clés de la stabilité intérieure de ces empires. La Horde d'Or et le khanat kazakh ont décliné non à cause de différends entre les

---

[17] K. Daniarov, *Anykaraj i Džungarija (Istorija gibeli Džungarii)*, Almaty, Tipografija « Kompleks », 2002.
[18] L. Gumilev, *Hunnu*, p. 86.

différents clans, mais en raison de querelles et de dissensions à l'intérieur du groupe des chefs[19].

Lev Goumilev a effectué un énorme travail sur les sources primaires chinoises. Son ouvrage *Khounnou* est avant tout un recueil de matériaux sur l'histoire des premiers Huns. Il y produit des documents sur leur histoire, mais également sur celle de la Chine à cette époque, et sur les réformes guerrières qu'elle réalisa. Sur la formation des armées hunniques, Lev Goumilev écrit : « Chaque citoyen de l'empire était un guerrier et se référait à un chef militaire auquel il devait obéir de manière inconditionnelle. Toutefois l'ancien système des clans subsistait, et le khan choisissait ses généraux soit parmi les princes, soit parmi les chefs des clans.[20] » L'empire de Gengis Khan reprendra le même système de désignation des chefs de guerre, mais Gengis ne se limitera pas à désigner ses généraux dans la haute aristocratie : il choisira aussi de simples soldats doués d'un talent militaire particulier. Muqali, célèbre général de la tribu des Djalaïr, envoyé à la conquête de la Chine par Gengis Khan, était issu d'une famille simple, tout comme le célèbre stratège Bortchou, qui commandait l'aile droite de l'armée des Huns pendant la guerre contre le chah du Khwarezm, Ala al-Din Muhammad. D'autres simples soldats devinrent de grands chefs de guerre, notamment Djebé et Subötaï. Les fils de Gengis Khan n'ont pas dirigé des troupes, ils n'ont fait que les accompagner (Djötchi, Djaghataï, Ögödaï, Tolui)[21]. S'il a scrupuleusement étudié les sources sur les premiers Huns et le khaganat turc,

---

[19] K. Daniarov, *Istorija Žošy-Zolotoj ordy*, 1999, i *Istorija kazahskogo gosudarstva* (čast' I : Kazahskoje Hanstvo), 2002.
[20] L. Gumilev, *Hunnu*, p. 87.
[21] K. Daniarov, *Istorija Čingishana*.

Lev Goumilev n'a manifestement pas réussi à en faire de même pour l'histoire de Gengis Khan.

Né soldat, le Hun le restait toute sa vie. Chaque citoyen était assuré que sa situation, sur le plan économique, ne se détériorerait jamais, étant donné que c'est le clan qui se chargeait de son destin. Chaque soldat recevait de riches butins de guerre qui devenaient sa propriété et auxquels personne n'attentait jamais. Entre les guerres, les familles hunniques déplaçaient leurs campements deux à quatre fois par an et se reposaient par forte chaleur, au printemps et en automne. Le ministère frontalier chinois considérait que l'armée des Huns était constituée de 300 000 hommes[22].

Lev Goumilev ne parvient jamais à se faire une opinion décisive sur l'origine des Huns, les considérant tantôt comme des Finnois, tantôt comme des Mongols[23]. Dans leurs travaux sur les Huns, tous les historiens européens écrivent que ceux-ci sont des Turcs purs et qu'ils sont composés notamment des tribus turques kiptchak, kangly et oghouz. Nous y reviendrons en détail dans les chapitres suivants.

Le trésor des chefs huns n'était jamais vide. Le pouvoir central dotait les soldats de son armée d'une arme et parfois de chevaux. À ce propos, Lev Goumilev écrit ceci : « Les Huns devaient en grande partie leur sécurité financière aux peuples et aux tribus qu'ils avaient conquis ainsi qu'à leurs trophées de guerre. En guise d'impôt, les Donghu fournissaient les Huns en moutons, en jeunes taureaux et en peaux de chevaux. La plus grande part de l'impôt était prélevée dans les régions agricoles du Turkestan oriental, qui fournissait également des objets d'acier et de fer, fabriqués

---

[22] L. Gumilev, *Hunnu*, p. 87.
[23] L. Gumilev, *Hunnu*, p. 87.

dans les principautés jokan et leoulan (Shànshàn), sur les rives du lac Lob Nor.[24] »

À propos de la structure clanique, Lev Goumilev n'indique pas précisément de quels clans la société hunnique se composait, mais il donne des informations historiques très intéressantes et utiles sur leur organisation interne : « Depuis les temps les plus reculés, l'origine des clans était patrilinéaire. La lignée de la mère n'était pas prise en considération. Les veuves épousaient le frère cadet de leur mari défunt, qui entretenait sa nouvelle famille sur un pied d'égalité avec la sienne. Tous les membres du clan se devaient de respecter et de remplir ces garanties, issues de traditions séculaires. Si un des membres de la famille enfreignait la tradition et commettait un délit, toute la famille en était tenue pour responsable. Tout cela renforçait la solidité du mode de vie clanique.[25] » Ces traditions ont été strictement respectées par les Kazakhs jusqu'à l'aube du XXe siècle : elles sont d'ailleurs reprises dans de nombreuses œuvres littéraires kazakhes. L'une d'entre elles, et non des moindres, est la chanson de geste *Kyz-Jibek*, dans laquelle Jibek est prise pour épouse par Sansyzbaï, frère cadet du défunt Toleghen. De nombreuses coutumes semblables à celle des premiers Huns se retrouvent dans d'autres épopées kazakhes et dans les œuvres du grand Moukhtar Aouezov. Le plus étonnant est que les traditions des Huns, dans de nombreux domaines, se soient conservées chez les Kazakhs jusqu'à la fin du XIXe siècle, malgré les plus de deux mille ans qui les séparent.

---

[24] L. Gumilev, *Hunnu*, p. 89.
[25] L. Gumilev, *Hunnu*, p. 90.

Les Mongols ne connurent rien de tel. D'après les sources primaires historiques – l'épopée héroïque de Gengis Khan (*Yuan chao bi shi*, 1240) et le recueil de chroniques de Rachid al-Din (1305) –, les Mongols étaient un peuple forestier, qui n'empruntèrent aux Kazakhs leur mode de vie nomade que bien plus tard (cf. *Istoria Tchinghiskhana*, 2001). De tous les peuples turcs, les Kazakhs furent les derniers nomades ayant conservé leur mode de vie jusqu'au début du XX$^e$ siècle sur les vastes étendues eurasiennes, de l'Altaï, à l'Est, à la Volga, à l'Ouest et des montagnes de l'Alataou, au Sud, jusqu'aux frontières de l'actuelle Fédération de Russie, au Nord. Notons qu'au début du XX$^e$ siècle, seuls 60 % des Kazakhs menaient encore une vie nomade, les autres s'étant déjà sédentarisés. Il restait des tribus nomades également dans plusieurs pays d'Asie (en Afghanistan, entre autres).

# LE GOUVERNEMENT DES HUNS

Frontière occidentale. Le fils de Modu, Jizhu, prit le titre chinois de Laoshang-Chanyu et il monta sur le trône à la mort de son père. Ayant hérité de celui-ci non seulement un vaste empire, mais également de nombreux problèmes complexes – le principal d'entre eux étant la défense des frontières occidentales de l'empire – Jizhu s'attela à leur résolution. Les Yuezhi étaient parvenus à se fixer le long des pentes septentrionales du Tianshan, sur leurs terres d'origine et, de là, ils menaçaient les Huns. Mais, leur chef, Kidalou, fut tué dans une des batailles qui l'opposait aux Huns. Nous ne connaissons pas exactement la date de la défaite finale des Yuezhi, mais il est probable qu'elle remonte à 174 à 165 av. J.-C[1]. Les Huns se retrouvèrent donc au sud de l'actuelle Asie centrale.

Lev Goumilev ne précise pas qui est ce peuple yuezhi au nom chinois ; visiblement, il n'apparaît dans aucune source primaire. Les Chinois – et c'est une des grandes difficultés lorsqu'on étudie leurs sources – donnaient leurs propres désignations aux tribus et aux peuples voisins. Il en allait de même, du reste, en Russie tsariste, qui nommait les Hongrois « Magyars », les Azéris, « Tatares » et les Kirghizes kaïsak, « Kazakhs ». Mais il s'agit dans ce cas d'un passé proche. En revanche, l'histoire des Huns est très ancienne. De plus, les

---

[1] L. Gumilev, *Hunnu*, p. 93.

Chinois donnaient également des titres chinois aux chefs des empires voisins : c'est la raison pour laquelle le chef des Huns porte parfois un nom chinois dans les sources primaires de l'Empire du Milieu. Par ce que Lev Goumilev relate ensuite sur les Yuezhi, il apparaît clairement que ce peuple n'est d'origine ni chinoise, ni tibétaine, car on le retrouve ensuite sur les rives du Syr-Daria, puis en Asie centrale. Manifestement, les Yuezhi constituaient la première ethnie turque par laquelle a commencé la turquisation des anciennes populations d'Asie centrale. La deuxième vague de Turcs apparus en Asie centrale fut les Karlouk, avec Qarakhan à leur tête ; la troisième vague fut les Turcs venus avec Gengis Khan, et la quatrième vague, les clans kazakhs emmenés par Muhammad Shaybânî au XV$^e$ siècle.

À propos de la migration des Yuezhi, Lev Goumilev écrit que ceux-ci, ne parvenant pas à contrer les Huns, commencèrent à émigrer vers l'Ouest à l'issue de leur défaite finale. Après avoir traversé le Syr-Daria, ils parvinrent sur les rives de l'Amou-Daria et pénétrèrent en Bactriane grecque, ancienne conquête d'Alexandre le Grand, pour l'occuper. Les descendants des phalangites (l'armée d'Alexandre était constituée de phalanges) furent frappés par la vaillance et la solidité des Yuezhi. En 160 av. J.-C., la Sogdiane se détacha de la Bactriane, avec l'aide des Yuezhi. En 129 av. J.-C., ceux-ci avaient conquis toute la Bactriane. La région de Jetyssou, qu'ils abandonnèrent, fut occupée par les Wusun qui, plus tard, se mêlèrent aux Sakas autochtones et aux Yuezhi qui étaient restés. Les Wusun se renforcèrent après la mort du *chanyu* des Huns, en 155 avant J.-C., et rompirent leur dépendance à l'égard de ces derniers. Toutes les tentatives des Huns pour les ramener sous leur coupe échouèrent. Ces événements se produisirent à l'époque où les Huns guerroyaient contre les Chinois : il leur était donc impossible de mobiliser des forces importantes contre les Wusun. Ces derniers, pourtant, n'étaient pas suffisamment nombreux pour lutter à armes égales contre les Huns : ils possédaient 120 000 tentes sous lesquelles vivaient 630 000 personnes. Leur système politique était beaucoup plus simple et plus pauvre que celui des Huns. Le peuple désignait un chef, appelé « gounmo ». Les sources primaires chinoises mentionnent que les Wusun ne possédaient que seize fonctionnaires d'État et que leur armée comptait 188 000 soldats. L'ouest du territoire des Wusun touchait le territoire des Kangly, qui vivaient dans la région du Betpak-Dala. On peut donc en déduire qu'après la défaite finale des Yuezhi, les frontières occidentales de l'empire des Huns furent tout à fait sécurisées.

En ce temps-là, écrit Lev Goumilev, Jinyang ne possédait que le nom chinois de Siouï[2]. On ne peut qu'être en désaccord avec lui à ce sujet. Jusqu'à l'arrivée des explorateurs chinois à Jinyang, qui l'ont nommée Siouï, et dont font mention les sources primaires écrites chinoises, la ville était peuplée depuis des milliers d'années par des peuples nomades qui la désignaient à leur manière. Par exemple, les Chinois appellent le Kazakhstan l' « ancienne Dalan ». C'est un nom qu'ils sont, de manière générale, les seuls à utiliser. Et la population vivant au Kazakhstan n'a jamais entendu ce nom, car le territoire du Kazakhstan possède un nom turc (kazakh).

---

[2] L. Gumilev, *Hunnu*, pp. 94-95.

Les renseignements fournis par Lev Goumilev sur les premiers Turcs en Asie centrale sont tout à fait précieux. Les Wusun, les Kangly, les Kiptchak, les Oghouz et les Arghyn vivaient incontestablement, déjà à cette époque, sur le territoire du Kazakhstan : Goumilev en trouve la preuve dans les sources primaires écrites. Cette information infirme l'opinion des historiens européens et russes, qui pensent que seuls les Sakas, avant notre ère, vivaient sur le territoire du Kazakhstan. Il est vrai que les Sakas y vivaient aussi, mais au voisinage des Wusun, des Kangly et des Kiptchak, et ils étaient apparemment également un peuple turc, et non iranien. Dans son analyse des sources primaires écrites, Lev Goumilev démontre de façon convaincante que les Turcs (Huns) se sont progressivement déplacés de l'actuelle Mongolie et de l'actuelle Mandchourie vers l'Ouest, jusqu'aux montagnes de l'Alataou. Il révèle également qu'en 155 av. J.-C., les Huns guerroyaient contre la Chine et que c'est la raison pour laquelle ils ont interrompu leur progression vers l'Ouest. Seul un empire fort, possédant une armée d'au moins 300 000 hommes, était en mesure de mener une guerre contre la Chine, et nous avons donc confirmation que les Huns étaient nombreux et puissants. On peut considérer cette date (155 av. J.-C.) comme celle de l'achèvement de la création d'un empire hunnique fort et rassemblé. C'est cet empire qui, plus tard, commencera sa migration vers l'Ouest, occupera une grande partie de l'Europe – notamment la Pologne, l'Autriche, la Hongrie, l'Allemagne et une partie de la France – et deviendra cette puissance qui libérera les peuples européens de presque deux mille ans d'esclavage.

# LA POLITIQUE INTÉRIEURE DES HUNS

Le fils et successeur de Modu, après avoir pris le titre de Laoshang-Chanyu, poursuivit l'œuvre de son père et, afin d'apprendre les méthodes pour gouverner son empire, il se mit à attirer vers lui certains individus qui fuyaient la Chine. Un de ceux-ci se nommait Zhonghang Yue : c'est lui qui introduisit un système de recensement de la population, des biens et des troupeaux, l'impôt, l'écriture et la tenue de livres. Grâce aux recettes importantes engrangées dans le trésor public, Laoshang-Chanyu et ses proches s'enrichirent considérablement, remplacèrent leurs vêtements en cuir par des soieries chinoises et se mirent à consommer des mets chinois. L'autorité du chef des Huns grandit au sein de son peuple et on se mit à le nommer « le grand *chanyu* des Huns, né du ciel et de la terre et désigné par le soleil et la lune ». Ce titre, petit à petit, posera les fondements de la religion des khaganats turcs et de l'empire de Gengis Khan, le tengrisme. Ainsi, la religion des khaganats turcs est née du temps des premiers Huns. Les Huns délaissèrent peu à peu leur ancien mode de vie, s'exposant ainsi à un danger de sinisation. Remarquant cela, Yue conseilla au *chanyu* de ne plus consommer que le plat traditionnel des nomades, l'*irimchik*[1], et des mets à base de lait et de viande. De cette manière, ses sujets reviendraient également aux plats nomades.

---

[1] Un des plats nationaux kazakhs.

Bientôt, cependant, le gouvernement chinois, qui souhaitait réguler le commerce extérieur, interdit les échanges de marchandises avec les Huns, ce qui entraîna des difficultés des deux côtés de la frontière. La guerre entre la Chine et les Huns devint inévitable[2]. Les causes de cette guerre ne résidaient naturellement pas seulement dans la décision d'interdire l'échange des marchandises : elles étaient bien plus profondes. Le gouvernement chinois s'efforçait tantôt de soumettre les Huns, ces nomades qui l'importunaient par leurs raids sur le territoire chinois, tantôt de les éloigner des frontières chinoises, tantôt de les affaiblir pour éliminer le danger. Souvent, la Chine y parvenait, protégeant ainsi son territoire pour des décennies. Cette politique était du reste celle qu'elle appliquait à l'égard de tous les nomades, et pas seulement des Huns. À cette époque éclata donc une des nombreuses guerres qui vit s'affronter les Chinois et les Huns.

---

[2] L. Gumilev, *Hunnu*, pp. 95-97.

# LA GUERRE CONTRE LA CHINE

Sur cette nouvelle guerre des Huns contre la Chine, Lev Goumilev écrit : « Après s'être débarrassé des Yuezhi sur la frontière occidentale de son empire et possédant de ce fait une liberté d'action totale, Laoshang-Chanyu, chef des Huns, tourna désormais ses hostilités contre la Chine. En 166 av. J.-C., 140 000 cavaliers huns firent irruption au nord-ouest de la Chine, prenant celle-ci par surprise, et s'emparèrent d'une grande quantité de têtes de bétail, avant de mettre le feu au palais d'été de l'empereur. Sima Qian relate que celui-ci entreprit aussitôt de rassembler une grande armée pour contrer les Huns. Toutefois, pendant que le ralliement s'effectuait, les Huns quittèrent le territoire chinois. Quatre ans plus tard, ils y lancèrent une nouvelle attaque, causant des dommages considérables dans le Liaodong. Si les Huns ne parvinrent pas jusqu'au centre de la Chine, c'est grâce à l'aide importante fournie par la population locale à l'armée chinoise. Toutes ces opérations mobilisèrent de nombreuses forces chinoises à l'Ouest : tirant profit de la situation, les Huns, depuis les monts Yin, envahirent les régions frontalières de l'est de la Chine, infligeant de lourdes pertes aux Chinois.

Finalement, l'empereur Wendi entama des pourparlers avec Laoshang-Chanyu en lui proposant de conclure la paix. Pour mener ces négociations, le *chanyu* envoya à l'empereur un émissaire de rang intermédiaire dans le gouvernement hunnique, témoignant ainsi de son mépris à l'égard du souverain chinois. Ce dernier signa néanmoins la paix.[1] » Ce récit de Sima Qian permet de se faire une bonne image du territoire des Huns et de leur nombre. Les Huns attaquèrent la Chine depuis l'Ouest et depuis l'Est, ce qui signifie qu'ils possédaient un grand nombre de soldats et occupaient un immense territoire englobant une partie de la plaine de Mandchourie, tout le territoire de l'actuelle Mongolie et l'actuel Xinjiang : ils étaient donc très nombreux à cette époque. En ce temps-là, les Huns n'étaient pas des nomades isolés agissant au pied levé, sans plan stratégique de bataille, bien au contraire : leur stratégie guerrière contre la Chine était profondément pensée et efficace, ce qui montre qu'ils se concevaient de manière globale et étatique. En attaquant d'abord les régions au nord-ouest de la Chine, ils y attirèrent le gros de l'armée chinoise, puis, avec des forces importantes, ils donnèrent l'assaut à l'Est, plaçant ainsi les Chinois dans une situation difficile. À l'issue de ces opérations guerrières qui se terminèrent à l'avantage des Huns, l'empereur Wendi fut contraint de signer une paix aux conditions imposées par les nomades.

Ces événements se produisirent au II$^e$ siècle av. J.-C., c'est-à-dire il y a plus de 2200 ans. Notons que l'empire des Huns s'est maintenu presque jusqu'à la fin du IV$^e$ siècle apr. J.-C., c'est-à-dire pendant près de deux mille ans, ce qui constitue un record absolu par rapport aux autres empires connus du monde antique, à l'exception de la Rome antique et de la Chine. Tous les autres empires de l'Antiquité – Babylone, la Syrie, l'Égypte ancienne, Carthagène, l'Empire

---

[1] L. Gumilev, *Hunnu*, pp. 97-98.

parthe, la Macédoine, etc. – ont eu une existence moins longue. Malgré cela, en raison d'une recherche lacunaire, l'empire des Huns n'est pas entré dans l'histoire du monde antique : cette erreur doit absolument être corrigée. L'empire des Huns est un des plus grands empires ayant existé sur le continent asiatique et, à ce titre, il doit trouver la place qui lui revient dans l'histoire mondiale et être intégré à toute histoire de l'Antiquité.

À propos des conditions de la paix conclue entre les Huns et la Chine, Lev Goumilev note : « Cette paix fut très pénible et humiliante pour la Chine. Une nouvelle fois, les Chinois devaient reconnaître les Huns comme leurs égaux. En outre, la Chine dût s'avouer vaincue et signer une déclaration destinée à déguiser un tribut en don : " Étant donné le climat froid régnant sur les territoires des Huns, la Chine s'oblige à leur envoyer chaque année, ainsi qu'à leur *chanyu*, du millet, du riz, de la soie, du coton et d'autres marchandises dans des quantités définies ". L'accord était à l'avantage des Huns. Toutefois, rien n'y était réglé quant au libre-échange des marchandises.[2] » Pour la Chine, conclure un tel accord avec des nomades était plutôt rare. D'ordinaire, possédant des forces importantes dans les régions frontalières, elle parvenait à chasser les intrus de son territoire, même si les nomades parvenaient parfois à s'emparer de butins considérables. Toutefois, jamais auparavant les Huns n'étaient parvenus à infliger une défaite à l'État chinois dans son ensemble ni, à plus forte raison, à le contraindre à signer une paix infamante et humiliante. Seule une entité étatique très puissante pouvait y parvenir, dotée d'une situation politique intérieure stable et

---

[2] L. Gumilev, *Hunnu*, p. 98.

d'une armée forte, bien équipée, bien entraînée, et possédant de solides traditions militaires. De plus, cette armée devait avoir des troupes bien organisées, des chefs expérimentés et talentueux et une excellente discipline. Telle était l'armée des Huns à cette époque-là. L'armée du grand Gengis Khan n'a pas été créée à partir de rien, mais sur la base de traditions militaires turques vieilles de plusieurs siècles, forgées de l'époque des Huns à celle des khaganats turcs.

L'empire hunnique de cette époque était également, du point de vue politique, assez avancé. Lors des pourparlers avec la Chine, les représentants des Huns parvinrent, grâce à leur maturité politique, à imposer aux Chinois une paix inacceptable pour ces derniers et à conclure avec eux un accord à leur propre avantage. Le fait que cet accord de paix écrit n'ait pas réglé la question du commerce, pourtant bénéfique aux deux parties, reflète l'imprévoyance des dirigeants chinois qui auraient pu, par ce moyen-là, s'assurer des relations de bon voisinage avec les Huns.

La paix entre les Huns et la Chine fut de courte durée, ainsi que le rapporte Lev Goumilev en se fondant sur des sources primaires chinoises : « Laoshan mourut en 161 av. J.-C, après avoir transmis ses affaires à son fils Gunchen. Nouveau chef des Huns, ce dernier vécut quatre ans en paix avec la Chine. Mais l'Empire du Milieu n'avait pas rempli ses obligations contractuelles une seule fois en quatre ans. En 158 av. J.-C., Gunchen (« gun » = le soleil, « gunchen » = « à l'image du soleil »[3]) déterra la hache de guerre. Deux énormes armées hunniques de 30 000 cavaliers chacune

---

[3] L'analyse des noms des Huns montre qu'ils avaient des significations concrètes, par ex. Modu (aspiration, objectif, intérêt) ou Jhizu (œuvre musicale).

envahirent la Chine au Nord et à l'Ouest et lui infligèrent de lourdes pertes matérielles avant de se retirer. L'année suivante, l'empereur chinois Wendi passa de vie à trépas. En 156 av. J.-C., son fils Jingdi monta sur le trône. Pendant l'interrègne, une guerre impitoyable éclata entre plusieurs peuples chinois. Les vaincus s'enfuirent chez les Huns et leur demandèrent de l'aide pour poursuivre leur combat. Mais les Huns, cette fois, décidèrent de ne pas se mêler du conflit intérieur chinois et, en 154 av. J.-C., la révolte fut étouffée par le pouvoir central.

En 152 av. J.-C., un accord fut signé entre les Huns et la Chine, permettant l'ouverture de marchés destinés aux échanges de marchandises dans les régions frontalières. L'empereur chinois envoya en outre de riches cadeaux au *chanyu*. Cette année-là marque l'apogée de la puissance de l'empire des Huns.[4] »

Dans les faits rassemblés par Lev Goumilev, on voit que les Huns possédaient un gouvernement central solide et étaient en mesure de concevoir de vastes opérations militaires. En outre, la construction de la Grande Muraille de Chine débuta et se termina du temps des Huns : on peut en déduire qu'elle n'était destinée qu'à se défendre contre eux, et non contre de quelconques nomades indéterminés.

Depuis le début de la formation de l'empire des Huns, sous le règne de Modu, et pendant quelques siècles, la passation de pouvoir après la mort du *chanyu* se déroula sans conflits et conformément aux lois et règles en vigueur. Pendant ce temps, en Chine, deux dynasties se succédèrent (les Qin et les Han), sous lesquelles, à chaque fois qu'un

---

[4] L. Gumilev, *Hunnu*, pp. 97-99.

empereur décédait et qu'un nouvel empereur prenait sa place, des conflits éclataient, parfois sanglants et de longue durée.

Le trait le plus distinctif de l'empire des Huns réside dans le fait qu'il ne connut pas de guerre civile en plus de mille ans d'existence. Le pouvoir central réglait toujours les conflits potentiels de manière pacifique avec les chefs des clans. On peut dire la même chose du khanat kazakh, qui ne connut aucun conflit intérieur armé au cours de ses presque quatre cents ans d'existence. Et le plus intéressant est que les conflits potentiels étaient désamorcés au moyen des mêmes méthodes dans le khanat kazakh que chez les Huns, ce qui montre la filiation entre les traditions de l'empire des Huns et celles du khanat kazakh, de l'empire de Gengis Khan et de la Horde d'Or. Les empires des Kazakhs se sont succédés, mais les méthodes de gouvernement sont restées les mêmes, à peu de choses près, ce qui prouve une fois de plus l'appartenance exclusive des Huns au peuple turc.

Arrêtons-nous un instant sur les questions suivantes : y avait-il d'autres tribus nomades jusqu'au XIIIe siècle ap. J.-C. ? Hormis les Huns et les clans turcs qui ont constitué le khaganat turc, y avait-il des nomades sur les frontières orientale, septentrionale et occidentale de la Chine ? Les recherches scientifiques que j'ai menées à partir des sources primaires du XIIIe siècle – notamment l'épopée de Gengis Khan, que l'historien soviétique Serguéï Kozine a traduite en 1940 sous le titre de *Sokrovennoïe skazanie mongolov*[5], et dont les Mongols sont si fiers – montrent que ces derniers, jusqu'en 1237, étaient un peuple sédentaire et forestier,

---

[5] Ouvrage paru en français sous le titre d'*Histoire secrète des Mongols*. (NdT)

comme les Kirghizes, et qu'ils n'ont adopté un mode de vie nomade qu'après avoir rejoint l'empire de Gengis Khan.

Voici ce que dit l'*Histoire secrète des Mongols* : « L'année du Lièvre (1207), il envoya en campagne Djötchi, avec l'aile droite de l'armée, contre les tribus des forêts. Bukha y alla pour lui montrer le chemin. Quduqa-Beki, des Oïrates, vint en avant des Dix-Mille-Oïrates offrir son ralliement. À son arrivée, il guida Djötchi et, lui montrant le chemin jusqu'à ses Dix-Mille-Oïrates, il le fit pénétrer dans la vallée de la Sisgid. Djötchi soumit les Oïrates, les Bouriates, les Bargous, les Ursud, les Qabqanas, les Qangqas et les Tuba, avant de parvenir chez les Dix-Mille-Kirghiz. Les seigneurs des Kirghiz, Yedi-Inal, Aldi-Er et Prince-Örebeg se rallièrent. Ils vinrent en apportant avec eux des gerfauts blancs, des hongres blancs et des zibelines noires, et ils se présentèrent devant Djötchi. Djötchi soumit les peuples des forêts, depuis les Sibir, les Kesdiyim, les Bayid, les Tuqas, les Telengit, les Teles, les Tas, les Bachkirs, jusqu'ici. Il revint en emmenant avec lui les seigneurs des myriades et des milliers de Kirghizes, ainsi que les seigneurs des peuples des forêts, et les fit se présenter devant l'Empereur Gengis avec les gerfauts blancs, les hongres blancs et les zibelines noires.[6] » Les Oïrat sont les ancêtres de toute la nation mongole. Les historiens occidentaux et russes soulignent qu'ils étaient la plus énergique et la plus civilisée des tribus mongoles. Aujourd'hui, les Mongols sont constitués des clans oïrat suivants : dörbet, bayad, zakhtchin, torghout et khochimiout. Yumjaagiyn Tsedenbal, qui a longtemps

---

[6] *Histoire secrète des Mongols, Chronique mongole du XIIIe siècle*, traduction par Marie-Dominique Even et Rodica Pop, Gallimard, 1994 (texte repris sauf pour les noms propres). (NdT)

présidé la République populaire mongole (XXᵉ s.), était issu du clan oïrat dörbet. Et bien que les choses soient on ne peut plus claires, les Mongols persistent à considérer Gengis Khan comme un Mongol et les Chinois, comme un Chinois. Ce qui est absurde, car tant les Mongols que les Chinois ont été conquis par Gengis Khan. Autant considérer Zahir ud-din Muhammad Bâbur, conquérant de l'Inde, comme un Hindou !

# FRONTIÈRE ORIENTALE

Se fondant sur les sources primaires chinoises, Lev Goumilev rapporte : « À l'Est et au Nord-Est, les *chanyus* régnaient en maîtres absolus. Les Donghu, qui leur avaient résisté jusqu'en 209, avaient été vaincus, et jusqu'à leur nom avait disparu. Leurs descendants, qui s'étaient dispersés au sud de la Mandchourie, sur la plaine jouxtant la Chine, devinrent les Wuhuan.[1] » Ce récit est extrêmement important pour l'histoire des Huns : on y apprend qu'au II$^e$ siècle av. J.-C. encore, les Huns, à l'Est, occupaient les terres de la plaine de Mandchourie attenantes à la Chine. Ils transmirent aux tribus qui vivaient là leur combativité, leurs ambitions, l'organisation de leur armée et leur art militaire ; après leur départ vers l'Ouest, ces tribus retrouvèrent leur indépendance et partirent à l'assaut de la Chine. Rappelons que la dynastie des empereurs mandchous parvint par deux fois au pouvoir en Chine et gouverna le pays pendant plusieurs centaines d'années. Et citons le génocide perpétré en 1758 contre les Djoungars, au cours duquel les deux millions d'individus que comptait leur peuple furent massacrés dans leur totalité. À cette époque, c'est la dynastie mandchoue des Qin qui dirigeait la Chine. La suprématie des Huns était donc bien ancrée jusque dans les régions les plus vulnérables de la Chine, à l'est et au nord-est de son territoire.

---

[1] L. Gumilev, *Hunnu*, pp. 99-100.

# FRONTIÈRE SEPTENTRIONALE

Plus loin, Lev Goumilev rapporte : « En 205-204 av. J.-C., les plaines attenantes au lac Baïkal furent rattachées à l'empire des Huns, après que Modu eut conquis plusieurs tribus au sud-est de la Sibérie. À cette époque, ces tribus sortaient de l'âge du bronze et commençaient à se servir d'outils en fer. Elles adoptèrent activement la culture et l'organisation économique des Huns. Une nouvelle culture apparut au sein de ces tribus, dotées d'une forte composante asiatique.[1] » On peut admettre presque sans risque de se tromper que ces tribus ont engendré les tribus mongoles bouriate et khalkha. Aujourd'hui, les Bouriates vivent toujours sur les plaines attenantes au Baïkal et les Khalkha, comme avant, vivent au voisinage de ces derniers. Ce sont les Bouriates et les Khalkha, avec les habitants des forêts, les tribus oïrat, qui constituent l'actuelle ethnie mongole : ils n'ont jamais eu aucun lien ni avec les Huns, ni avec le peuple de l'empire de Gengis Khan (les clans kazakhs). Tels sont les faits historiques et il est à la fois impossible et absurde de les nier.

---

[1] L. Gumilev, *Hunnu*, pp. 100-101.

# TERRITOIRE ET ÉCONOMIE DE L'EMPIRE HUNNIQUE

À propos du territoire de l'empire des Huns, Lev Goumilev écrit, en se basant sur les sources primaires chinoises : « En 205-204 av. J.-C., les plaines jouxtant le lac Baïkal furent rattachées à l'empire des Huns après, que Modu eut conquis plusieurs tribus au sud-est de la Sibérie. Des monts Yin aux monts Saïan altaïques, les archéologues ont effectué des découvertes significatives : sur ces vastes territoires qui correspondent exactement aux endroits où vécurent les Huns, ils ont trouvé des objets absolument similaires, datés du V$^e$ au III$^e$ siècle av. J.-C. Du point de vue de son expression artistique, la culture hunnique se caractérise par les représentations d'animaux. Les archéologues ont trouvé, dans des tombes, des objets en fer datant de la fin de la période étudiée. À côté de l'élevage et de la chasse, les Huns pratiquaient également l'agriculture : les fouilles réalisées au nord de la Mongolie et le long de la Grande Muraille de Chine le prouvent.

L'anthropologue soviétique Gueorgui Debets classe les Huns au rang des peuples « paléosibériens » (mais non mongols). Les fouilles archéologiques ont montré que les Huns, aux époques reculées et intermédiaires des événements décrits, fondaient de grandes quantités de cuivre : ils maîtrisaient donc la métallurgie. À la même période, ils confectionnaient des yourtes, des arcs et des flèches. Pour assurer leur mainmise sur un aussi grand territoire, ils guerroyaient contre les Chinois et les Yuezhi, chassés des monts Tian.[1] »

Il est incontestable que seul un peuple nombreux, fort et économiquement développé, possédant un gouvernement central solide, pouvait occuper un territoire aussi vaste, englobant alors l'actuelle Mongolie, la plaine de Mandchourie, le sud de la Sibérie, une partie de l'actuelle province chinoise du Gansu, l'actuel Xinjiang et le sud des monts Tian. Ce peuple était constitué de tous les peuples turcs actuels : Turcs, Kazakhs, Ouzbeks, Tatars, Kirghizes, Bachkirs, Turkmènes, Azéris et Yakoutes, entre autres. Comme mentionné plus haut, les fouilles archéologiques ont mis en évidence le niveau élevé de développement matériel et économique des Huns. À la même période, sur le même territoire, vivaient de nombreuses petites tribus forestières qui donnèrent naissance, plus tard, à des peuples clairsemés et économiquement faibles : les actuels Mongols et Bouriates notamment, qui ne suivirent pas les Huns dans leur mouvement vers l'Ouest.

---

[1] L. Gumilev, *Hunnu*, pp. 101-103.

# LA CULTURE DES HUNS

À propos de la culture des Huns, Lev Goumilev pense qu'ils connaissaient l'écriture et possédaient un riche folklore qui se serait perdu en raison de leur mode de vie nomade. L'historien s'appuie sur des faits tirés des chroniques chinoises : « Une ambassade chinoise fut ouverte au Cambodge entre 250 et 245 av. J.-C. Témoin de cette inauguration, Kan Taï écrit, à propos du Funan et de ses habitants : "Ils possèdent des livres qu'ils conservent dans des archives. Leur écriture rappelle celle des Huns."[1] » « La beauté des vêtements des Huns et de leurs ustensiles ménagers témoigne d'un niveau culturel élevé. La construction de yourtes et de chariots à roues, sur lesquels ils installaient les yourtes abritant les familles lors des transhumances, indique également que leurs techniques étaient assez développées.[2] » Toutefois, même lorsqu'il évoque la culture des Huns, Lev Goumilev élude à nouveau la question centrale, à savoir : qui sont les Huns – des Turcs, des Mongols ou des Finnois ? Dans son texte, il fait souvent référence aux Turcs et aux Mongols, bien que les peuples turco-mongols n'aient jamais existé. Les Turcs constituent une ethnie tout à fait distincte de celle des Mongols. La langue, la mentalité, la culture, les coutumes et le mode de

---

[1] Daniel George Edward Hall, *A History of South-East Asia*, Londres, 1955, pp. 25-26., in L. Gumilev, *Hunnu*, p. 105.
[2] L. Gumilev, *Hunnu*, pp. 100-104.

vie des Turcs se distinguent radicalement de la langue, de la mentalité, de la culture, des coutumes et du mode de vie des Mongols. Cette expression de « peuples turco-mongols » possède une attraction magique sur de nombreux historiens, au nombre desquels, hélas, un aussi grand savant que Lev Goumilev. Le berceau des Turcs et des Mongols était les régions profondes d'Asie centrale, et c'est probablement la raison pour laquelle on prête des origines communes à ces peuples. L'expression « peuples turco-mongols » est équivalente aux expressions « peuples arabo-hispaniques » ou « peuples gréco-slaves ». Les Arabes et les Espagnols vivaient ensemble en Espagne, et les Grecs ont apporté leur religion aux Slaves. Cependant, ils ont toujours constitué des peuples distincts et le sont restés. En outre, comme nous l'avons montré plus haut en nous référant à une source primaire de 1240, les Turcs étaient des nomades, et les tribus mongoles vivaient en sédentaires dans les forêts ; ils n'élevaient pas de grands cheptels mais vivaient de la chasse et furent conquis par le fils de Gengis Khan, Djötchi, en 1207. Tous les historiens européens qui ont étudié la langue des Huns et leur société clanique, lors du séjour prolongé de ceux-ci en Europe, les considèrent comme des Turcs. Et nous n'avons aucune raison de leur donner tort.

# LA RELIGION DES HUNS

L'étude de la religion des différentes ethnies antiques permet de les rattacher, sans erreur possible, à tel ou tel groupe de peuples. Par exemple, les religions des Turcs et des Mongols sont si différentes qu'il est facile de relier les peuples nomades dont on étudie les croyances médiévales soit aux uns, soit aux autres. La religion des anciens Turcs possédait des fondements shintoïstes (culte des esprits des ancêtres, entre autres) et tengristes (culte de l'éternel ciel bleu) et englobait également un culte rendu à la terre. Au Moyen Âge, les Turcs ne conservèrent que le pan tengriste de leur religion, en accordant une moindre importance au culte des esprits des ancêtres (*arouakhs*). C'est au VII$^e$ siècle que les Turcs d'Asie centrale et du sud du Kazakhstan ont commencé à s'islamiser.

En ce qui concerne les Mongols, peuple forestier jusqu'en 1207, ils rendaient un culte aux animaux sauvages et apprivoisés. À ce jour encore, les Mongols et les Kirghizes musulmans considèrent qu'ils sont issus d'une femme-biche. Les anciens Mongols et les Kirghizes ayant vécu dans les forêts n'ont jamais adoré l'éternel ciel bleu (tengrisme) ; ils ont, par la suite, adopté le lamaïsme (Mongols) et l'islam (Kirghizes). Il est incontestable que les Kirghizes sont des Turcs, bien que les Chinois les considèrent toujours comme des Bouroutes (Tibétains), visiblement en vertu du fait que leur langue contient des termes tibétains. Mais les Turcs nomades, eux, possédaient une religion faite d'éléments shintoïstes et tengristes.

Se penchant sur la religion des Huns, Lev Goumilev écrit : « Étudier la religion d'un peuple revient à analyser ce en quoi il croit et comment il croit. Chaque année au printemps, les Huns sacrifiaient aux esprits des ancêtres, au ciel et à la terre. Tous les jours, le *chanyu* rendait hommage, le matin, au soleil levant, et le soir, à la lune ascendante, en observant la position de l'astre nocturne et des étoiles. Il rendait également hommage au ciel et à la terre. […] La religion des Mongols était fort différente.[1] »

Ainsi, Lev Goumilev met les points sur les « i » à propos de la religion des Huns et des Mongols. Turcs et Mongols sont deux ethnies différentes, et les Huns n'ont aucun rapport avec les Mongols. Les informations que Lev Goumilev tire des sources primaires chinoises établissent une distinction complète entre Huns et Mongols. L'encyclopédie soviétique kazakhe et les historiens kazakhs tiennent les Huns pour des Mongols sans avoir étudié profondément la question. Aujourd'hui, on peut affirmer, en toute responsabilité, qu'il n'existait pas de science historique véritable dans l'ancienne RSS du Kazakhstan et que les historiens, ayant rédigé l'histoire de cette République depuis qu'elle est indépendante, subissent toujours, dix ans après, l'emprise du traumatisme colonial, sans avoir réussi à donner une nouvelle direction à leur science. Précisons que, plus tard, Lev Goumilev, se contredisant lui-même, s'est mis à considérer les Huns comme des Finnois ou des Ougriens.

---

[1] L. Gumilev, *Hunnu*, pp. 165-166.

Plus loin, Goumilev tire des sources primaires chinoises d'autres informations sur la religion des Huns : « Les Huns croyaient également à la vie dans l'au-delà et pensaient que l'existence sur terre n'était qu'une partie de la vie éternelle. Pour que les corps des défunts ne gèlent pas, ils les emballaient dans du feutre ou du tissu, avant de les inhumer.[2] » Rien de tel chez les Mongols, qui emmenaient leurs défunts en un lieu bien précis et déposaient leurs dépouilles sur la terre. À partir des années 40, le régime communiste obligea les Mongols à ensevelir leurs défunts dans des tombes. Toutefois, ils ont toujours considéré ce rite comme contraire à leur religion ; après la chute du régime communiste et l'adoption de la démocratie, ils renouèrent avec leurs traditions et cessèrent de porter leurs défunts en terre. Ajoutons que Gengis Khan était un homme profondément croyant et qu'il priait Tengri, seigneur de l'éternel ciel bleu, ce qui prouve également qu'il n'avait aucun rapport avec les Mongols (cf. *Istoria Tchinghiskhana*, 2001). Il fut enterré selon les rites tengristes. Les tengristes n'ornaient pas les tombes et tenaient leur emplacement secret (cf. *Alternativnaïa Istoria Oulysa Jochy – Zolotoï Ordy*).

---

[2] L. Gumilev, *Hunnu*, p. 106.

# REPRISE DES GUERRES ENTRE LES HUNS ET LA CHINE

Après avoir mis fin à ses dissensions internes, la Chine se renforça considérablement et décida de lancer une guerre contre ses ennemis pour les affaiblir, en particulier les Huns, contre lesquels elle engagea d'énormes effectifs. L'objectif des Chinois, dans un passé lointain comme plus récemment, n'a pas changé : ils ont toujours tenté d'agrandir leur territoire. Sur cette nouvelle guerre qui éclata entre les Huns et la Chine, Lev Goumilev écrit, en se basant sur les archives chinoises :

« Monté sur le trône en 140 av. J.-C., l'empereur Wudi considérait comme une infamie le fait que la Chine ait dû reconnaître les Huns comme ses égaux et conclure un accord de paix avec eux. Pour leur infliger une défaite sans appel, Wudi entreprit des préparatifs de guerre à grande échelle. D'une part, il envoya son fidèle Zhang Qian chez les Yuezhi, ennemis des Huns, pour les inciter à se lancer dans une guerre contre ceux-ci. D'autre part, selon leur tactique usuelle, les Chinois tentèrent de piéger les nomades au moyen d'émissaires. Un de ces agents chinois convainquit le *chanyu* de s'emparer de la riche ville de Maï et promit de l'y aider. Sans attendre le retour de son émissaire, Wudi envoya une armée de 300 000 hommes tendre une embuscade aux Huns, aux environs de la ville de Maï.

Accompagné de cent mille soldats, le *chanyu* s'approcha de la cité, mais il arrêta sa progression en notant la présence de nombreux troupeaux abandonnés par des habitants qui, manifestement avertis de sa venue, avaient pris la fuite pour ne pas tomber entre ses mains. Capturé, un berger chinois rapporta qu'il avait vu une immense armée traverser la contrée. Désormais informés du danger qui les guettait, les Huns battirent en retraite.[1] »

Les sources primaires chinoises ne parlent pas d'assauts des Chinois sur les terres des Huns. À cette époque, les Huns étaient puissants, et pouvaient aisément lever une armée de 300 000 à 400 000 hommes ; leur cavalerie était plus forte que celle des Chinois, et c'est en grande partie la raison pour laquelle la Chine interrompit la guerre contre eux.

---

[1] L. Gumilev, *Hunnu*, pp. 198-199.

# PERTES HUNNIQUES

« Mais après de tels événements, comment la paix pouvait-elle encore être d'actualité ?[1] », se demande Lev Goumilev. Entre 130 et 123 av. J.-C., les Huns et les Chinois se livrèrent des batailles acharnées avec des victoires de part et d'autre. C'est souvent la tactique habituelle des Chinois, faisant obstacle au commerce des marchandises, qui mettait le feu aux poudres.

Lorsque l'empire chinois et son armée étaient en position de faiblesse, la Chine privilégiait toujours la paix avec les nomades en acceptant de commercer, de vendre et d'échanger des marchandises : soie, vêtements, objets de la vie quotidienne et bijoux. Lorsqu'au contraire, son empire et son armée étaient en position de force, la Chine suspendait les échanges commerciaux et tentait d'appauvrir les nomades en les privant de la possibilité d'acquérir d'autres tenues que leurs propres vêtements de cuir et les marchandises chinoises qui leur étaient nécessaires au quotidien. Les nomades lançaient alors des raids, sur le territoire de la Chine, qui tournaient souvent à l'avantage de celle-ci : dotée désormais d'une armée puissante, elle portait des coups considérables aux nomades et les affaiblissait pour un temps prolongé. Telle était la politique traditionnelle des Chinois à l'égard des nomades et, dans le cas qui nous occupe, des Huns.

---

[1] L. Gumilev, *Hunnu*, p. 110.

Plus loin, Lev Goumilev décrit en détail tous les grands événements qui se produisirent à cette époque ; il s'appuie, pour ce faire, sur les sources primaires chinoises et ne mentionne par conséquent que des faits : « Pendant les quatre premières années, les deux parties ne se livrèrent aucune grande bataille, mais seulement de petits affrontements. Au Nord, des troupes hunniques montées faisaient des percées en Chine, mais les Chinois se contentaient de se défendre. En 129 av. J.-C., le gouvernement chinois fit complètement cesser le commerce libre avec les Huns. En réaction, ceux-ci intensifièrent leurs raids contre la Chine et remportèrent, dans un premier temps, des succès non négligeables. Toutefois, les Chinois commencèrent, de leur côté également, à initier des opérations militaires contre les Huns. Le talentueux général chinois Wei Qing parvint à capturer sept cents hommes, lors d'une attaque surprise. Toutefois, la chronique ne précise pas la nationalité de ces sept cents prisonniers : étaient-ils des Huns ou des Chinois qui commerçaient avec eux ? L'attaque suivante sur le territoire des Huns, menée par 10 000 guerriers montés, fut un échec, et les Chinois rentrèrent chez eux, après avoir perdu sept mille hommes.[2] »

Les opérations militaires menées au cours des années qui suivirent tournèrent également à l'avantage des Huns. N'ayant pas étudié en profondeur les particularités de l'armée des nomades, dont les forces étaient sa grande mobilité et sa rapidité d'action, les Chinois, qui misaient avant tout sur leur infanterie et possédaient peu de cavaliers, allaient de défaite en défaite. Les Huns, après avoir mis les troupes chinoises en déroute, ne restaient pas en Chine, mais ils battaient en

---

[2] L. Gumilev, *Hunnu*, p. 110.

retraite sur leurs terres. Lev Goumilev fait le récit des batailles qui suivirent : « En 128 av. J.-C., une armée de 20 000 Huns marcha sur le Liaoxi, puis attaqua Iaïmyn, à l'ouest de Pékin, et fit trois mille prisonniers.[3] » La Chine décida alors de revoir sa tactique et inaugura une stratégie qui allait changer le cours des événements : elle rassembla d'énormes unités de cavalerie. Très peuplée et disposant de moyens économiques considérables, elle parvint, en relativement peu de temps, à constituer des troupes montées importantes, ce qui allait modifier les rapports de force en profondeur. Les Huns ne savaient rien du changement de tactique des Chinois. Certains de leur suprématie, du fait des victoires qu'ils avaient remportées, ils menaient une vie paisible sur leurs terres et ne se doutaient pas qu'ils allaient bientôt connaître des échecs et des pertes retentissants dans leurs futures guerres contre la Chine. Voici ce que les matériaux rassemblés par Lev Goumilev nous apprennent : « Pénétrant par surprise à Ordos, Wei Qin soumit les populations des Leou-fan et des Baïan et fit un grand nombre de prisonniers. Puis, pour renforcer la ville, les Chinois, qui se trouvaient sur les rives du fleuve Jaune, rénovèrent ses fortifications.[4] » Les événements ultérieurs tournèrent au désavantage des Huns, comme nous l'apprend encore Lev Goumilev : « En 126 av. J.-C., le *chanyu* Gunchen[5], petit-fils de Modu, passa de vie à trépas. Gunchen n'avait, certes, pas affaibli l'empire renforcé par son grand-père et ses grandes réformes, et la perte d'Ordos n'avait pas non plus réellement abattu les Huns, la population de la ville étant surtout de

---

[3] L. Gumilev, *Hunnu*, p. 111.
[4] L. Gumilev, *Hunnu*, p. 111.
[5] Terme kazakh contemporain.

nationalité tangout. Mais la mort du *chanyu* Gunchen engendra des dissensions entre les Huns : le plus jeune frère du défunt, Ichise[6], s'autoproclama chef des Huns et le fils de Gunchen, Yui Bi[7], héritier du trône, s'enfuit en Chine où il fut accueilli chaleureusement ; il y décéda toutefois peu après. Ichise, après avoir agrandi son armée, reprit les hostilités contre la Chine.[8] » Toutefois, en s'emparant du pouvoir par la force, il n'avait pas prévu les conséquences funestes de son acte. Toute lutte pour le pouvoir, dont l'issue est la prise illégitime du trône par une des parties, entraîne une fracture dans la nation et débouche même parfois, dans certains cas, sur une guerre civile. Il arrive que cette fracture dans la société ne se remarque pas au premier coup d'œil. Mais le soupçon s'installe peu à peu dans l'esprit du vainqueur, et avec lui la méfiance vis-à-vis de son entourage. Ce ne sont pas les exemples qui manquent. Joseph Staline, ancien homme fort de la Russie soviétique – rebaptisée URSS à des fins politiques –, est arrivé au pouvoir au terme d'une lutte violente et sans merci contre Trotski et son entourage proche, qu'il a anéanti. Mais Staline commença bientôt à se méfier aussi des dirigeants des niveaux inférieurs. Ainsi, avant la Seconde Guerre mondiale, il décapita l'Armée rouge, accusant presque tous ses généraux d'être des trotskistes. Staline fit également exécuter de nombreux hommes politiques qui l'avaient porté au pouvoir : Kirov, Ordjonikidze, Postychev, Iagoda et bien d'autres. Comme le

---

[6] Traduction littérale en kazakh contemporain : « intérieurement généreux, noble ».
[7] Terme kazakh signifiant littéralement « le chef de la maison », autrement dit le chef de l'État.
[8] L. Gumilev, *Hunnu*, p. 111.

montrèrent les événements ultérieurs, il en alla tout à fait de même dans l'empire hunnique, immédiatement après les premiers échecs du nouveau *chanyu* Ichise dans sa guerre contre la Chine. Lev Goumilev le décrit en ces termes : « La guerre d'Ichise contre la Chine commença en 126 av. J.-C. En été et à l'automne, les Huns firent irruption au nord-est de la Chine (dans les provinces actuelles du Hebei, du Liaoxi et du Liaodong). Parallèlement, ils lancèrent plusieurs opérations à l'Ouest. En 125 av. J.-C., le prince occidental pénétra à Ordos, anéantit Chofan et captura un grand nombre de fonctionnaires et d'hommes du peuple. L'empereur Wudi décida de changer de tactique guerrière contre les Huns et constitua des troupes de cavalerie légère qui, selon ses plans, devaient elles-mêmes effectuer des raids sur le territoire des Huns pour leur voler l'initiative. Cette tactique, si elle ne remporta pas un succès total, du fait que les troupes chinoises n'arrivaient ni à contenir totalement les attaques des nomades, ni à défendre complètement le territoire chinois, joua néanmoins un rôle déterminant. Wudi plaça Wei Qing à la tête d'une armée de 100 000 cavaliers. En 124 av. J.-C., l'armée chinoise sortit d'Ordos. Trois cents kilomètres plus loin, elle encercla les troupes du prince occidental des Huns qui n'avait rien vu venir. Le prince parvint à prendre la fuite, mais Wei Qing captura 15 000 de ses hommes. En 123 av. J.-C., les Huns lancèrent un assaut au Daïghioun (à l'ouest du Hebei), détruisirent les fortifications sur la frontière et firent mille prisonniers. La même année, Wei Qing effectua deux incursions sur les terres des Huns, qui se soldèrent toutes deux par des échecs et par de lourdes pertes côté chinois. Un des généraux chinois, Tchao Sin, fut capturé par les Huns. Pour le rapprocher de lui, le *chanyu* Ichise lui offrit sa propre sœur en mariage et en fit son conseiller. Tchao Sin conseilla au *chanyu* de déplacer sa horde au nord du désert de Gobi, pour se mettre à l'abri des assauts soudains des Chinois. En 122 av. J.-C., la guerre se limita à quelques escarmouches sans importance et aucun événement majeur ne fut à signaler.

Au printemps de 121 av. J.-C., le chef de guerre Huo Qubing, à la tête d'une armée de 10 000 soldats, pénétra par surprise à l'ouest du territoire des Huns et captura 30 000 hommes, au nombre desquels soixante-dix princes de rang inférieur. Après cette défaite à l'Ouest, les Huns renforcèrent leurs opérations militaires à l'Est. Ils encerclèrent quatre mille cavaliers chinois et en éliminèrent la moitié. En 120 av. J.-C., ils pénétrèrent à Youbeïpin et à Dinsian (dans la province du Shanxi) et infligèrent de lourdes pertes aux Chinois, faisant également de nombreux prisonniers.[9] »

Les Huns remportèrent des victoires décisives au nord et à l'est de la Chine, c'est-à-dire là où se trouvait l'état-major d'Ichise ; toutefois, ils avaient subi une défaite cuisante à l'Ouest, ayant relâché leur vigilance après avoir remporté plusieurs grands succès militaires. Dans l'esprit du *chanyu*, le soupçon et la méfiance l'emportèrent sur la sagesse et l'analyse patiente des événements, ce qui entraîna de sérieux différends intérieurs dans l'empire hunnique et l'affaiblit. Voici ce que dit la chronique de Lev Goumilev sur la suite des événements : « À ce moment-là, Ichise commit une grave erreur qui allait mettre son empire en péril. Mécontent des lourdes pertes subies à l'Ouest, il en rejeta la responsabilité sur les chefs des clans Khioutchjouï[10] et Khounche[11]. Mais le

---

[9] L. Gumilev, *Hunnu*, pp. 112-113.
[10] Mot kazakh signifiant « la force ».

prince du clan Khounche tua le prince du clan Khioutchjouï et, tentant de sauver sa peau, il s'enfuit vers la Chine, accompagné des membres des deux clans. En tout, 40 000 personnes le suivirent. Cet événement modifia la situation du tout au tout sur le front occidental, à l'avantage de la Chine. Les raids des Huns se raréfièrent à l'Ouest.[12] »

De cette manière, le chef des Huns déclencha inutilement une guerre civile dans son propre empire, obligeant une partie de sa population à chercher refuge dans l'empire voisin, qui était également son pire ennemi. La nouvelle situation dans l'empire hunnique permit à l'empereur chinois de réorganiser ses forces : il rappela une partie de sa cavalerie du front occidental pour renforcer ses troupes au Nord et à l'Est, ainsi que nous le rapporte Lev Goumilev : « L'empereur Wudi rappela la moitié de ses troupes du front occidental et les remplaça par des paysans pauvres. Ainsi, il parvint à renforcer son armée sur les principaux axes de la guerre contre les Huns.[13] »

En raison des erreurs grossières du *chanyu* et des habiles manœuvres de l'empereur chinois, l'indépendance et l'existence même de l'empire hunnique furent menacées. Les querelles internes sont plus promptes à entraîner la chute d'un empire que les menaces extérieures.

---

[11] Mot kazakh signifiant « ensoleillé ». Pour les noms des clans, Lev Goumilev utilise toujours la forme sinisée.
[12] L. Gumilev, *Hunnu*, p. 113.
[13] L. Gumilev, *Hunnu*, p. 113.

# GUERRES DE WEI QING ET DE WUDI CONTRE LES HUNS

« Wei Qing décida de frapper un grand coup au cœur même de l'empire des Huns. À cette fin, il forma deux armées de cavaliers bien préparées – l'une de 100 000, et l'autre de 140 000 hommes – et leur donna pour mission de traverser le désert de Gobi afin de prendre les Huns par surprise, de détruire le cœur de leur campement et d'éliminer le *chanyu* lui-même. Après avoir traversé le désert, les troupes chinoises étaient censées attirer les Huns dans une bataille généralisée et, profitant de leur supériorité numérique, les anéantir.[1] » Ce sont incontestablement les désaccords naissants dans les rangs hunniques qui ont poussé Wudi à prendre cette décision. En outre, l'absence d'une stratégie politique et militaire précise du *chanyu,* vis-à-vis de la Chine, entraîna de funestes conséquences pour son peuple. Ichise n'avait pas pris la mesure des changements profonds qui s'étaient produits dans l'Empire du Milieu, après la fin des troubles intérieurs liés à l'avènement du talentueux et énergique empereur Wudi. Les Huns, qui jusque-là avaient conservé l'initiative et obligé la Chine à se contenter d'une position défensive, ne s'attendaient pas à une telle tournure des événements, et leur manque de prévoyance les placèrent à la merci des Chinois. Une immense armée chinoise, préférant

---

[1] L. Gumilev, *Hunnu*, pp. 113-114.

cette fois l'attaque à la défense, traversa le désert de Gobi, à l'insu des Huns et se retrouva sur leur territoire.

Les éclaireurs huns réussirent néanmoins à déterminer de manière assez précise le nombre des soldats chinois, ainsi que leur direction et Ichise prit alors la décision, certes tardive, de fuir, ainsi que nous l'apprend Lev Goumilev : « En 119 av. J.-C., les armées chinoises envahirent le territoire des Huns, en formation de deux colonnes, sous la direction de Wei Qing et de Huo Qubing. Toutefois, leur opération ayant été éventée, le *chanyu* avait éloigné son campement (la Horde) vers le Nord. Lui-même, accompagné d'une troupe d'élite, attendait les Chinois à la lisière nord du désert de Gobi. Surprenant à leur tour les troupes chinoises, ils donnèrent l'assaut. Malgré leur nette supériorité numérique, les Chinois ne parvinrent pas à défaire les Huns. Le soir venu, une violente tempête de sable se leva, dont le vent priva les talentueux archers huns d'une de leurs armes de prédilection, l'arc et les flèches. L'armée chinoise, très nombreuse (240 000 hommes), parvint à encercler les Huns. Toutefois, la victoire n'était pas encore remportée. Le *chanyu* réorganisa ses troupes et parvint à percer le cercle de ses adversaires. La bataille se poursuivit pendant la nuit, dans de mauvaises conditions de visibilité. Les Huns, après avoir infligé de lourdes pertes aux Chinois, quittèrent le champ de bataille par petits détachements. Wei Qing affirma que 19 000 Huns avaient péri dans la bataille. Mais ce chiffre reste incertain, dans la mesure où personne, en pleine tempête de sable et dans la nuit, n'a pu être en mesure de compter les cadavres. Wei Qing poursuivit son offensive et s'enfonça loin au Nord sur le territoire des Huns, mais une épizootie se déclara parmi les chevaux de son armée. D'après l'historien Sima Qian, les

Chinois perdirent 100 000 montures. Sans être parvenu à ses fins, Wei Qing rebroussa donc chemin. De son côté, Huo Qubing avait réussi à capturer 70 000 guerriers huns. Les Huns se replièrent au Nord et à l'Est. La frontière entre la Chine et l'empire hunnique demeura, comme avant, le désert de Gobi.[2] » La tactique ayant consisté à attendre les troupes chinoises à la frontière nord du désert de Gobi avait été pertinente et courageuse. L'armée chinoise, épuisée par la traversée du désert et bien que très nettement supérieure en nombre, n'avait pas réussi à vaincre les nomades et, en fin de compte, après avoir perdu 100 000 chevaux, elle avait été forcée de battre en retraite. Traverser à pied le désert de Gobi n'est pas chose aisée et on peut penser que l'armée chinoise avait déjà perdu de nombreux soldats avant la bataille. En outre, si les conditions météorologiques avaient été plus favorables, les Huns auraient tout à fait pu infliger une défaite cinglante à l'armée chinoise.

Cependant, la situation des Huns se détériora en raison des actions irréfléchies du *chanyu* Ichise, qui avait déclenché une guerre civile dans son propre empire et amené la dissension au sein de son peuple. Les Huns occidentaux étaient affaiblis et ne participaient plus aux guerres contre la Chine, alors qu'auparavant, c'étaient eux qui causaient le plus de dommages aux Chinois. Toutes ces circonstances affaiblirent l'empire des Huns et amorcèrent un déclin momentané. La division de la société hunnique entre Huns occidentaux et Huns orientaux, après 123 av. J.-C., jouera en outre, ultérieurement, un rôle pernicieux dans l'histoire des Turcs. Après la mort d'Attila, l'empire hunnique se

---

[2] L. Gumilev, *Hunnu*, pp. 114-115.

désagrègera ; sur ses ruines naîtra le khaganat turc qui, en raison de cette division séculaire Est-Ouest, se scindera lui-même pour donner naissance au khaganat turc occidental et au khaganat turc oriental. C'est dans ces termes que Lev Goumilev, traduisant essentiellement les chroniques chinoises, raconte le début du déclin de l'empire des Huns : « Les pertes de part et d'autre avaient été assez importantes en 119 av. J.-C., ce qui ne permit ni à la Chine, ni aux Huns de poursuivre la guerre. Ichise fit savoir aux Chinois qu'il était prêt à entamer des pourparlers de paix. Mais la Chine, elle, souhaitait faire des Huns ses vassaux.

L'empereur Wudi rassembla à nouveau ses troupes, mais dans d'autres objectifs cette fois. À l'ouest de la Chine, au pied du Koukou-Nor, le Tibet se renforçait. Jusque-là, les Chinois occupaient les monts Alachan et Nanshan et leurs plaines attenantes, ce qui n'était pas du goût des Tibétains. Pour consolider les résultats obtenus dans ses guerres contre les Huns, la Chine avait cessé toute relation avec les khans huns et entrepris de conquérir les régions placées sous leur domination (se rendre maître des terres occupées par autrui est une tactique chinoise séculaire). Profitant du fait que la Chine était occupée à guerroyer contre les Huns, le Tibet avait lancé une offensive contre l'Empire du Milieu. Wudi fut donc obligé d'envoyer sur le front tibétain les armées prévues pour se battre contre les Huns. Ce qui offrit une trêve de douze ans à ceux-ci et leur permit de reconstituer leurs forces. La guerre contre le Tibet prit fin en 107 av. J.-C.

En 114 av. J.-C., le *chanyu* Ichise mourut et son fils Wuwei[3] lui succéda sur le trône. Ce dernier ne se distinguait

---

[3] Mot kazakh contemporain signifiant « spécialement, exprès ».

pas par sa combativité ; il était, au contraire, d'un caractère plutôt indolent. En 110 av. J.-C., l'empereur Wudi passa en revue ses troupes stationnées au Nord. Il avait ainsi en tête d'impressionner les Huns pour les forcer à se soumettre. Mais son plan échoua.

109 av. J.-C. marque le début des guerres de la Chine contre le Chao-Xiang. En 105 av. J.-C., le *chanyu* Wuwei mourut et c'est son fils qui lui succéda, le courageux et combatif Wushilu[4,5]. » Les années du règne d'Ichise et de Wuwei furent pour les Huns une période de relatif déclin ; toutefois, l'absence de guerre leur permit également de se redresser. Malgré tous les efforts de la Chine pour les réduire en vassalité, ils étaient parvenus à résister et à conserver leur indépendance, même s'ils avaient dû céder une partie de leur territoire située au nord de la Chine, à côté du désert de Gobi. À cette époque, la division entre les Huns, provoquée par les actions du *chanyu* Ichise, ne leur permettait déjà plus d'avoir le bénéfice de l'initiative dans la guerre contre la Chine. Ce qui permit à celle-ci de les repousser à l'Est et à l'Ouest, en peuplant de Chinois les terres occupées et en construisant des fortifications militaires. L'idée de la Chine était simple : il s'agissait d'occuper les terres situées entre les Huns orientaux et les Huns occidentaux pour les désunir et les isoler les uns des autres. Toutefois, les guerres inattendues que la Chine dut livrer, à l'Ouest contre le Tibet et à l'Est contre le Chao-Xiang, vinrent contrecarrer ses plans. Plus tard, elle dut même complètement les abandonner. Quoi qu'il en soit, la situation entre les Huns et la Chine ne se détendit pas : au contraire, elle se complexifia encore davantage.

---

[4] L. Gumilev, *Hunnu*, pp. 115-116.
[5] Terme kazakh contemporain.

C'est précisément de cette période dont il est question dans la *Khronika tchelovietchestva*, qui s'inspire des chroniques chinoises de l'époque : « Chine. Les Huns perdent leur indépendance. Les Huns du Sud se soumettent à la Chine[6]. » Le texte fait ici allusion aux 70 000 Huns déjà évoqués qui furent faits prisonniers. Ces Huns s'éparpillèrent sur le territoire chinois et se soumirent à son administration : on les baptisa les " Huns du Sud ". Les chroniques chinoises ne disent pas ce que devinrent ces Huns du Sud, auxquels s'ajoutèrent les 40 000 Huns qui avaient fui le *chanyu* Ichise et rejoint la Chine. Lev Goumilev non plus n'en parle pas, lui qui a pourtant passé au peigne fin toutes les chroniques chinoises et leurs témoignages sur les Huns.

Mettant à profit le contexte favorable qui s'était formé après sa victoire contre le Tibet et l'affaiblissement des Huns, la Chine, petit à petit, progressa vers l'ouest. À ce moment-là, les Chinois possédaient déjà quelques informations sur les tribus nomades qu'ils appelaient « Siounnou » (Huns) et dont le campement était situé loin à l'Ouest de la Chine. Mais elle avait besoin d'informations plus fiables et précises sur eux. Pour en obtenir, elle équipa des explorateurs. Lev Goumilev nous parle de l'un d'entre eux : « Le voyageur chinois Zhang Qian est à placer au même rang qu'un Hérodote ou qu'un Strabon. Étant donné que les Yuezhi, que les Chinois connaissaient bien, avaient fui vers l'Ouest jusque sur les rives du Syr-Daria après avoir été battus par les Huns, il fut décidé d'envoyer Zhang Qian sur leurs traces. Toutefois, peu après avoir franchi la frontière, Zhang Qian tomba aux mains des Huns. Après dix ans passés en captivité, il réussit à leur

---

[6] *Hronika čelovečestva*, p. 182.

échapper. Accompagné d'un esclave du nom de Tian, il atteint le Dayuan (nom chinois de Ferghana). Sa mission se solda par un échec, dans la mesure où les Yuezhi ne souhaitaient pas rallumer la guerre contre les Huns. L'explorateur revint en Chine en 120 av. J.-C. Ses récits firent découvrir aux Chinois des terres jusque-là inconnues et un monde empli de mystères. Zhang Qian décrivit les Wusun et leurs grands troupeaux paissant dans les pâturages d'altitude, les Kangly du Betpak-Dala, les Kiptchak du Nord (plus tard, toutes ces tribus viendront grossir les rangs des Huns) : ce fut un énorme progrès pour la géographie chinoise. Zhang Qian décrivit également l'Empire parthe, puissant et vaste, dont les possessions s'étendaient loin à l'Ouest[7]. » Ces témoignages modifièrent radicalement la conception que la Chine se faisait du monde qui l'entourait et l'encouragèrent à infléchir sa politique extérieure. Ce sont ces nouvelles réflexions, cette nouvelle stratégie et la nouvelle tactique de la Chine à l'égard des Huns qui pousseront, en fin de compte, ceux-ci à faire mouvement vers l'Ouest.

Toutefois, ce processus prendra plusieurs centaines d'années. Avant que les Huns ne commencent leur progression vers l'Ouest, plusieurs longues guerres éclatèrent encore entre ceux-ci et la Chine, souvent provoquées par les opérations chinoises pour accentuer la division entre les Huns, les faire imploser en différents groupes – en cherchant, entre autres, des alliés parmi leurs chefs –, le tout dans un seul but : les vaincre et les soumettre. La politique de la Chine visait à détruire un ennemi dangereux, qui la gênait depuis plusieurs siècles, à étendre son propre territoire en

---

[7] L. Gumilev, *Hunnu*, pp. 117-118.

annexant les terres occupées par les Huns et à les faire définitivement siennes en les colonisant. Lev Goumilev fait le récit de ces événements : « En 105 av. J.-C., le nouveau *chanyu* Wushilu monta sur le trône. Pour lui faire part de ses condoléances pour le décès de son père, l'empereur Wudi l'invita à venir en Chine, en lui envoyant une délégation spéciale. Dans le même temps, Wudi expédia une autre délégation aux princes des Huns occidentaux : ce faisant, il espérait entériner définitivement la séparation du pouvoir entre Huns orientaux et Huns occidentaux. Mais les deux délégations tombèrent aux mains du *chanyu* qui, devinant l'objectif des Chinois, les arrêta toutes deux.

Naturellement, cet épisode rendit la guerre inévitable. Cependant, il existait dans la société hunnique des forces qui souhaitaient conserver des liens étroits avec la Chine et commercer avec elle, dans l'intérêt des deux parties. En 103 av. J.-C., se mettant en lien avec les Huns qui lui étaient favorables, Wudi leur envoya en renfort une armée de 20 000 hommes, emmenée par le général Po Nu. Or, à la suite d'une imprudence de celui-ci, les Huns parvinrent à le capturer. L'armée chinoise ayant été ainsi décapitée, les Huns passèrent à l'offensive. Les Chinois, incapables de résister, furent faits prisonniers. Ce fut un énorme succès militaire pour les Huns. Wushilu entreprit alors une série d'opérations guerrières contre la Chine, en lançant des raids sur son territoire. Au beau milieu de ces opérations, le *chanyu* décéda brusquement. On choisit, pour le remplacer, son frère aîné,

Houlihu[8], qui vouait aux Chinois une haine aussi implacable que lui[9]. »

Plus loin, Goumilev entreprend de décrire les tentatives de la Chine pour conquérir Ferghana : « Première campagne contre le pays de Dayuan. L'empereur Wudi prit la ferme décision de conquérir le royaume de Dayuan (Sogdiane), convaincu, comme ses généraux, de la faiblesse de l'armée dayuanaise. Un général chinois affirma même qu'un détachement de trois mille hommes suffirait pour mener à bien cette mission. Certain donc de l'infériorité de son ennemi, l'empereur Wudi prépara l'expédition à la hâte. Une armée fut mise sur pied, constituée de la population frontalière. Elle comptait six mille cavaliers ; bon nombre des soldats avaient été recrutés parmi de jeunes délinquants. Ses ennuis commencèrent avant d'arriver aux portes de Ferghana. Au printemps de 104 av. J.-C., une invasion de criquets se déclara, qui ravagea toute la végétation. La disette n'épargna pas la troupe montée du général Li Guan. Bientôt, les chevaux furent complètement exténués. C'est donc une armée affamée et épuisée qui parvint à Ferghana. La population locale se retrancha dans la forteresse et les soldats de l'armée chinoise commencèrent à mourir de faim. Les difficultés se poursuivirent sur le chemin du retour. Lorsqu'ils arrivèrent chez eux bredouilles, les soldats de l'armée chinoise étaient cinq fois moins nombreux qu'à leur départ[10]. »

---

[8] Ce qui signifie « bienheureux » : c'est également un mot kazakh contemporain.
[9] L. Gumilev, *Hunnu*, pp. 130-132.
[10] L. Gumilev, *Hunnu*, pp. 132-133.

Sous-estimer son ennemi et mal préparer ses troupes sont les premières causes d'une défaite. La Sogdiane n'était pas aussi faible que prévu. Elle était capable de rassembler une armée de 100 000 hommes, bien armés et bien formés. Mais elle ignorait tout de la puissance croissante de la Chine et de sa volonté de conquérir de nouvelles terres – éléments qui allaient devenir, plus tard, des piliers centraux de sa politique nationale. Au XX$^e$ siècle encore, la Chine a conquis la Mandchourie (1945), le Tibet (années 60), une partie du Vietnam, a occupé le Xinjiang, la Mongolie intérieure et n'a cessé d'avoir des vues sur différents territoires d'Asie centrale, en première ligne desquels le Kazakhstan et ses vastes espaces riches en minerais (anciennement « Dalan ») et l'Ouzbékistan (anciennement « Dayuan »). La Sogdiane n'accorda donc qu'une importante toute relative à cette première attaque des Chinois. En outre, ceux-ci étaient repartis sans même pouvoir livrer bataille. Les quelques mouvements de panique nés dans les territoires limitrophes, après le passage des Chinois, furent vite oubliés et on omit de se préparer à une éventuelle nouvelle attaque.

Malgré cette insouciance, il n'était pas aussi facile que cela de s'emparer de la Sogdiane et de ses fortifications, comme les événements ultérieurs n'allaient pas tarder à le montrer : « Seconde campagne contre le Dayuan. L'empereur Wudi, très mécontent de l'échec de sa première campagne, décida d'en lancer une seconde, mais avec des effectifs beaucoup plus importants. Le cabinet de ses ministres tenta de l'en dissuader, et de préparer plutôt une guerre à grande échelle contre les Huns. Mais l'amertume née de la défaite de ses troupes était si forte que Wudi persévéra dans son projet. En un an, il forma une nouvelle armée de qualité, constituée de 60 000 soldats auxquels on adjoignit, pour cette lointaine campagne qui s'annonçait longue, 30 000 chevaux, 10 000 taureaux et 10 000 ânes. Pour empêcher les Huns de les attaquer, on engagea 180 000 soldats et l'on construisit une série de forteresses et de murs. Mais en vain. En 101 av. J.-C., les Huns firent irruption en Chine, capturèrent quelques milliers de prisonniers et se livrèrent à de vastes pillages. À l'automne de la même année, le *chanyu* Houlihu tomba gravement malade et mourut. L'armée des Huns était à nouveau privée de chef.

Le gouverneur de Ferghana, Moughoua[11], et ses proches pensaient que la Chine était une contrée fort éloignée et que son armée, si elle parvenait jusqu'en Sogdiane, arriverait dévastée par la faim et les difficultés dues à une aussi longue marche ; il ne voyait donc pas en elle un grand danger. Mais le général de l'armée chinoise, Li Guang, avait tiré la leçon des erreurs et de l'échec de sa première campagne et il mena son armée à Ferghana sans encombre. Les Dayuanais, sûrs d'eux et résolus à livrer bataille à des Chinois supposément affaiblis par le voyage, se lancèrent dans l'affrontement. Mais ils furent défaits et mis en déroute. Les conséquences de la campagne de Ferghana s'avérèrent toutefois désastreuses pour les Chinois. Partie en 102 av. J.-C., l'armée chinoise revint une année plus tard, en ayant perdu 50 000 des 60 000 soldats de son armée. Après le départ des Chinois de Ferghana, le chef qu'ils avaient mis en place, Mowaï, fut assassiné, et l'on plaça sur le trône le frère cadet de Moughoua, ancien maître de Ferghana, lui-même tombé dans la bataille contre les Chinois. Profitant de la situation, les

---

[11] Nom fortement déformé.

Huns chassèrent les Chinois du nord de leur propre territoire[12]. »

---

[12] L. Gumilev, *Hunnu*, pp. 135-136.

# RENFORCEMENT DES HUNS

Cette période s'avéra particulièrement favorable pour les Huns. La Chine, qui avait dépensé des forces militaires et matérielles considérables et subi un important préjudice moral, s'était affaiblie et, bientôt, ne fut plus en mesure de représenter une menace pour eux. La trêve obtenue dans les guerres contre la Chine permit aux Huns de surmonter leurs dissensions internes, de rassembler leurs forces et de retrouver leur puissance passée. Un empire hunnique rénové et renforcé vit le jour à l'ouest, au nord et à l'est de la Chine, sur les immenses étendues couvrant la plaine de Mandchourie, l'actuelle Mongolie, et l'actuel Xinjiang. Jeune, énergique et très mobile, cet empire représentait encore, en 101 av. J.-C., une véritable puissance. Il n'est donc pas étonnant qu'il ait été à l'origine des événements qui allaient, plusieurs siècles plus tard, ébranler le monde antique et jouer un rôle décisif dans le renouveau de l'Europe : l'abolition du système esclavagiste et le début de la marche européenne vers le progrès, dont l'influence se fit sentir dans le monde entier.

Les Huns se choisirent bientôt un nouveau *chanyu*, Qiedihou[1]. La désignation de celui-ci illustre la solidité du régime politique hunnique. À la mort du *chanyu*, son successeur était désigné par ordre héréditaire, conformément

---

[1] Qui signifie, en kazakh moderne, « aimé ». Seules les première et dernière lettres du mot ont changé.

à d'anciennes traditions. Cette désignation ne donnait lieu à aucune querelle pour le trône, ni à aucun désaccord entre les différents groupes. Les khans kiyat, naïman, merkit, kiptckak, kereyit, puis Gengis Khan et tous les Gengiskhanides furent désignés exactement de la même manière ; du reste, c'est la lutte pour le pouvoir, survenue entre les Gengiskhanides pendant les dernières années d'existence de l'*oulous* de Djötchi (Horde d'Or) et du khanat kazakh, qui a entraîné leur déclin et leur chute.

À la même époque, il n'en allait pas de même dans les khaganats turcs. Le khaganat turc a éclaté en deux blocs – khaganat occidental et khaganat oriental – en raison de sa division en plusieurs groupes ethniques : les Oghouz, les Alach, et les Karlouk, entre autres. Par la suite, les groupes ethniques se sont scindés en ethnies distinctes (peuples) ; les Oghouz, comme nous l'avons montré aux chapitres précédents, ont donné naissance aux ethnies turque, turkmène, et azérie. Les Alach ont engendré les actuelles tribus kazakhes suivantes :

1. Kiyat
2. Naïman
3. Djalaïr
4. Kangly
5. Alban
6. Souan
7. Doulat
8. Chapyrachty
9. Sirgheli
10. Chanychkaly
11. Ysty
12. Saryouïsoun

13. Ochakty
14. Alchyn (Alimouly, Baïouly)
15. Arghyn
16. Kiptchak
17. Kereyit (Kereï)
18. Merkit
19. Konggirat
20. Manghit (Nogaï)
21. Ouak
22. Tarakty
23. Baryn
24. Chyryn
25. Jourouet
26. Bi sout
27. Bou dat
28. Sounit

Les Alach comprenaient également les Tatars qui, en se mélangeant aux Bulgares de la Volga au XIIIe siècle, formèrent une ethnie distincte importante. Toutes les tribus citées plus haut nomadisaient séparément sur les vastes steppes eurasiennes et furent unifiées par Gengis Khan en 1206.

Notons que ce phénomène de division des peuples ne toucha pas seulement les Turcs, mais aussi les Slaves et les Germains, entre autres, qui se scindèrent exactement de la même manière : le processus était fréquent et inévitable.

Les tribus jourouet, bi sout, bou dat, sounit et une partie des Djalaïr furent envoyées par Gengis Khan à la conquête de la Chine sous la houlette de Nayà et de Mouqali et se sont ensuite mêlées aux Chinois (cf. *Istoria Tchinghiskhana*, 2001).

Malgré un contexte radicalement transformé, l'empereur chinois Wudi poursuivit sa politique d'asservissement à l'égard des Huns. « Wudi envoya au nouveau *chanyu* des Huns, Qiedihou, une délégation chargée de riches présents et d'une lettre par laquelle il proposait aux Huns de reconnaître l'autorité de la Chine. Ceux-ci, humiliés par cette proposition, la rejetèrent et écrivirent une contre-offre à l'empereur Wudi, en lui proposant, à leur tour, de se soumettre aux Huns. L'ambassadeur chinois refusa de porter le message : il fut fait prisonnier et exilé au Nord, en territoire sibérien. Dans la littérature chinoise, l'ambassadeur Su Wu est présenté comme un patriote qui se sacrifia en refusant de renier le prestige et la suprématie de son pays. Les historiens chinois affirment que Su Wu fut rendu à la Chine après dix-neuf ans, grâce à l'intervention de l'empereur Wudi. Il y fut reçu avec tous les honneurs[2]. »

Après ces événements, la guerre entre les Huns et la Chine redevint inévitable : en effet, jusqu'au début de notre ère, l'arrestation ou l'assassinat d'un émissaire était considéré comme un appel à la guerre, voire comme le début des hostilités. Cette nouvelle guerre commença bien pour les Huns, ainsi que nous l'apprenons dans les documents rassemblés par Lev Goumilev : « En 99 av. J.-C., le chef de guerre Li Guang, à la tête d'une armée de 30 000 hommes, se mit en campagne contre les Huns. Aux environs de Barkol, il attaqua brusquement le prince-*tchjouki*[3] occidental et captura un grand nombre de vieillards, de femmes et d'enfants. Sur le

---

[2] L. Gumilev, *Hunnu*, pp. 138-139.
[3] Goumilev conserve tel quel le terme qui est un titre honorifique chinois.

chemin du retour, l'armée chinoise fut encerclée par les Huns et forcée d'abandonner tout son butin pour tenter de percer leur formation. Manquant de peu d'être fait prisonnier et ayant perdu sept mille hommes, Li Guang évita de justesse la débâcle totale. À l'automne, un deuxième général chinois revint bredouille, sans avoir trouvé les Huns. Accompagné de 50 000 hommes, un troisième chef de guerre chinois, Li Ling, parvint jusqu'au pied des monts Siounghi. Là, l'armée chinoise fut encerclée par les Huns. Le *chanyu*, à la tête de 30 000 hommes, attaqua Li Ling, mais dut battre en retraite. Il leva alors une nouvelle armée et les Chinois furent contraints d'abandonner leur camp et de se replier à l'Est en traversant le désert. Rattrapant l'armée de Li Ling, les Huns lui livrèrent une bataille acharnée pendant trois jours, à l'issue de laquelle le général chinois fut fait prisonnier et le reste de son armée prit la fuite. [4] » Après la défaite de cette grande armée chinoise et la capture de son chef, la position des Huns se raffermit considérablement. Ils représentaient à nouveau une menace, et les Chinois furent bien forcés de l'admettre. Le fait que cette nouvelle guerre ait débuté à l'ouest de l'empire hunnique, qui avait déjà commencé à se morceler de ce côté-là, montre que les Huns, à cette période, étaient parvenus à surmonter leurs antagonismes internes et avaient retrouvé une unité parfaite. On n'observe alors plus d'éloignement entre les Huns occidentaux et le *chanyu*.

Croissante, la population des Huns commença à se sentir à l'étroit sur les terres stériles de la Mongolie et du sud de la Sibérie orientale. L'empire nomade, à la recherche de nouveaux pâturages, n'avait d'autre choix que de progresser

---

[4] L. Gumilev, *Hunnu*, pp. 139 140.

vers l'Ouest, étant limité au Sud par la Chine et à l'Est par les monts de Mandchourie et la presqu'île de Corée. La seule voie d'expansion possible pour les Huns était donc celle de l'occident, en direction de l'actuel Xinjiang, du Kazakhstan et, plus loin, du Danube. C'est celle qui fut choisie au temps d'Attila, et également de Gengis Khan. Son empire nomade, formé en 1206, emprunta exactement le même chemin que celui qu'avaient autrefois ouvert les Huns : le Xinjiang, puis les steppes kazakhes. Après la mort de Gengis Khan en 1227, son principal héritier, Djötchi, et sa Horde d'Or (qui regroupait tous les clans nomades ayant gagné les terres kazakhes du temps de Gengis Khan), poursuivit vers l'Ouest, en occupant, entre autres, la Lituanie, la Hongrie et la Pologne, avant de parvenir jusqu'à l'Adriatique et à la mer Baltique. Seuls des héritiers directs des Huns pouvaient suivre une telle voie, forts de l'héritage, de l'histoire, de la mentalité et de la volonté de ceux-ci de faire mouvement vers l'Ouest pour soumettre les peuples sédentaires. La voie historique d'un peuple n'est jamais suivie par un autre peuple. L'histoire d'un peuple est un processus ininterrompu qui se poursuit sur de nombreux siècles et se transmet d'une génération à l'autre.

« Le *chanyu* Qiedihou était non seulement un grand politique et un grand stratège, mais il était également doué d'une grande perspicacité. Il décida d'utiliser Li Ling pour sa connaissance du contexte chinois et lui accorda la main de sa propre fille. Il le nomma chef du district et de la tribu des Khakass et lui offrit le titre de prince. Dans son ancienne patrie, c'est la peine de mort qui attendait le général chinois à l'issue de sa défaite et de sa captivité ; et c'est donc en toute conscience et avec sincérité qu'il se mit à servir le *chanyu*. Il lui fut d'une grande utilité. Les archéologues ont retrouvé, près de Minoussinsk, le palais de Li Ling, construit dans un style chinois. Le fait qu'une aussi grande armée ait subi une défaite aussi cinglante avait semé le trouble parmi les Chinois. Conformément aux lois en vigueur en Chine, toute la famille de Li Ling devait porter la responsabilité des actes de celui-ci. La mère du général, une femme déjà très âgée, fut arrêtée. Sima Qiang prit sa défense, ce pour quoi il fut emprisonné. Après dix mois, il fut néanmoins gracié par le directeur de la chancellerie de l'empereur.[5] » Cela montre avec quelle gravité les Chinois considéraient une défaite de leur armée contre les Huns. L'empereur Wudi et son entourage proche comprirent qu'ils n'avaient plus affaire à un ennemi divisé, mais à un empire uni, fort, tourné vers un seul but et doté d'un pouvoir central habile, ce qui renversait complètement les perspectives.

La Chine avait besoin d'une stratégie et d'une tactique neuves, d'une préparation solide à la guerre, sans précipitation. Wudi y travailla avec patience et constance, ce que rapporte Lev Goumilev dans sa traduction des sources chinoises. Les sources primaires chinoises, à partir du XVIIIe siècle, contiennent une multitude de contrevérités et sont presque totalement inutilisables ; c'est le cas, par exemple, d'*Oumirotvorenie Djoungari*[6], texte complètement falsifié dans la mesure où la Djoungarie ne faisait pas partie de la Chine et constituait un État indépendant : elle n'a donc pas

---

[5] L. Gumilev, *Hunnu*, pp. 140-141.

[6] Il s'agit d'un ouvrage chinois (en pinyin : *Qinding Pingding Zhungar fanglue*) traduit en russe et paru en 1772 sous le titre *Vysočajše utverždennoje opisaniie umirotvorenija džungar*, que l'on pourrait traduire en français par *Stratégie de la pacification des Djoungars ordonnée par l'Empereur*. (NdT)

été « pacifiée », comme eût pu l'être une quelconque province chinoise, elle a été conquise. Les sources primaires chinoises sont tout à fait crédibles, en revanche, jusqu'aux IV$^e$ et V$^e$ siècles de notre ère. Et celles qui ont été rassemblées par Lev Goumilev décrivent les événements de l'époque avec une grande précision : « L'empereur Wudi prépara cette nouvelle guerre contre les Huns pendant sept ans. En 90 av. J.-C., une armée de 70 000 cavaliers et de 100 000 fantassins fut prête. La stratégie conçue et validée par Wudi prévoyait que l'offensive soit lancée simultanément à l'Ouest et à l'Est. On visait une opération limitée à l'ouest pour y attirer l'essentiel des forces hunniques de ce côté-là, tout en portant l'assaut principal à l'Est. Mais le *chanyu* Hulugu[7] était bien informé de la guerre que préparait la Chine, et il avait déjà mis à l'abri femmes, enfants, vieillards et troupeaux loin à l'intérieur de son territoire. Son armée avait donc le champ libre pour manœuvrer. Hulugu avait également appelé à la rescousse toutes les tribus vassales qui vivaient sur les monts Saïan et au bord du lac Baïkal. Vinrent également gonfler les rangs hunniques des Khakass emmenés par Li Ling, des clans des rives de l'Argoun et de la Chila et, à l'Ouest, leur allié Tourfan, que les Huns avaient autrefois défendu contre la Chine. L'armée chinoise, elle, fut équipée notamment d'un convoi de marchandises et d'un corps de garde. C'est le général Li Guangli, qui possédait l'autorité nécessaire et avait la confiance de l'empereur, qui fut nommé à sa tête.[8] »

Mais le plan de guerre de la Chine possédait un défaut majeur. Son armée, qui comptait seulement 70 000 cavaliers

---

[7] Un des petits-fils de Gengis Khan se nommera Houlagou.
[8] L. Gumilev, *Hunnu*, pp. 143-144.

mais aussi 100 000 fantassins – sans lesquels elle ne pouvait pas espérer infliger une défaite définitive aux Huns – était très lourde et peu mobile, et lestée en outre d'un énorme convoi : elle se condamna ainsi à chercher les Huns partout sans les trouver. Les immenses étendues sur lesquelles se déroulaient les opérations permettaient à la cavalerie légère des Huns de manœuvrer, tout en restant invisible. Cette erreur stratégique fut désastreuse pour la Chine, dont les troupes furent presque entièrement anéanties, ainsi que nous l'apprennent les matériaux rassemblés par Lev Goumilev : « À l'Ouest, le général chinois Man Goun se mit en mouvement en direction de ce qui deviendrait plus tard la Djoungarie. Cependant, la guerre languissait sans qu'aucun affrontement avec les Huns ne se soit encore produit. De ce côté-là, l'armée chinoise dut donc se contenter d'occuper le territoire de Tourfan, alliée des Huns, qui se soumit à l'envahisseur.

À l'Est, les troupes chinoises effectuaient des marches éreintantes à la recherche des Huns, en s'enfonçant loin dans leur territoire. Lorsque leurs vivres furent épuisés, elles commencèrent à se replier. C'est ce moment-là que les Huns choisirent pour attaquer, soutenus par quelques détachements de Khakass. L'armée chinoise perdit beaucoup d'hommes dans la bataille ainsi que tout son convoi. À bout de forces, elle continua sa route en direction de la Chine. Un dernier affrontement avec les Huns se produisit près de la rivière Pouna, après quoi les Chinois poursuivirent leur retraite. Les Huns, riches d'un énorme butin (tout le convoi des Chinois), laissèrent là leurs ennemis et rentrèrent chez eux.

À ce moment-là, une rumeur commença à se répandre au sein de l'armée chinoise : il se disait que le chef de la famille de Li Guangli avait été arrêté pour sorcellerie. Les officiers de l'armée, commandée par Li Guangli, lui rapportèrent que s'il retournait en Chine, il n'y serait pas le bienvenu. Le général le savait déjà. Il abandonna alors sa retraite et repartit à l'assaut des Huns. Il les rencontra au bord de la rivière Tola, et les repoussa vers le Nord. Cependant, les commandants de l'armée chinoise divisée considérèrent cette victoire comme un succès temporaire. Au conseil de guerre, plusieurs officiers exprimèrent ouvertement l'opinion selon laquelle Li Guangli mettait toute l'armée chinoise en péril, et ils convinrent de l'arrêter. Mais leur accord fut éventé et les comploteurs, éliminés. C'est alors que le *chanyu* des Huns, à la tête d'une armée de 50 000 hommes, parvint à encercler l'armée chinoise au sud des monts Khangaï. Au plus profond de la nuit, profitant de l'obscurité, alors que les troupes chinoises faisaient route en direction de chez elles, les Huns creusèrent un fossé profond et, le lendemain, passèrent à l'attaque en les y poussant. Il ne restait rien d'autre à faire aux Chinois que de se rendre, et c'est Li Guangli qui le fit le premier. La Chine mit du temps à se remettre de cette débâcle. Les Huns étaient redevenus la principale puissance d'Asie centrale.[9] »

Après la défaite de l'armée chinoise, la situation générale était la suivante : en 87 av. J.-C., le grand empereur chinois Wudi passa de vie à trépas, en laissant derrière lui un pays économiquement affaibli. La politique impérialiste qu'il avait menée sans tenir compte des possibilités réelles de son pays avait complètement échoué, affaiblissant considérablement celui-ci du point de vue politique et militaire. Ses tentatives

---

[9] L. Gumilev, *Hunnu*, pp. 144-146.

de soumettre un peuple courageux, combatif et bien organisé s'étaient soldées par un fiasco total. La Chine fut obligée de suspendre, pour un temps, ses visées impérialistes au nord et à l'ouest de son royaume, ce qui permit aux Huns de renforcer leur position dominante sur tout le continent asiatique.

Tous les empires turcs ont décliné, et nombre d'entre eux ont même cessé d'exister, en raison de désordres internes. Dans les siècles qui suivirent, le grand *oulous* de Djötchi et de la Horde d'Or, qui avait englobé une grande partie de l'Asie et presque toute l'Europe orientale, tomba en déliquescence, en raison de luttes intestines. Plus près de nous, ce sont également des désaccords intérieurs qui ont entraîné la chute du khanat kazakh, de la Horde Nogaï et des khanats de Kazan, d'Astrakhan et de Crimée. C'est ce même destin qui frappa, de nombreux siècles avant notre ère, le puissant empire hunnique, en conséquence de quoi, pendant un temps relativement long, son peuple ne fut pas en mesure de se redresser et de reformer une nation puissante, rassemblée par un objectif commun et capable de grandes réalisations.

C'est Lev Goumilev qui nous rapporte le fil des événements de l'époque : « En 85 av. J.-C., le *chanyu* Qiedihou mourut sans avoir eu le temps de désigner son successeur. Des luttes pour le pouvoir naquirent dans l'empire. Des intrigues de palais se nouèrent, dans lesquelles un Chinois, Wei Liui, proche du défunt *chanyu*, joua un rôle majeur. Il commença par éliminer, au nombre de ses adversaires, un autre proche du *chanyu*, son gendre Li Guangli, ancien commandant de l'armée chinoise. Il prit ensuite des mesures pour faire monter sur le trône son protégé. L'adversaire le plus dangereux aux yeux de la Cour et de la veuve du défunt, Djankiouï[10], s'avéra être le cousin du *chanyu*, le chef oriental. Mais la veuve du défunt le fit assassiner par un tueur du nom de Ianji[11].

Alléguant que le *chanyu* avait recommandé, de son vivant, de nommer à sa suite le fils encore mineur d'un prince oriental, nommé Huyandi[12], Wei Liui et Djankiouï décidèrent de désigner celui-ci au conseil des aksakals[13] du *chanyu* et de régner en son nom. Ainsi, en 85 av. J.-C., le jeune Huyandi monta sur le trône. Toutefois, des rumeurs sur sa désignation ne tardèrent pas à naître dans le peuple et, avant tout, chez les princes orientaux, lesquels coupèrent toute relation avec le pouvoir central. Une ère d'instabilité débuta alors, qui n'alla cependant pas encore jusqu'à l'affrontement armé.[14] »

Les peuples nomades, Huns y compris, n'avaient pas pour habitude de placer des mineurs sur le trône. Après la mort du chef, on nommait habituellement son héritier direct ou un de ses proches parents. En Chine, au contraire, il était fréquent qu'un mineur accède à la fonction suprême. Dans le cas présent, les Huns empruntèrent leur coutume aux Chinois, et cela se produisit sous l'influence de Wei Liui, proche conseiller du *chanyu*, qui avait éloigné du pouvoir un autre de ses compatriotes influents, Li Guangli, époux de la fille du *chanyu*. Ainsi, l'influence négative du conseiller chinois commença à se faire sentir. Lorsqu'un pays importe des méthodes de gouvernement qui lui sont étrangères au mépris

---

[10] À une lettre près, nom kazakh contemporain.
[11] Nom kazakh contemporain.
[12] À une lettre près, nom kazakh contemporain.
[13] Les chefs des tribus (littéralement : les « barbes blanches »). (NdT)
[14] L. Gumilev, *Hunnu*, pp. 149-150.

des traditions, des coutumes, des opinions et de la mentalité de son peuple, il faut s'attendre à une issue négative. On peut importer des systèmes économiques et scientifiques, mais pas un mode de gouvernance étatique ni une culture.

Un exemple de ceci nous est fourni par la Russie et le tsar Pierre Ier, qui invita des étrangers pour l'aider à diriger son pays. La Russie se rapprocha de l'Europe et du mode de vie européen, mais à quel prix ! On introduisit l'esclavage (droit de servage), la population russe se réduisit de plus d'un quart, nombreux furent les individus qui durent fuir dans des régions reculées. Résultat : les opinions, les coutumes, la mentalité du peuple russe, épris de liberté, se transformèrent radicalement, ce qui mena finalement à la situation que le pays connaît actuellement. Le Chinois Wei Liui fit la même chose en important une culture et une religion étrangères dans l'empire hunnique. Dans sa chronique, Lev Goumilev nous raconte les événements qui suivirent : « Les Huns, privés de la possibilité de commercer avec la Chine et de lui acheter du blé et du millet, commencèrent à accueillir des Chinois qui fuyaient leur patrie et à les employer pour cultiver les plantes, comme on utilisait déjà leurs compatriotes ayant été faits prisonniers à la guerre. Progressivement, la population chinoise, dans l'empire hunnique, augmenta. Wei Liui établit, en secret, des liens avec la Chine et conseilla au *chanyu*, dont il était proche, de construire une forteresse dotée de silos pour conserver le grain et d'en confier la garde à des Chinois. La construction débuta, mais un clan hunnique très ancien, allié de l'ancien *chanyu* Qiedihou, s'y opposa fermement, arguant que les Huns ne savaient pas défendre une forteresse et que confier la garde de celle-ci aux Chinois Qin revenait à lancer une invitation à leur ennemi. L'opposition des princes des clans se mit à croître et l'autorité et l'influence du *chanyu* et de Wei Liui, à se réduire. À cette époque-là, Wei Liui, qui était en contact avec la Chine, commença à relâcher des prisonniers de guerre chinois qui souhaitaient rentrer chez eux. Mais il mourut en 80 av. J.-C. et le pouvoir passa aux mains de l'ancien clan. Toutefois, les dissensions dans la société hunnique laissèrent des traces qui se révèleraient 25 ans plus tard. À l'Est, les Wuhuan, et à l'Ouest, les Wusun et la Sogdiane, s'affranchirent de l'influence des Huns.[15] »

Lorsqu'on ignore les intérêts d'une nation, on doit s'attendre à rencontrer des oppositions au sein de son peuple. Dans les pays qui sont devenus des États, la prise en compte de ces intérêts suit un processus légal. Mais un tel processus n'est possible que dans les pays qui possèdent une source patriotique et qui cultivent un esprit national. De tels pays parviennent à surmonter les crises intestines et à se redresser. Lorsqu'on oublie l'idée et l'idéologie nationales, la population n'est plus éduquée dans le patriotisme. Dans le cas qui nous occupe, grâce à des traditions séculaires et à un esprit national, il s'est trouvé au sein du peuple hun, à un moment critique de son histoire, des forces patriotiques qui ont pris le pouvoir exécutif entre leurs mains et ont sauvé l'empire. Cet épisode a également permis aux Huns de prendre conscience de leur histoire et d'en être fiers.

L'empire hunnique, privé de ses zones d'influence à l'Est et à l'Ouest, comme au début de son histoire, se retrouva à égalité avec la Chine ; il était la seule puissance à pouvoir rivaliser avec elle dans la région. L'influence des étrangers dans la politique intérieure et extérieure avait pris fin. Pour la

---

[15] L. Gumilev, *Hunnu,* pp. 151-152.

première et la dernière fois de son histoire, et pour un temps seulement, le pouvoir passa progressivement des mains du *chanyu* à un ancien clan de patriotes, qui plaçaient la tradition hunnique avant toute chose et concevaient de la nostalgie pour la puissance passée de l'empire. Ils pensaient que cette puissance s'était effritée, notamment en raison des dissensions qui s'étaient installées à la Cour, depuis l'arrivée des Chinois à proximité du trône des *chanyu*s. Évidemment, de telles dispositions d'esprit dans la société hunnique devaient immanquablement mener à une nouvelle guerre contre la Chine. Lev Goumilev nous raconte la suite des événements : « En 80 av. J.-C., le pouvoir passa aux mains d'un clan ancien, qui s'avéra supérieur aux princes, dont le seul appui était leurs forces armées. Ce clan avait pour principes les coutumes établies par les anciens grands *chanyu*s. Les princes perdirent leur influence et devinrent des jouets entre les mains du clan. À cette époque, les différents clans se renforcèrent mais, bientôt, ils ne tardèrent pas à s'éloigner également les uns des autres. Toutefois, dans les années 70 av. J.-C., cette tendance ne s'exprimait pas encore ouvertement.

Ayant accédé au trône chinois après la mort du combatif Wudi, le nouvel empereur Zhaodi considérait que la Chine ne pouvait tolérer les prétentions des Huns visant à retrouver leur ancienne influence dans la région – en particulier sur les Wusun, la Sogdiane, les Wuhuan, Ordos, Lob Nor, et les monts Yin.[16] » Tout renforcement des Huns exposait la Chine à de nouveaux raids de ceux-ci sur son territoire, ce qu'elle tentait d'empêcher de toutes ses forces. Mais les Huns, non

---

[16] L. Gumilev, *Hunnu*, pp. 151-152.

satisfaits de leur situation, étaient prêts à renouer avec leur puissance passée.

Devenue inéluctable, la guerre se rapprochait de jour en jour. Voici le récit des événements par Lev Goumilev : « Avant le début de la guerre, les Huns avaient connaissance du déclin économique de la Chine. L'ancien empereur Wudi, pour rassembler les moyens nécessaires à la guerre, avait introduit des impôts sur le sel et le vin et fixé un taux de change officiel et obligatoire pour la monnaie chinoise. La garde des frontières avait été attribuée non à des Chinois, mais à des tribus nomades frontalières, les Kian et les Wuhuan, ainsi qu'aux Huns qui avaient adopté la citoyenneté chinoise (Huns du Sud). En 80 av. J.-C., les troupes formées par ces tribus repoussèrent une armée hunnique de 20 000 hommes. Les pertes, importantes des deux côtés, contraignirent les Huns à se replier. Loin de les arrêter, cet épisode les motiva à intensifier leurs opérations.

En 79 et en 77 av. J.-C., les Huns lancèrent deux nouvelles offensives en Chine mais, cette fois, effectuées par de petits détachements de trois à quatre mille hommes qui, en raison de leur nombre restreint, ne remportèrent pas de victoire nette. Les Chinois repoussaient facilement ces assaillants peu nombreux.

Les Huns perdirent de leur force de frappe et, de l'avis des pays et des peuples voisins, ils ne représentaient plus la menace qu'ils avaient été autrefois. L'idée vint alors aux Wuhuan de se venger des exactions commises par les cavaliers huns et des humiliations subies par le passé. Ils se mirent à détruire et à piller les tombes des Huns, et en particulier celles de leurs *chanyu*s. Furieux, les Huns lancèrent une attaque contre les Wuhuan qu'ils écrasèrent et réduisirent à nouveau en vassalité. La Chine tenta de s'y opposer, mais en vain. En 74 av. J.-C., Zhaodi mourut et Huandi lui succéda. Le nouvel empereur était plus entreprenant que son prédécesseur, ce qui déboucha sur de nouvelles guerres contre les Huns. [17] » La période décrite ne fut pas une période de déclin pour les Huns et l'empire hunnique. La baisse de la fréquence des opérations militaires avait permis à la population, moins occupée par les affaires guerrières, de se réétoffer.

L'économie des Huns avait également renoué avec la croissance et tout l'empire s'était renforcé, ce qu'illustre l'issue de la guerre contre les Wuhuan, qui possédaient des troupes fortes et bien armées. Les Wuhuan avaient subi une défaite écrasante et dû se soumettre une nouvelle fois. Les tentatives de la Chine pour asservir les Wuhuan, elles, n'avaient jamais abouti, ce qui affaiblissait considérablement ses positions sur ses frontières orientale et septentrionale, étant donné que les Wuhuan, comme nous l'avons dit plus haut, lui fournissaient des troupes pour garder les frontières et remplir des services frontaliers. La Chine, elle, ne s'était pas renforcée, bien au contraire. Le pays était affaibli par des impôts exorbitants et son économie ne parvenait pas à sortir de l'ornière de la crise. Les troupes chinoises manquaient de chevaux. En outre, leur armée était toujours accompagnée de convois de vivres dont l'entretien nécessitait des moyens considérables, difficiles à rassembler. Les nomades huns, eux, étaient extrêmement mobiles : légers, ils parcouraient rapidement de vastes étendues et leur armée était constituée d'une cavalerie légère et toujours disponible. Chaque Hun

---

[17] L. Gumilev, *Hunnu*, pp. 153-154.

possédait son cheval, son bétail et ses armes : l'armée hunnique était donc toujours prête et, en cas de guerre, il suffisait de la rassembler. C'est en cela que résidait la supériorité des Huns sur les Chinois. En outre, les Huns ne vivaient jamais tous ensemble : se consacrant à l'élevage de leur bétail, ils étaient disséminés sur tout leur territoire et ne possédaient pas de centre névralgique contre lequel les Chinois auraient pu diriger une offensive majeure. Lestés d'une infanterie, les cavaliers chinois n'avaient d'autre choix que de se lancer dans une recherche désespérée des nomades au cœur de ces grands espaces, dans l'espoir de les encercler et de les vaincre. Les Huns, qui manœuvraient sur ces étendues, choisissaient eux-mêmes le moment où ils attaquaient. C'est ce que n'avait pas compris feu l'empereur Wudi et c'est ainsi qu'il avait perdu de nombreuses années à guerroyer sans succès contre les Huns, entraînant le déclin économique de la Chine et son affaiblissement.

Plus loin, Lev Goumilev nous renseigne sur le royaume des Wusun : « Bien qu'ils aient eu une frontière commune avec les Huns, les Wusun échappaient presque toujours à leur zone d'influence et ils étaient plus proches des Chinois. Ce phénomène se produisait essentiellement par l'intermédiaire des femmes. En effet, on mariait des princesses chinoises aux chefs des Wusun. Le destin de la première de ces princesses fut tragique, et elle passa toute sa vie dans l'affliction et le regret de sa patrie. Toutefois, certaines d'entre-elles s'avérèrent plus actives, et même malfaisantes. L'une d'entre-elles, ayant rapidement adopté les coutumes des Wusun, forma un clan chinois au sein de leur royaume. Un de ses fils, Iarkenda, devint même leur chef. Les Wusun régnaient en maîtres non seulement dans les montagnes, mais ils commençaient également à contrôler de nombreux territoires à l'Ouest. L'héritier du trône était le fils de leur chef et de la princesse chinoise. Dans la région de Tourfan se trouvait une petite principauté du nom de Tchechi. Les princes de Tchechi entretenaient des liens étroits avec les Huns. Pour ces derniers, Tchechi représentait une fenêtre ouverte sur le monde, surtout depuis que les Wusun s'étaient affranchis de leur influence et rapprochés des Chinois, les privant, du même coup, de tout contact avec les Kangly et la Sogdiane. Mais Tchechi était tombée aux mains de la Chine. En 86 av. J.-C., les Huns en chassèrent les garnisons chinoises. La principauté, qui était située sur le chemin des caravanes, redevint la base principale des Huns, dans leur mouvement vers l'Ouest. En 80 av. J.-C., Tchechi s'allia avec les Huns pour attaquer les Wusun. Les alliés remportèrent la victoire et firent de nombreux prisonniers. En 73 av. J.-C., le chef des Wusun et son épouse chinoise envoyèrent une délégation en Chine, pour demander de l'aide pour se défendre contre les attaques des Huns.[18] »

À cette époque, de nombreuses tribus turques vivaient sur les immenses étendues eurasiennes de la Mandchourie, à l'Est, jusqu'à la Volga, à l'Ouest, et nombre d'entre elles ne faisaient pas partie de l'empire hunnique. C'était le cas, par exemple, des Wusun, des Kangly, des Kiptchak et des Oghouz, cités dans de nombreux travaux d'historiens européens et américains. Dans son ouvrage, Lev Goumilev nous apprend que les dirigeants des Wusun s'appelaient alors déjà également « khans ». Toutefois, le processus de rassemblement des tribus turques s'effectuera petit à petit,

---

[18] L. Gumilev, *Hunnu*, pp. 155-156.

parallèlement au mouvement progressif vers l'ouest du noyau des peuples turcs, les Huns, jusqu'à ce que toutes les tribus turques se fondent en un seul empire et un seul peuple, l'empire hunnique et le peuple des Huns. À l'issue de ce processus de réunification, toutes les tribus turques se retrouveront sous le pouvoir du chef des Huns, que l'on n'appellera plus *chanyu*, mais d'abord *khagan*, puis khan. Notons aussi que cette réunification s'accompagnera de guerres, car elle sera réalisée par la force. Dans un contexte où chaque clan turc, ou presque, possédait son propre chef et formait un mini-État, il ne pouvait être question de réunification volontaire. Toutes les guerres des Huns pour réunifier les tribus turques ne furent pas des succès. Pour conserver leur trône, de nombreux chefs turcs demandèrent de l'aide à la Chine, qui tenta de profiter de la situation pour affaiblir au maximum les Huns. Lev Goumilev nous rapporte le déroulement d'une de ces guerres : « Les Chinois se préparèrent très soigneusement à leur prochaine campagne militaire. Ils rassemblèrent une armée de 160 000 soldats montés. En 72 av. J.-C., en formation de cinq colonnes, ils pénétrèrent sur le territoire des Huns, accompagnés de 50 000 Wusun. Avertis du danger, les Huns avaient mis leur campement à l'abri, et les troupes chinoises rentrèrent bredouilles. Furieux, l'empereur fit juger deux de ses chefs de guerre, qui se suicidèrent. Mais les Huns avaient laissé leurs frontières occidentales sans surveillance, ce que mirent à profit les Wusun pour les attaquer. Les résultats de cette offensive surprise furent considérables et les Huns subirent de grosses pertes. Les Wusun affirmèrent (mais les Chinois ont toujours mis leurs témoignages en doute) qu'ils s'emparèrent alors de 30 000 hommes et de 700 000 têtes de bétail. La reprise de la guerre contre les Chinois n'améliora pas la situation des Huns, qui furent forcés d'abandonner leur fidèle alliée, la principauté de Tchechi, et perdirent une grande partie de leur cheptel. En 72-71 av. J.-C., les Huns, rassemblant leurs forces, attaquèrent les Wusun et les vainquirent. Un très grand nombre de ceux-ci furent tués et ceux qui parvinrent à s'enfuir se réfugièrent dans les montagnes. Mais la neige, la tempête et le gel surprirent les Huns sur le chemin du retour, et toute l'armée hunnique périt. De nombreux clans et tribus, qui se trouvaient sous leur domination, commencèrent à se séparer de l'empire.[19] »

La complexe situation de crise dans laquelle se retrouvaient les Huns, en raison de leurs querelles internes, nuisit à leur puissance. La population se réduisit et la situation économique se détériora, en raison de la perte d'un grand nombre de têtes de bétail. Point crucial : les Huns commencèrent à souffrir des attaques de leurs voisins nomades qui connaissaient parfaitement les endroits où ils vivaient, leurs habitudes et les voies qu'ils empruntaient lors de leurs transhumances saisonnières. L'empire hunnique n'était toujours pas uni : divisés en plusieurs groupes, les Huns se battaient pour le pouvoir. Ces luttes, non seulement, empêchaient de stabiliser la situation à l'intérieur de l'empire, mais accéléraient encore son déclin. Les nuages s'amoncelaient au-dessus de l'empire des Huns mais ceux-ci, occupés par leurs dissensions et luttes intestines, n'étaient pas en mesure de s'arrêter, de regarder autour d'eux et de comprendre l'évolution de la situation. Les événements qui suivirent nous sont rapportés par Lev Goumilev : « Malgré

---

[19] L. Gumilev, *Hunnu*, pp. 155-156.

les pertes importantes qu'ils avaient subies, les Huns continuaient à croire en la victoire. Les principaux campements des Huns, leurs terres d'origine, n'étaient pas tombés aux mains de leurs ennemis. Des dizaines de milliers de soldats, reposés et ayant recouvré leurs forces, étaient encore en selle, prêts à en découdre avec n'importe quel adversaire. Mais les chefs des Huns continuaient à s'entredéchirer pour le pouvoir ce qui, à terme, ne pouvait que les affaiblir. En 68 av. J.-C., le *chanyu* Huyandi décéda et laissa sa place à Xulüquanqu. Mais les princes des différents groupes qui s'étaient formés préféraient, à présent, vivre séparés les uns des autres.[20] »

L'affaiblissement du pouvoir central dans un empire, désormais scindé en deux, ne pouvait entraîner que le chaos. L'entité étatique hunnique, en tant que structure gouvernée de manière centralisée, cessa petit à petit d'exister. Les différents princes vivaient dans leurs apanages comme des chefs indépendants, ignorant le fait qu'ils mettaient ainsi en danger toute la nation hunnique, dont ils faisaient partie. Ils n'envisageaient pas non plus que leurs ennemis pouvaient détruire leur pays et, du même coup, entraîner leur propre perte. Par inertie, les événements dans l'empire hunnique s'acheminaient progressivement vers une crise qui n'allait pas tarder à éclater. Affaiblis par leurs désaccords, les Huns commençaient à perdre leurs alliés, y compris les plus fidèles. Ceux-ci, ne recevant plus de soutien de leur part, n'arrivaient plus à se défendre contre les Chinois et étaient forcés de se soumettre. Certains d'entre eux rejoignirent les Chinois dans leurs opérations militaires contre les Huns. Ceux-ci étaient,

---

[20] L. Gumilev, *Hunnu*, pp. 157-158.

en principe, assez forts pour repousser la Chine, affaiblie par une crise économique, défendre leur territoire et récupérer leurs anciens alliés. Mais la crise intérieure qui secouait l'empire hunnique ne faiblissait pas, bien au contraire ; elle finit même par déboucher sur des conflits armés entre les différents groupes.

Cette étape de l'histoire des Huns est décrite dans les matériaux rassemblés par Lev Goumilev : « Pour repousser l'invasion des Chinois, le *chanyu* des Huns aurait dû réunir non moins de 20 000 cavaliers, ce qu'il peinait à réaliser. En 68 av. J.-C., un malheur s'ajouta aux autres, lorsqu'une épizootie se déclara, à la suite d'une disette de fourrage. La même année, le *chanyu* décida de tenter de reconquérir la tribu des Sijou, qui vivait sur la frontière orientale de l'empire et s'était affranchie de son influence. Mais les Sijou, loin de souhaiter rejoindre les Huns affaiblis, s'enfuirent en Chine. La situation n'était guère meilleure sur les frontières occidentales. Deux officiers chinois, Tchen Ghi et Sima Khi, prirent à leur service 1500 délinquants libérés de prison et 10 000 hommes qui vivaient sur la frontière, pour envahir l'alliée des Huns, la principauté de Tchechi, et s'emparer de la capitale. Mais les habitants abandonnèrent la ville et une partie du territoire fut occupée par les Chinois. Ceux-ci se retrouvèrent néanmoins sans vivres et furent contraints de s'en aller. À l'automne suivant, ils attaquèrent une nouvelle fois la principauté. Cette fois, les chefs de Tchechi demandèrent de l'aide aux Huns, mais ceux-ci n'eurent ni la force ni la possibilité de la leur apporter, déchirés qu'ils étaient par leurs propres luttes intérieures. Considérant que les Huns les avaient trahis, les chefs de Tchechi se soumirent aux Chinois et, à leurs côtés, saccagèrent Barkol, localité située à l'ouest de l'empire hunnique. Une partie des habitants de la principauté de Tchechi s'enfuit, cependant, chez les Huns. Le *chanyu* les installa à l'est du pays. Le territoire, sur lequel étaient restés les autres habitants de Tchechi, devint un lieu d'affrontement.[21] »

La situation n'était pas encore catastrophique dans l'empire hunnique, qui pouvait encore stabiliser sa situation intérieure, rassembler ses forces et repousser les Chinois. Mais la perte de Tchechi s'avéra lourde pour les Huns, étant donné que la principauté leur fournissait l'essentiel de leur pain. « En 66 av. J.-C., les Huns décidèrent de rétablir leur influence sur les Wusun et, plus généralement, sur toute leur frontière occidentale. Ils prévoyaient de lancer leur intervention depuis ce qui deviendrait plus tard la Djoungarie. En 64 av. J.-C., les Huns attaquèrent une garnison chinoise de 12 000 soldats à Tchechi. Ils encerclèrent et assiégèrent la forteresse chinoise de Tchokhakhot. Le *chanyu* ordonna de ne pas laisser sortir les Chinois de la forteresse. Mais la Chine envoya des renforts d'Alachan, qui parvinrent à libérer la ville et les Chinois assiégés. En 62 av. J.-C., le *chanyu* décida de lancer une offensive en Chine. Avertis du danger, les Chinois dépêchèrent une armée de 40 000 hommes à la frontière, et les Huns se replièrent sans livrer bataille.[22] »

Ces renseignements nous montrent qu'entre 66 et 62 av. J.-C., les Huns avaient stabilisé leur situation intérieure et s'étaient lancés à la reconquête des territoires perdus. Leurs efforts furent relativement fructueux, dans la mesure où ils parvinrent à chasser les Chinois de la principauté de Tchechi. Ne s'arrêtant pas là, les Huns avaient, en outre, lancé une

---

[21] L. Gumilev, *Hunnu*, pp. 158-159.
[22] L. Gumilev, *Hunnu*, pp. 159-160.

campagne contre la Chine. Mais leurs forces et leurs possibilités n'étaient plus les mêmes que par le passé, ce qui ne leur permit pas de vaincre l'armée des 40 000 soldats chinois. En général, la tactique des Huns consistait à mener des raids, avec de petits groupes mobiles, et à prendre les Chinois par surprise. Dans le cas présent, ceux-ci avaient appris que des cavaliers huns approchaient de leur frontière. On ne peut donc pas imputer le repli des Huns, en 62 av. J.-C., à leur faiblesse. Les Huns ont rebroussé chemin parce que leur plan avait été éventé et que l'effet de surprise avait disparu, mettant leur stratégie à mal. L'étude des matériaux existants sur l'empire hunnique de cette époque montre que l'opinion des historiens chinois, sur la faiblesse des Huns et les dissensions à l'intérieur de leur empire, était très surfaite. Les alliés que les Huns ne parvenaient pas à conserver se séparèrent d'eux, certes, et l'expansion chinoise se renforça aux frontières de l'empire hunnique. Mais les Chinois ne se décidèrent pas à envahir le territoire des Huns, ce qui prouve que ceux-ci étaient encore forts à leurs yeux. Malgré tous leurs échecs, les Huns avaient conservé leur territoire entier et intact. Rien que ce fait témoigne que l'empire hunnique n'était pas aussi affaibli, entre 66 et 62 av. J.-C, que ce les matériaux rassemblés par Lev Goumilev le disent. Mais l'historien ne s'est pas fixé pour mission d'analyser les matériaux qu'il a réunis. Le simple fait de les avoir rassemblés constitue déjà un travail énorme dont quiconque se penche sur l'histoire des Huns doit lui être reconnaissant.

À propos des événements survenus par la suite, Lev Goumilev écrit : « À cette époque, alors que le parti guerrier commençait à perdre du terrain, Djankiouï, rejetée par

Xulüquanqu, s'associa au prince occidental Tuqitang[23]. Leur politique visait à se rapprocher de la Chine, à remplacer Xulüquanqu par un *chanyu* choisi par leurs soins et à entourer ce dernier de leurs propres courtisans. Rien ne pouvait arrêter ces conspirateurs vaniteux, prêts à tout pour s'emparer du pouvoir, sans même le souci de préserver l'unité de la nation hunnique. À son retour de sa campagne chinoise, le *chanyu* Xulüquanqu tomba malade. Chaque année, au printemps, tous les princes huns se rassemblaient à Longcheng, pour y accomplir des sacrifices (le sacrifice n'était connu ni des tribus chinoises, ni des tribus mandchoues, ni des tribus mongoles. C'est une coutume turque, iranienne et arabe). Les sources chinoises indiquent que les Huns accomplissaient ce rituel au printemps. Il s'agissait probablement du 22 mars, aussi appelé « Norouz », jour de l'équinoxe de printemps, lorsque la nuit a une durée égale à celle du jour. Cette année-là toutefois, les conspirateurs décidèrent de ne pas s'y rendre à la date prévue, mais de temporiser encore un peu, espérant le décès prochain du *chanyu* malade. Ils furent satisfaits dans leurs attentes : quelques jours plus tard, celui-ci passait de vie à trépas. Les conspirateurs précipitèrent les événements. Sur une proposition de Djankiouï, ils désignèrent *chanyu* un homme de leur milieu, Tuqitang, qu'ils rebaptisèrent Woyandi[24]. Ce fut un coup d'État comme il y en eut tant à la Cour. Mais celui-ci déstabilisa profondément le parti hunnique ancien et porta un grand coup à son autorité. Une fois monté sur le trône, Woyandi prit un tournant politique radical. Il envoya son jeune frère en Chine pour y porter ses

---

[23] Nom turc et kazakh.
[24] Woyandi signifie littéralement « éveille-toi, mélodie » et est composé d'un mot kazakh contemporain et d'un mot d'ancien turc.

propositions. Parallèlement, il élimina d'un coup tous les membres de l'entourage du précédent *chanyu*. Il chassa de toutes les fonctions officielles les parents de celui-ci et les remplaça par des membres de sa propre famille. Le fils du précédent *chanyu*, Ghikheouchan, déplaça son campement au voisinage des Wusun et des Kangly. Le chef du parti guerrier, lui, accompagné de son quartier général, s'en fut en Chine. Deux de ses frères, qui étaient restés au pays, furent assassinés en 59 av. J.-C. Ces effusions de sang aggravèrent la situation déjà conflictuelle. À la fin de la même année, le prince du clan hunnique Yougan mourut. Le *chanyu* Woyandi le remplaça par son propre fils, encore mineur. Mais les Yougan ne l'entendaient pas de cette oreille et ils désignèrent comme prince de leur clan le fils du défunt, avant de déplacer leur campement à l'Est. Woyandi, pour punir ces fuyards trouble-fête, leur envoya un détachement punitif, que les Yougan parvinrent à défaire.[25] »

S'ensuivit alors une nouvelle période d'instabilité dans l'empire hunnique. La population n'avait pas apprécié le fait que l'on remplace le *chanyu*, en violant des traditions séculaires. Les Huns possédaient un système étatique structuré et solide, qui avait fait ses preuves depuis de nombreux siècles. Leur peuple se répartissait en trois grands groupes : les Oghouz, les Alach et les Karlouk. D'autres groupes existaient, mais ils étaient minoritaires et ne jouaient pas grand rôle dans la gouvernance de l'empire. Les Oghouz, les Alach et les Karlouk étaient dirigés par des princes que l'on disait occidentaux, septentrionaux ou orientaux, en fonction du lieu de leur campement. Ces trois groupes se

---

[25] L. Gumilev, *Hunnu*, pp. 161-163.

divisaient, à leur tour, en différents clans, qui étaient aussi conduits par des princes. Tous ces princes obéissaient sans réserve au *chanyu*, dont le trône revenait, en héritage, à un des membres de sa famille. Mais le système avait, à présent, été bafoué et remis en question. En outre, les intérêts des différents clans, qui constituaient le socle de l'empire hunnique, commencèrent à diverger. Les clans possédaient leur propre prince et leur propre armée, mais ils payaient également un impôt au gouvernement central des Huns ; leur armée participait aux actions guerrières, sur ordre du *chanyu*, et obéissait sans discuter à toutes ses instructions. Tout cela s'effectuait au nom de traditions vieilles de plusieurs siècles et d'une conscience nationale, sans lesquelles rien n'aurait été possible et sans lesquelles les Huns auraient constitué une proie facile pour leurs voisins. Avec le temps et au fur et à mesure que croissait la puissance de l'empire, à ces traditions s'ajouta un sentiment de fierté nationale, à l'égard de leur pays et de leur peuple, qui s'était révélé être le seul capable de battre la Chine et de soumettre d'autres pays et d'autres peuples. Tous ces éléments avaient forgé la mentalité particulière des Huns, peuple énergique, actif et combatif, qui n'avait que peu d'égaux dans le monde. C'est cette mentalité qui permit aux Huns de franchir ces immenses territoires, de la Mandchourie à la France et à Rome et de laisser une trace indélébile dans l'histoire. C'est cette mentalité qui inspira les Oghouz-Turcs-Seldjoukides qui firent mouvement vers le Sud-Ouest, traversèrent le Khorassan et l'Iran et occupèrent l'actuelle Turquie, les Balkans, la Hongrie, la Roumanie, l'Afrique du Nord, la Syrie, l'Irak et la Palestine, entre autres. C'est cette mentalité qui motiva les clans qui avaient fait partie des Alach, lorsque, emmenés par Gengis Khan, ils conquirent la Chine, l'Asie centrale, l'Iran, l'Irak, l'Afghanistan et la Transcaucasie pour bâtir un empire.

En 59-58 av. J.-C., les Huns traversèrent une crise intérieure, comme nous le rapporte Lev Goumilev : « En 58 av. J.-C., les Wuhuan attaquèrent les Huns qui vivaient sur la frontière orientale et firent de nombreux de prisonniers parmi le clan des Goussi. Le *chanyu* décida de réagir en punissant le prince du clan. Mais celui-ci, connaissant le tempérament du *chanyu*, fomenta une rébellion pour se protéger. Il fut soutenu par les *aksakals* des Huns occidentaux. Une armée de près de 40 000 rebelles se mit en marche vers l'Ouest ; aux environs de la rivière Selenga, elle se retrouva face aux troupes du *chanyu*. Les Huns – tout comme les Kazakhs, du reste –, n'avaient jamais connu de guerre intestine. Pour cette raison, ou parce qu'elles étaient moins nombreuses, les troupes du *chanyu* renoncèrent à se battre et se dispersèrent. Le *chanyu* Woyandi se suicida. L'ancien parti hunnique revint au pouvoir. On désigna le nouveau *chanyu* : il s'appelait Hu Hanye[26]. Ainsi prit fin le règne de Woyandi, qui laissa derrière lui une société profondément divisée[27]. »

Le principal danger qui guettait les nomades, quelle que soit l'ethnie à laquelle ils appartenaient, était le risque d'éparpillement des clans. D'ordinaire, pour les affaiblir, les peuples voisins sédentaires tentaient de faire naître l'hostilité et de semer la discorde entre eux. À la différence des autres nomades, chez les Huns, tous les clans étaient gouvernés par des princes, et non par des conseils d'*aksakals* : il était donc

---

[26] Kokanxie. Par la suite, le nom « Kokan » entrera dans la langue turque. Par exemple, dans la vallée de Ferghana, en Ouzbékistan, une ville porte ce nom, qui fut longtemps la capitale du khanat du même nom.
[27] L. Gumilev, *Hunnu*, p. 163.

plus facile de les brouiller. Il suffisait de faire naître une querelle entre deux princes, ou de faire croire à l'un d'eux qu'une menace provenant du *chanyu* pesait sur lui, pour faire vaciller la société hunnique en entier. Gengis Khan, descendant direct des Huns, connaissait bien la structure de leur empire et tous ses défauts : il élimina les chefs des clans kazakhs naïman, kereyit et merkit et interdit aux clans d'avoir leurs propres chefs. La principale cause de la chute du grand empire de l'*oulous* de Djötchi et de la Horde d'Or fut le fait que les khans de la Horde permirent au grand clan kazakh manghit (nogaï) de nommer ses propres chefs (cf. *Alternativnaïa istoria Oulysa Jochy – Zolotoï Ordy*, 1999). Si l'empire hunnique n'avait connu ni discorde, ni guerre intestine, c'est, comme nous l'avons dit plus haut, parce qu'il possédait des traditions séculaires dictant aux princes d'obéir sans réserve au *chanyu*. Cependant, la tradition avait été foulée aux pieds par les derniers *chanyu*s, ce qui redonna du pouvoir aux chefs des clans et engendra désunion et querelles. De ce fait, les Huns seront forcés d'aller chercher de nouvelles terres, plus loin de la Chine. Ils se retrouveront en Asie centrale. Là, ils se renforceront et écriront un nouveau chapitre de leur histoire.

Lev Goumilev nous parle de cette désunion du peuple hunnique : « La mort du *chanyu* Woyandi affaiblit les positions du parti prochinois. À ce moment-là, il eût été possible de rassembler toutes les forces du peuple. Le temps était venu pour cela et le peuple lui-même l'attendait. Mais la lutte sur le plan des idées – demeurer libres ou en bons termes avec la Chine – n'était pas totalement résolue. Après être monté sur le trône, Hu Hanye n'adopta pas une position de réconciliateur ; il décida d'éloigner physiquement ses adversaires, au premier rang desquels son ancien allié, le prince-*tchjouki* occidental (chef des Oghouz) qui l'avait conduit au pouvoir. Le prince-*tchjouki*, apprenant les desseins du *chanyu*, réunit autour de lui une coalition de plusieurs princes. Ensemble, ils désignèrent un *chanyu-tchjouki*, Bossioutan[28], et levèrent des troupes contre Hu Hanye.[29] »

L'histoire de nombreux pays montre que, lorsqu'on viole – ne serait-ce qu'une seule fois – la loi en matière de succession au trône, l'instabilité se fait jour ainsi que les luttes pour le pouvoir, parfois interminables et impliquant une grande partie de la population. Il en alla de même dans la Horde d'Or : après l'usurpation du trône par Mamaï, débuta une période de lutte pour le pouvoir, qui entraîna, en fin de compte, la chute de l'empire. En Russie, la mort du tsar Ivan le Terrible plongea le pays dans une longue guerre pour le pouvoir qui, finalement, déboucha sur un changement de dynastie : les Riourikides furent remplacés par les Romanov. On trouve des exemples similaires, même dans les pays européens, notamment en France, où la dynastie des Valois fut remplacée par celle des Bourbon. Des événements similaires se déroulèrent dans l'empire hunnique, plus de mille ans auparavant. Là, l'usurpation du trône entraîna la mort de l'usurpateur lui-même. La lutte courtisane pour le pouvoir, née des suites du coup d'État, se transforma en véritable guerre civile entre l'ouest et l'est de l'empire. Elle était étroitement liée à la lutte idéologique que se livraient le parti prochinois et le parti des anciens Huns. Les premiers souhaitaient se réconcilier avec la Chine – ce qui signifiait, tôt ou tard, s'assimiler aux Chinois – tandis que les seconds

---

[28] Terme kazakh contemporain.
[29] L. Gumilev, *Hunnu*, pp. 163-164.

tenaient à leur indépendance, choix politique et sociétal qui promettait de belles perspectives d'avenir.

Nous apprenons les détails de cette lutte idéologique, survenue à un moment si critique pour l'empire hunnique, dans les matériaux rassemblés par Lev Goumilev : « Hu Hanye perdit cette première bataille et se retrancha à l'est du pays. En automne, le *chanyu-tchjouki* Bossioutan le poursuivit avec une armée de 40 000 hommes, constituée de Yougan[30] et des ennemis de Woyandi revenus de Chine. Mais des différends internes poussèrent plusieurs princes à s'autoproclamer *chanyu*s des Huns, à l'instar du prince Khoughe, et d'un officier du nom d'Ounzi. Ils appartenaient tous au clan des véritables *chanyu*s.[31] »

De nombreux siècles plus tard, la Horde d'Or connaîtra des temps tout aussi confus, sous la gouvernance des usurpateurs Mamaï et Edigu. L'empire ne parviendra jamais à retrouver sa stabilité et se morcellera, donnant naissance à plusieurs mini-empires et à l'immense khanat kazakh. Un autre exemple du chaos qui peut naître au sein d'un empire fut le « Temps des Troubles » que connut la Russie, sous le règne du tsar Boris Godounov et après sa mort, lorsque de faux tsarévitchs surgirent sur la scène politique russe. L'ancien diacre Grigori Otrep'ev affirma qu'il était le tsarévitch Dimitri (le Faux Dimitri) et se mit en marche sur Moscou avec ses partisans. Le tsar Boris Godounov mourut brusquement. Le Faux Dimitri fut nommé tsar. Ces événements déstabilisèrent profondément la Russie, débouchant sur des guerres civiles dont profita la Pologne pour occuper Moscou. La stabilité en Russie revint avec le

---

[30] Nom strictement kazakh.
[31] L. Gumilev, *Hunnu*, pp. 163-164.

mouvement patriotique dirigé par Minine et Pojarsky[32]. En Europe et en Asie, on trouve de nombreux exemples similaires aux événements qui se déroulèrent dans l'empire hunnique, en 56-55 av. J.-C. Celui-ci entra dans une période de crise politique intérieure intense, assortie d'un déclin économique et d'une perte d'autorité vis-à-vis des pays voisins. Lev Goumilev nous rapporte la suite des événements : « Le *chanyu-tchjouki* Bossioutan se rendit chez les dissidents, tenta de leur faire apparaître les conséquences funestes que leurs actions pourraient avoir pour l'empire et les appela à se rallier à lui. Ounzi et Khoughe refusèrent et s'allièrent au *chanyu* Cheli. En tout, le nombre de ces dissidents s'élevait à 40 000. De l'est du pays, Hu Hanye leur posait problème, qui effectuait des raids très fréquents sur leurs terres. Mais le *chanyu-tchjouki* finit par vaincre Hu Hanye, lequel prit la fuite vers le Nord, là où vivaient les Khakass. C'est à ce moment-là, que les Huns orientaux recommencèrent à se renforcer. En 56 av. J.-C., le frère cadet de Hu Hanye se lança dans une campagne fructueuse à l'ouest du pays. Le *chanyu-tchjouki* leva alors une armée de 60 000 hommes et se mit en marche contre les Huns orientaux, mais il perdit la bataille et se suicida. Suite à ces événements, Hu Hanye regagna en puissance. Il redevint l'unique souverain des Huns.[33] »

Hu Hanye fut ainsi en mesure de réunifier les Huns et de mettre fin aux guerres intérieures. Toutefois, réconcilier la société, après une longue période de discorde et de dissensions, n'était pas tâche aisée. Pendant les troubles, les luttes pour l'accession au pouvoir avaient principalement

---

[32] N. Karamzin, *Istorija Gosudarstva Rossijskogo*.
[33] L. Gumilev, *Hunnu*, pp. 163-164.

opposé les princes occidentaux aux princes orientaux, ce qui avait passablement refroidi les relations entre l'ouest et l'est du pays. La situation se compliquait encore du fait que différents clans peuplaient les deux extrémités du pays, des clans qui ne faisaient partie d'un seul empire qu'en raison d'une histoire commune de plusieurs siècles et de traditions partagées. Plusieurs grandes tribus peuplaient l'empire : les Oghouz – qui donneraient plus tard naissance aux peuples turc, azéri et turkmène –, les Alach – qui deviendraient plus tard les Kazakhs et les Tatars – et les Karlouk et les Khakass, au nord du pays. La scission, qui était devenue inévitable, se produisit. Lev Goumilev la rapporte en ces termes : « En 55 av. J.-C., les Huns occidentaux refusèrent de reconnaître l'autorité du *chanyu* Hu Hanye et firent sécession. En 54 av. J.-C., le *chanyu* occidental Zhizhi lança une campagne à l'est du pays, infligea une défaite à Hu Hanye et s'empara de sa horde. De 56 à 54 av. J.-C., les luttes pour le trône hunnique devinrent fréquentes. Des princes s'autoproclamaient *chanyu*s et d'autres les renversaient. Les Huns étaient un peuple très combatif et tous leurs voisins les craignaient. La guerre était leur élément. Ils se fiaient davantage aux *chanyu*s qui lançaient des campagnes contre les ennemis extérieurs. Hu Hanye se retrouva en mauvaise posture : affaibli dans un pays qu'il dirigeait hier encore, il décida de s'adresser à la Chine. Les *aksakals* huns lui rappelèrent, alors, qu'il était l'héritier du chef de l'ancien parti hunnique et qu'il lui était par conséquent impossible de se soumettre à la Chine. Mais Hu Hanye négligea leurs conseils et envoya son fils en otage[34] à l'Empire du Milieu, pour y mener des négociations.

---

[34] Dans l'Antiquité, des otages étaient parfois donnés à d'autres États pour

Et, bien que la légitimité de Hu Hanye posât problème dans son propre pays, l'empereur chinois fit bon accueil à son fils, déclara les Huns vassaux de la Chine et leur envoya du millet et du blé.[35] »

Ainsi, l'empereur chinois s'était vu offrir un véritable moyen de se mêler des affaires des Huns. Il reconnut officiellement Hu Hanye, chef de l'empire hunnique, même si celui-ci n'y possédait aucun pouvoir véritable[36]. En réalité, c'est Zhizhi qui dirigeait l'empire, et Hu Hanye se terrait quelque part, à l'extrême est du pays. Mais la politique chinoise, dynastie après dynastie (Qin, Han, Tan, etc.) avait toujours visé l'extension de son propre territoire. En déclarant les Huns ses vassaux et en les considérant comme ses sujets, la Chine, pour la première fois, outrepassa officiellement les limites de la Grande Muraille au Nord, à l'Ouest et à l'Est. À présent que l'ancien *chanyu* avait fait acte d'allégeance, la Chine décida de ne pas laisser passer cette véritable opportunité de soumettre et d'annexer le pays de ces Huns combatifs et autrefois indociles.

L'instabilité se prolongeait dans l'empire hunnique, sans conflit armé toutefois. La guerre civile, qui y avait fait rage pendant de longues années, pour l'accession aux plus hautes fonctions de l'État d'une multitude de prétendants, était un obstacle au retour rapide de la stabilité. Lev Goumilev nous rapporte les événements ultérieurs : « En 50 av. J.-C., un ambassadeur envoyé par Zhizhi arriva en Chine. Mais les Chinois l'accueillirent tel un hôte de rang inférieur à celui du fils de l'ancien *chanyu* Hu Hanye. En 49 av. J.-C., il apparut

---

garantir des engagements pris ou reçus. (NdT)
[35] L. Gumilev, *Hunnu*, pp. 166-168.
[36] L. Gumilev, *Hunnu*, p. 167.

clairement que la Chine soutenait uniquement l'ambassadeur de Hu Hanye. En outre, les Chinois avaient commencé à aider Hu Hanye, en lui envoyant du blé et du millet, et celui-ci rassembla peu à peu ses forces. De nombreux clans hunniques se rangèrent à ses côtés. En 47 av. J.-C., Hu Hanye avait regagné une telle puissance qu'il ne craignait plus Zhizhi.[37] »

Ainsi, la Chine était parvenue à diviser les Huns en deux camps, qui s'opposaient, sans toutefois se déclarer la guerre. Elle s'efforçait d'imposer un contrôle absolu sur leur empire et, pour ce faire, ne lésinait pas sur les moyens. Elle envoyait des marchandises chinoises à Hu Hanye, lequel continuait à se renforcer. L'ancien parti hunnique, qui jouissait d'un certain crédit au sein du peuple, cessa d'exister. La Chine avait désormais la main sur l'empire hunnique, sans avoir dû livrer de guerre coûteuse en moyens et en hommes. Elle appliqua donc sa politique de colonisation avec assurance et de manière ciblée, en utilisant des moyens pacifiques. Lev Goumilev nous rapporte la suite des événements : « Les Huns continuaient d'être divisés en deux camps. La majorité d'entre eux, soit la partie la plus combative de la population, continuait de soutenir le *chanyu* Zhizhi. Ceux qui préféraient la paix rejoignirent progressivement les rangs de Hu Hanye. Toutefois, un troisième *chanyu* fit bientôt son apparition au sein de l'empire : le frère cadet de l'ancien *chanyu-tchjouki*, Ilimou. Il ne tarda pas à devenir le principal adversaire de Hu Hanye.[38] »

---

[37] L. Gumilev, *Hunnu*, pp. 166-168.

[38] L. Gumilev, *Hunnu*, p. 172.

L'apparition d'un troisième *chanyu* sur la scène politique, aussi étonnant que cela puisse paraître, permit de repenser la situation dans l'empire hunnique. En outre, après une période de presque dix ans sans guerre, la population s'était étoffée. Les Huns possédaient à nouveau d'importants troupeaux de moutons, de chevaux, de chèvres et de bétail à cornes. Les faire paître et trouver suffisamment d'espace pour une population de plus en plus nombreuse, sur les pauvres prairies de l'actuelle Mongolie, devenait de plus en plus ardu. Les doyens commencèrent à parler de terres riches et peu peuplées à l'Ouest, sur le territoire de l'actuel Kazakhstan, et plus à l'Ouest encore.

L'exode ne fut pas choisi spontanément, il fut profondément et exclusivement motivé par des raisons d'ordre économique. Pour les nomades éleveurs, la recherche de nouveaux pâturages était devenue une nécessité existentielle. Douze siècles plus tard, Gengis Khan se retrouverait exactement devant le même problème et prendrait la même décision que les Huns, en tournant son regard vers l'Ouest (cf. *Istoria Tchinghiskhana*, 2001).

Se retrouvant pris en étau entre deux *chanyu*s qui lui étaient hostiles, Zhizhi redoutait que ceux-ci s'associent. C'est lui qui possédait en outre les territoires les plus étriqués. Il décida donc d'envoyer, à l'Ouest, un détachement bien armé. C'est ainsi que débuta le mouvement des Huns vers l'Ouest, qui se prolongera pendant plus de quatre siècles. Pendant cette période, se succéderont l'exode complet des Huns vers l'actuel Kazakhstan, leur réunification sous la houlette d'un seul *chanyu*, le renforcement de leur empire, la campagne vers l'Europe, la mort du chef légendaire des Huns, Attila, la chute de l'empire hunnique, le départ précipité des Huns d'Europe occidentale et leur éparpillement du Dniepr à la Khalkha, à l'est de l'actuelle Mongolie. Pour l'heure, retournons toutefois aux années quarante avant notre ère et aux matériaux de Lev Goumilev.

# LES HUNS EN ASIE CENTRALE ET LA CONSTRUCTION DE LA VILLE DE TARAZ

« En 48 av. J.-C., le *chanyu* Zhizhi réclama son fils aux Chinois, qui le lui rendirent, accompagné d'un de leurs émissaires. Mais celui-ci fut tué à son arrivée dans la horde des nomades. Se sentant désormais menacé par la Chine et son allié Hu Hanye, Zhizhi engagea des pourparlers avec le clan des Kangly et leur proposa de s'allier à lui pour envahir le territoire des Wusun. Le plan de Zhizhi était de chasser les Wusun de leurs terres et de s'en emparer, en cas de guerre contre la Chine ou contre Hu Hanye. Les Huns firent mouvement vers l'Ouest, en traversant les monts Tarbagataï en direction du Betpak-Dala. Le khan des Kangly accueillit Zhizhi avec une grande cordialité et lui offrit sa fille en mariage. Notons que, bien qu'à la tête d'une armée potentielle de 120 000 hommes, le chef des Kangly réserva tout de même un bon accueil au *chanyu* des Huns Zhizhi, qui possédait des troupes nettement moins nombreuses. À cette époque, les Kangly vivaient dispersés sur un immense territoire qui s'étendait du Tarbagataï à la Volga ; il était donc impossible au khan de réunir une armée importante en peu de temps : ce fut vraisemblablement la raison principale de cet accueil amical.[1] » On peut penser que l'armée des Huns, qui s'était présentée chez les Kangly, ne comptait pas moins de

---

[1] L. Gumilev, *Hunnu*, pp. 172-173.

50 000 hommes, étant donné qu'avant cela, Zhizhi avait remporté une bataille contre le *chanyu* Hu Hanye, qui possédait lui-même 60 000 soldats. Ces 50 000 hommes constituaient une armée compacte et puissante, tandis que l'armée des Kangly était dispersée : le khan n'avait, d'une part, plus le temps de la réunir et, d'autre part, les Huns ne lui auraient pas permis de le faire. Ils l'auraient attaqué et vaincu. Rappelons que les Huns étaient un peuple principalement guerrier qui, dans la plupart de ses conflits contre la Chine, parvenait à s'imposer. La stratégie et la tactique militaires des Huns avaient atteint un degré proche de la perfection : elles surpassaient celles de toutes les armées de la région, y compris celles de l'armée chinoise. C'est la raison pour laquelle tous leurs voisins – à juste titre ! – les craignaient, et qu'ils n'acceptaient de se mesurer à eux que si la Chine était de leur côté. Mais, cette fois, les Kangly furent pris au dépourvu et forcés d'accepter toutes les conditions des Huns. Faisant preuve d'une grande sagesse, le *chanyu* Zhizhi établit de bonnes et amicales relations avec le khan des Kangly et occupa les terres s'étendant de l'est de leur territoire aux monts Altaï, qui étaient désertes en ce temps-là. Les Huns s'installèrent donc sur un vaste territoire qui, du point de vue de sa nature et de son climat, présentait de bien meilleures conditions que les terres stériles de l'actuelle Mongolie. Cette horde hunnique, emmenée par Zhizhi, constitua le fondement sur lequel l'empire hunnique se renforça et refleurit[2].

Quelques années après leur installation sur leurs nouvelles terres, dans l'actuel Kazakhstan central et une partie de

---

[2] Tous les historiens européens l'attestent, à l'exception de von Klaproth.

l'actuel *oblys* du Kazakhstan-Oriental, les Huns avaient récupéré leurs forces et leur cheptel avait prospéré. Ils décidèrent de réaliser leur projet, à savoir repousser les Wusun, alors alliés de la Chine, à l'Ouest, ainsi que le relate Lev Goumilev : « À l'ouest des Huns, qui s'étaient installés sur le territoire de l'actuel Kazakhstan, vivaient les Wusun qui, alliés des Chinois, se croyaient en sécurité totale et ne préparaient pas la guerre. Les Wusun pensaient que les Huns, qu'ils savaient divisés en trois groupes, n'étaient désormais plus en mesure de lancer des opérations militaires contre eux. Ils furent donc totalement surpris par leur attaque et, après avoir subi des pertes importantes, ils se replièrent vers l'Est. À cette époque, les Wusun vivaient en amont et à l'est de la rivière Naryn. Ces événements se produisirent en 42 avant notre ère.[3] »

D'après les chroniques chinoises rassemblées par Lev Goumilev, les Wusun vivaient dans la vallée de l'Issyk-Koul de l'actuel Kirghizistan. Lorsque, suite à ces événements, ils furent forcés de la quitter, ils se déplacèrent dans la région de Narynkol, au Kazakhstan. Les Huns qui se trouvaient dans l'actuel Kazakhstan depuis 47 av. J.-C. commencèrent à inviter les autres clans hunniques à les rejoindre sur ces grandes étendues désertes que sont, aujourd'hui, le Kazakhstan, le kraï de l'Altaï et les régions d'Omsk et de Novossibirsk. Le *chanyu* Zhizhi se révéla être un chef intelligent et perspicace. Il tenta de rassembler tous les Huns sur les territoires que sa horde occupait à présent et leur distribua de bonnes terres, faites pour accueillir de grands troupeaux. Les clans hunniques se mirent progressivement à

---

[3] L. Gumilev, *Hunnu*, p. 173.

quitter leurs pauvres territoires, devenus trop étroits pour eux, et à migrer vers le Kazakhstan. Le nombre de ceux qui rejoignirent les rangs de Zhizhi se mit à croître, progressivement et résolument.

À présent, le *chanyu* Zhizhi pouvait compter sur une armée nombreuse, et il se mit progressivement à faire mouvement en direction du Sud-Ouest, vers les actuels *oblys* de Djamboul et du Kazakhstan-Méridional. Voici ce que Lev Goumilev rapporte sur le peuplement par les Huns de la vallée de la Talas : « En 42 av. J.-C., pour assurer la conservation de ses richesses et de ses biens, Zhizhi entreprit de construire une forteresse dans la vallée de la rivière Talas. Cinq cents hommes furent affectés à cet ouvrage, dont la construction dura deux ans. Ces bâtiments reflètent l'influence de l'architecture romaine.[4] » Alkeï Margoulan lui aussi le relève, dans une lettre qu'il écrivit à un ancien ami, collaborateur au musée A. Popov, dans l'*oblys* de Djamboul. La missive est connue et conservée dans les archives.

La vallée de la Talas ne compte qu'une ville ancienne, aujourd'hui nommée Taraz, qui a fêté ses deux mille ans d'existence en 2002. Elle figure sur une carte géographique que Ptolémée, qui vivait à Alexandrie, établit entre 60 et 40 av. J.-C. Ce sont les marchands qui, à l'époque, commerçant activement avec ces régions orientales et jusqu'à la rivière Ili, ont informé Ptolémée que les fondations d'une ville avaient été jetées sur la rivière Talas, et c'est ainsi que le savant inscrivit la cité sur sa carte. La date de construction qu'il indique pour Talaz – entre 60 et 48 av. J.-C. – coïncide presque avec celle des chroniques chinoises – 42 av. J.-C : les

---

[4] L. Gumilev, *Hunnu*, p. 173.

dix à quinze ans qui les séparent sont tout à fait insignifiants pour des événements qui se sont déroulés avant notre ère. Prenons pour date de fondation de Taraz par le *chanyu* Zhizhi une date moyenne, que l'on peut fixer à 50 av. J.-C : ainsi, Taraz n'aurait donc pas deux mille ans, mais bien 2060 ans ! Cette date est en outre attestée par divers documents, à savoir des chroniques chinoises traduites en russe par des savants russes, et la carte géographique de Ptolémée. Ces documents confirment également le nom du fondateur de la ville, qui est celui du *chanyu* des Huns, Zhizhi.

Après avoir rassemblé ses forces, le *chanyu* fit donc route vers le Sud-Ouest. Il mena une campagne dans la vallée de Ferghana, que relatent les chroniques chinoises : « En ce temps-là, une des campagnes lancées par les Huns les mena dans la vallée de Ferghana. Mais ils ne s'y attardèrent point et rentrèrent chez eux, en emportant leur butin. Cela est dû au fait qu'ils ne disposaient pas alors des ressources nécessaires pour prendre d'assaut une ville fortifiée comme Ferghana, et qu'ils se limitaient à piller les peuples qu'ils attaquaient.[5] »

À la même époque, le puissant Empire parthe s'étendait sur ce que sont aujourd'hui le Turkménistan, l'Afghanistan et une partie de l'Iran. Dans les années quatre-vingts du XXe siècle, non loin d'Achkhabad, capitale du Turkménistan, on a retrouvé des vestiges de l'ancienne capitale de l'Empire parthe, Nisa. L'Empire parthe mena de nombreuses guerres contre Rome pour la possession de la Syrie et d'autres pays du Proche-Orient, avec des victoires de part et d'autre. Dans une de ces guerres, qui se déroula en Syrie, fut vaincu et tué un célèbre général romain, membre du premier triumvirat

---

[5] L. Gumilev, *Hunnu*, p. 173.

avec César et Pompée : Crassus. À cette occasion, les Parthes capturèrent un grand nombre de soldats romains et les vendirent sur le marché des esclaves. Voici ce que relate, à ce sujet, la *Khronika tchelovietchestva* : « 53 av. J.-C. Asie, Mésopotamie. Le général romain Marcus Licinius Crassus tombe dans la bataille de Kirra (Syrie orientale) qui l'oppose aux Parthes.[6] »

Le *chanyu* Zhizhi acheta des prisonniers de guerre romains et les utilisa pour construire la ville de Taraz et former son service de garnison, ainsi que nous l'apprenons dans les matériaux rassemblés par Lev Goumilev : « Les légionnaires romains du service de garnison de la ville de Taraz étaient des prisonniers de guerre, issus des troupes du général romain Crassus, qui s'était battu contre le roi des Parthes, Mithridate. La forteresse de Taraz fut construite sur un modèle architectural romain. Parmi les prisonniers de guerre romains, des centurions (officiers commandant à cent soldats) contribuèrent à son érection.

Plus tard, le *chanyu* pacifia ses relations avec les Parthes et se renforça. Il décida de lancer une opération armée contre les Kangly[7], ennemis des Parthes. » Cette décision du *chanyu* fut sans doute une erreur, car son empire, désormais installé au Kazakhstan, n'avait pas encore retrouvé l'intégralité de ses forces. Les Kangly demandèrent du renfort à la Chine. Or les Chinois commençaient à voir d'un mauvais œil le renforcement de l'empire des Huns au nord-ouest de leur territoire, avec la menace de voir ceux-ci redevenir une grande puissance, lorsque tous leurs compatriotes les auraient rejoints. Le *chanyu* des Huns, Zhizhi, était l'ennemi de la

---

[6] *Hronika čelovečestva*, p. 162.
[7] L. Gumilev, *Hunnu*, p. 174.

Chine, et jamais il n'aurait pu entretenir des relations amicales avec elle : les Chinois le savaient parfaitement. Ils s'étaient donc fixé pour mission principale de détruire le *chanyu* et ses partisans, au cours d'une attaque surprise et de priver les Huns qui peuplaient l'Asie centrale, d'un pouvoir centralisé. Mais les Chinois manquaient de forces pour mener seuls cette opération à bien : ils avaient besoin d'alliés. Et ils ne tardèrent pas à en trouver, grâce à la décision irréfléchie du *chanyu* Zhizhi : ce furent les Kangly, qui souhaitaient eux aussi faire mordre la poussière aux Huns et les forcer à se soumettre. Ensemble, les Chinois et les Kangly étaient bien plus nombreux que les Huns. Ceux-ci auraient pu fuir vers le Nord pour éviter la débâcle, mais l'effet de surprise joua son rôle. Les Huns n'eurent pas le temps de rassembler leurs troupes et d'organiser leur fuite, et ils subirent une attaque surprise dans laquelle Zhizhi laissa la vie. Privés de gouvernement central, les nomades perdirent, pour un temps, leur structure étatique ; ils se replièrent vers le Nord-Ouest, dans les régions du Kazakhstan central, septentrional et oriental. Lev Goumilev raconte, en ces termes, la mort du *chanyu* Zhizhi : « L'empereur chinois et son entourage craignaient que Zhizhi continue à se renforcer. Ce fut l'assassinat, par ce dernier, d'un émissaire chinois qui servit de prétexte à l'Empire du Milieu pour passer à l'offensive. Un des personnages les plus hauts placés de Chine, le talentueux Tchan Tan, avait échangé sa peine de prison contre une mission militaire au nord-ouest de la Chine. Souhaitant pouvoir revenir à Pékin, Tchan Tan entreprit tout ce qui était en son pouvoir pour se racheter aux yeux de la Cour. Éliminer le *chanyu* Zhizhi lui apparut alors comme le meilleur moyen de le faire. Profitant du fait que le gouverneur général chinois du nord-ouest du pays était malade, Tchan Tan commença à préparer activement son attaque contre les Huns. Après avoir levé des troupes, il se mit en marche sur Taraz, où résidait Zhizhi, par le plus court chemin, à savoir le territoire de ses alliés, les Wusun. Les Kangly, après avoir pesé tous les pour et les contre, se rallièrent à Tchan Tan. Celui-ci, à la tête d'une armée nombreuse, arriva par surprise à Taraz et donna l'assaut. Les efforts acharnés et habiles des défenseurs romains de la ville, expérimentés et courageux, ne parvinrent pas à retenir l'avancée de Tchan Tan et des Kangly, nettement plus nombreux. La forteresse tomba et Zhizhi et ses fils trouvèrent la mort. Sans attendre que les Huns rassemblent leurs forces et ripostent, Tchan Tan regagna Pékin pour y relater son succès. Il y fut bien accueilli.[8] » Alkeï Margoulan raconte lui aussi cet épisode dans sa lettre, en se fondant sur des sources chinoises.

Ces événements ne démoralisèrent pas pour autant le grand peuple des Huns, nombreux et combatif. Les guerres prolongées et épuisantes avec la Chine ayant momentanément cessé, leur population avait augmenté, leur économie s'était renforcée et leur culture avait fleuri. En outre, la mort du *chanyu* Zhizhi avait rendu, par défaut, son homogénéité au pouvoir et aux structures de l'État : Hu Hanye redevenait l'unique chef des Huns qui, ainsi rassemblés, possédaient à nouveau de réelles perspectives d'avenir. Mais Hu Hanye avait besoin de temps pour réaliser une véritable unité et renouer avec la puissance passée. Il lui fallait étendre sa domination sur les Huns occidentaux qui vivaient désormais

---

[8] L. Gumilev, *Hunnu*, pp. 174-175.

au Kazakhstan. Pour cela, une trêve d'un certain temps avec la Chine était nécessaire. Les nomades obtinrent cette trêve, en reconnaissant provisoirement la supériorité des Chinois. Cette reconnaissance n'avait aucune force juridique, mais elle assurait à la Chine la paix sur ses frontières septentrionale, occidentale et orientale.

La suite des événements nous est contée par Lev Goumilev : « Hu Hanye, sentant sa mort approcher, transmit le trône à son fils aîné, rompant en cela avec la tradition hunnique, qui voulait que ce soit le frère cadet qui gouverne.[9] » À partir de ce moment-là, la transmission du trône au fils aîné devint la règle. Et cette règle fut suivie pendant la période qui précéda Gengis Khan, dans les khanats naïman, kiyat, kereyit, merkit et kiptchak, puis dans l'empire de Gengis Khan et dans tous les empires dirigés par les Gengikhanides : la Horde d'Or, l'empire djaghataïde en Asie centrale, l'empire ilkhanide en Iran, en Irak et en Afghanistan, l'empire d'Ögödaï en Chine, les khanats du Kazakhstan, d'Astrakhan, de Crimée et de Kazan, c'est-à-dire dans tous les empires turcs. « Fuzhulei Ruodi monta sur le trône et montra tous les signes de soumission à l'égard de la Chine. En 25 av. J.-C., le nouveau *chanyu* se rendit au palais de l'empereur. Il mourut en 20 av. J.-C. et fut remplacé par son frère cadet Souxie Ruodi, qui fit également allégeance à la Chine. En 12 av. J.-C., Souxie Ruodi décéda à son tour et c'est son cousin Cheya Ruodi qui lui succéda. Celui-ci mourut en 8 av. J.-C., remplacé par son frère cadet Wuzhu Ruodi[10]. Tous ces *chanyu*s reconnurent leur dépendance à

---

[9] L. Gumilev, *Hunnu*, p. 184.
[10] Le terme « Wuzhu » désigne un « homme impitoyable, obstiné, au caractère fort ».

l'égard de la Chine. Pendant cette période de trente ans, les Huns commencèrent à adopter la culture chinoise.[11] »

On constate donc que, pendant trois décennies, les Huns ne menèrent aucune guerre ; leur population doubla presque et leur économie prospéra. Toutefois, l'esprit combatif et épris de liberté des Huns ne disparut pas pour autant. La Chine, qui considérait qu'elle avait les pleins pouvoirs sur les Huns, commença à se mêler de leurs affaires intérieures et même à réquisitionner une partie de leurs terres pour y établir des colonies. Devenue inévitable, la révolte, longuement mûrie au cœur d'une société hunnique accablée par la conscience de la perte de son indépendance et de sa grandeur passée, finit par éclater, ainsi que le rapporte Lev Goumilev : « Peu de temps après l'élection de Wuzhu Ruodi, la Chine décida d'annexer une partie des terres des Huns. Elle s'opposa au refus du *chanyu*. Au même moment, d'autres peuples vassaux ou alliés de la Chine commencèrent de s'en libérer ou de perdre de leur puissance. Les Wusun se divisèrent en plusieurs groupes. Tous les fils du chef wusun Outszout perdirent la vie dans une bataille. La Chine transmit le pouvoir à d'autres princes. Sur ordre chinois, le nouveau chef[12] Tsilimi commença à implanter les règles chinoises dans son peuple. Il introduisit des restrictions pour l'utilisation des pâturages d'été. Les Wusun ne le tolérèrent pas et ils assassinèrent leur chef. La Chine leur envoya une expédition punitive. Coupables et non coupables périrent en grand nombre. En 11 av. J.-C., des princes wusun prirent la fuite chez les Kangly, emmenant avec eux 80 000 de leurs compatriotes.

---

[11] L. Gumilev, *Hunnu*, p. 184.
[12] Lev Goumilev nomme le chef des Wusun « *aksakal* ».

Des événements similaires se produisirent dans la principauté de Tchechi, ancienne alliée des Huns. Un fonctionnaire chinois, Artky, fit jeter en prison le prince de Tchechi, Ghiou Gouï, lequel versa un pot-de-vin pour se faire libérer. Une fois sorti, ce dernier se rallia aux Huns. Tous ces événements dégradèrent les relations entre la Chine et les Huns.[13] » Nous l'avons vu : la volonté des Wusun d'entretenir des relations amicales et proches avec la Chine les avait menés à leur perte. Les Huns faisaient à présent face à un dilemme, quant à leur avenir ; souhaitaient-il s'unir à la Chine ou recouvrer leur liberté ? Plusieurs décennies de dépendance vis-à-vis des Chinois, en échange d'une tranquillité assurée, avaient laissé une empreinte considérable sur la vie des Huns. En eux, soufflait l'esprit d'un peuple épris de liberté ; ils possédaient des légendes inoubliables sur les temps passés héroïques, les victoires sur les armées chinoises, le grand *chanyu* Modu et d'autres de leurs héros. Mais la société hunnique avait également engendré le parti prochinois, désireux d'éviter les confrontations avec la Chine et considérant qu'une dépendance formelle, en échange de la paix et du commerce, était un prix raisonnable à payer. Dans ce contexte, prendre la décision de rompre avec la Chine pour renouer avec la liberté n'était pas chose aisée. En fin de compte, ce sont les événements qui se produisirent autour de leur territoire qui eurent une influence décisive, ainsi que nous l'apprenons dans l'ouvrage de Lev Goumilev : « Le nouvel empereur chinois Wang Mang insuffla un nouveau tournant à sa politique étrangère : il souhaitait renforcer sa domination sur les peuples vivant à ses frontières. Les Huns

---

[13] L. Gumilev, *Hunnu*, pp. 185-187.

faisaient également partie de son plan. Pour ce faire, Wang Mang prit la décision de réduire le rôle du *chanyu* à une simple fonction de prince.[14] »

Incontestablement, cette décision affaiblit considérablement la position du parti hunnique prochinois et réduisit à néant toutes ses actions. La vassalité des Huns à l'égard de la Chine devint problématique. Liquider le trône du *chanyu* revenait à liquider la structure étatique de l'empire, ce que les Huns ne pouvaient accepter. Ils possédaient leur propre histoire millénaire, riche en événements, ainsi qu'une culture ancienne, et toutes deux étaient indissolublement liées à leur structure étatique. Les partisans de l'indépendance reprirent provisoirement leur souffle. La situation politique offrait à présent la possibilité de rompre complètement avec la Chine et de redresser l'empire. Ce contexte radicalement nouveau fit que le *chanyu* n'eut plus d'autre choix que de s'appuyer sur les partisans de l'indépendance et de prendre des mesures pour défendre l'empire hunnique de l'invasion chinoise. Les événements se précipitèrent, ainsi que le rapporte Lev Goumilev : « L'empereur chinois ordonna de confisquer le sceau du *chanyu* et de le remplacer par un nouveau sceau. Le premier *chanyu* à avoir reçu un sceau de la part des Chinois était Hu Hanye, en 47 av. J.-C., lorsqu'il avait fait allégeance à la Chine. Ce sceau portait l'inscription suivante : " Sceau officiel du *chanyu* des Huns ", alors que le nouveau sceau ne distinguait pas le *chanyu* des princes de rang inférieur et des fonctionnaires chinois haut gradés. S'il l'avait accepté, le *chanyu* aurait instantanément perdu le statut de chef d'un État

---

[14] L. Gumilev, *Hunnu*, pp. 187-189.

indépendant pour se voir rabaissé au rang de simple prince ou de haut fonctionnaire, soumis à l'empereur chinois. Et l'empereur Wang Mang ne s'arrêta pas là. Pour renverser Wuzhu Ruodi, il persuada un prince hun, de rang inférieur, d'accepter de prendre les plus hautes fonctions, à ses conditions, et il le nomma *chanyu*.[15] »

Convaincu de sa puissance et de l'incapacité des Huns à s'opposer à lui, l'empereur Wang Mang avait hâte d'en finir avec le problème hunnique et de faire des nomades ses sujets, en brisant, une fois pour toutes, leur volonté d'indépendance. La Chine a toujours eu pour préoccupation politique majeure d'étendre ses frontières en soumettant ses voisins, les pays et les peuples plus faibles qu'elle ; elle l'a fait au moyen d'une stratégie et d'une tactique élaborées pendant des siècles, en montant ces peuples et ces pays les uns contre les autres, en torpillant leur économie par déferlement de marchandises chinoises, en formant des partisans pro-chinois à l'intérieur de leurs sociétés ou encore en recourant à la force. Bon nombre de ses voisins furent purement et simplement exterminés, à l'instar des Djoungars, qui disparurent. Et si l'histoire a retenu le génocide du peuple djoungar, perpétré en 1758, combien d'événements similaires ont-ils été passés sous silence ? À la fin du XIXe siècle, la Chine et la Russie tsariste se sont partagé le territoire du khanat kazakh. Si la nouvelle Russie démocratique a rendu de son plein gré, aux Kazakhs, leur territoire volé – sur lequel a été créée la République indépendante du Kazakhstan –, la Chine, elle, n'est pas prête à restituer le territoire kazakh qu'elle occupe : au contraire, elle le peuple massivement de colons chinois et

---

[15] L. Gumilev, *Hunnu*, pp. 190-191.

orchestre un génocide contre les Kazakhs (cf. *Istoria kazakhskogo gossoudarsvta*, 2000 pour la première édition, et 2001 pour la seconde).

Épris de liberté, les Huns ne pouvaient, en aucun cas, accepter cette agression ouverte et franche de la Chine et ils entrèrent en guerre pour défendre leur indépendance. Cette guerre marquera un tournant dans leur histoire et débouchera sur la création d'un immense et puissant empire hunnique, dont le grand Attila prendra la tête. Lev Goumilev raconte le début de cette guerre : « En 11 av. J.-C., informé des agissements de Wang Mang, le *chanyu* refusa de se soumettre à la Chine et lança des opérations militaires. Des détachements huns montés, très mobiles, firent irruption dans les régions frontalières de la Chine, s'y livrèrent à des pillages et y firent de nombreux prisonniers. Ces régions, qui n'avaient pas connu de guerre pendant près de quatre-vingts ans et dont l'économie, pendant ce temps, s'était rétablie, recommencèrent à se paupériser et à se vider. Furieux, l'empereur Wang Mang ordonna de rassembler une armée de 300 000 hommes et de chasser les Huns jusque chez les Dingling, sur les monts Saïan. Mais nombreux sont ceux qui comprirent que cette résolution était vouée à l'échec : l'armée chinoise, ralentie par de lourds convois pour ravitailler ses troupes, était peu mobile et ne pouvait pas venir à bout des nomades. Les Huns poursuivirent avec intensité leurs opérations militaires, en menant des assauts fréquents et ravageurs en Chine. À force d'enchaîner les échecs dans sa guerre contre les Huns, l'armée chinoise perdit en combativité et ses rangs commencèrent à s'éclaircir. Les régions frontalières de la Chine se vidèrent totalement de leur population. Cependant, à la plus grande joie de l'empereur chinois, le *chanyu* Wuzhu Ruodi, quoiqu'encore jeune, mourut en l'an 2 de notre ère.[16] » Le décès de ce chef d'État et général talentueux eut un impact négatif sur la situation intérieure d'un empire hunnique qui n'avait pas encore réussi à se stabiliser tout à fait, et le déclin recommença.

Le défunt *chanyu* n'ayant pas désigné de successeur de son vivant, une nouvelle lutte pour le pouvoir se fit jour, qui divisa les Huns en plusieurs partis. Wuzhu Ruodi avait toutefois réussi le principal : redonner à son peuple confiance en ses forces et, en infligeant de nombreuses défaites à l'armée chinoise, chasser l'Empire du Milieu de son territoire. Sous son règne, le peuple hunnique avait retrouvé sa grandeur, sa mentalité passée et son esprit national. La menace avait complètement disparu de voir les Huns prêts à échanger leur indépendance contre une vie paisible et à se soumettre complètement à la Chine. Plus tard, ils connaîtraient encore des périodes de déclin et d'essor, mais tous ces aléas ne pourraient plus miner les fondements de la structure étatique hunnique, ni ébranler leur foi dans la nécessité de vivre indépendants et de ne pas renoncer aux traditions de leurs ancêtres, grands guerriers épris de liberté.

Plus loin, Lev Goumilev relate les funérailles de Wuzhu Ruodi et évoque les découvertes qui ont été faites à l'emplacement de sa tombe, au XXe siècle : « Le *chanyu* Wuzhu Ruodi fut enterré avec les plus grands honneurs. En 1924, soit 1911 ans après ses funérailles, sa tombe fut découverte par une expédition dirigée par Piotr Kozlov. Des inscriptions ayant été faites à la laque ont permis de déterminer la date de l'enterrement et de l'érection du

---

[16] L. Gumilev, *Hunnu*, pp. 191-192.

kourgane : l'an 2 av. J.-C. Un objet porte l'inscription « Chan Lin[17] », qui est un palais aux environs de Chang'an[18] où, en l'an 1 av. J.-C., le *chanyu* avait été reçu par l'empereur, qui lui avait offert de riches présents. Tous les objets retrouvés dans le kourgane étaient des objets en usage chez les Huns. Les ornements artistiques dont ils se parent, relèvent du style « animal ». Une tête de taureau, anthropomorphe, est représentée sur de l'argent. Ses longs cheveux bouclés sont séparés par une raie, sur le sommet du crâne. Ce type de cheveux et cette coiffure étaient alors très répandus chez les Huns. Ces objets, comme d'autres trouvailles archéologiques, témoignent du niveau élevé de la culture des Huns, au premier siècle av. J.-C. En outre, ces découvertes montrent que ceux-ci ne pratiquaient pas seulement l'élevage, mais également l'agriculture. Les objets retrouvés rappellent ceux découverts dans les kourganes des Scythes.[19] »

Il est absolument faux d'affirmer que ces objets hunniques reflètent l'influence de la culture scythe, car c'est le contraire qui est vrai : la culture scythe a emprunté à la culture hunnique. Les Huns sont un peuple plus ancien que les Scythes : ils possédaient une grande et riche histoire, et ont joué un rôle majeur en Chine, en Europe, et dans toute l'Eurasie. Les Scythes ne possédaient pas de structure étatique et n'ont pas influencé le développement des processus historiques ni en Chine, ni en Europe. Les Huns, qui ont réussi à rassembler tous les peuples turcs, constituaient une ethnie importante et puissante : les Scythes

---

[17] Il s'agit peut-être de Qianling, où a été construit, au VII<sup>e</sup> siècle, un mausolée. (NdT)
[18] Aujourd'hui Xi'an. (NdT)
[19] L. Gumilev, *Hunnu*, pp. 192-194.

leur étaient soumis, et c'est la raison pour laquelle ce sont eux qui ont emprunté des éléments de leur culture aux Huns, et non l'inverse. Dans toute l'histoire de l'humanité, il en a été et il en sera toujours ainsi : les peuples minoritaires empruntent des éléments culturels aux peuples majoritaires. L'histoire nous en fournit de nombreux exemples : l'influence de la culture grecque antique sur les peuples voisins ; l'influence de la culture et de la civilisation romaines antiques sur l'Europe ; l'influence de la culture chinoise sur la Corée, le Laos, le Cambodge et d'autres pays et peuples ; l'influence de la culture arabe sur de nombreux peuples d'Asie et d'Afrique. Dépourvus de structure étatique, les Scythes n'ont pas pu fonder la culture que les historiens leur prêtent – probablement par déni de la culture des anciens Turcs. Pourtant ce point de vue est, hélas, savamment partagé par de nombreux éminents historiens et archéologues, au nombre desquels Lev Goumilev, Aleksandr Berchtamm et Piotr Kozlov.

Après la mort du *chanyu* Wuzhu Ruodi, comme nous l'avons évoqué, les tendances séparatistes réapparurent dans la société hunnique. Lev Goumilev nous rapporte les événements qui se produisirent alors : « Après la mort du *chanyu* Wuzhu Ruodi, des divergences apparurent à nouveau chez les Huns. Ceux qui souhaitaient diviser l'empire en principautés suivaient Siouïboudan, qui gérait les affaires du défunt *chanyu*. Siouïboudan décida que, désormais, le juge suprême devait impérativement être issu du clan siouïbou. Lui-même avait épousé une Chinoise. Pour faire cesser la guerre contre la Chine, il plaça sur le trône l'ancien protégé de Wang Mang – celui-là même que l'empereur avait nommé *chanyu*, par le passé –, le prince Khian. En 14 de notre ère,

Khian envoya un émissaire en Chine pour engager des pourparlers. Wang Mang lui fit savoir qu'il lui renverrait son fils, en échange de la libération de 27 évadés chinois. En réalité, l'empereur avait déjà fait exécuter le fils du *chanyu*. Mais celui-ci obéit et renvoya les fugitifs à l'empereur chinois, qui ordonna de les faire brûler vifs. Sûr du succès de sa ruse et considérant la guerre comme terminée, Wang Mang congédia l'armée qui gardait sa frontière et confia cette mission à des Huns et des Wuhuan. Le *chanyu* Khian, qui gardait confiance en Wang Mang, fit tout son possible pour empêcher les peuples qui lui étaient soumis de poursuivre leur guerre contre la Chine. Toutefois, en l'an 15, on rapporta à Khian la dépouille de son fils, et des Huns qui avaient été témoins de son exécution rentrèrent également au pays. L'empereur chinois fit envoyer des présents au *chanyu* pour tenter de calmer sa colère. Celui-ci les accepta, mais décida toutefois de ne plus faire obstacle à la guerre contre la Chine.[20] »

Comme on peut le voir dans les chroniques chinoises systématisées par Lev Goumilev, le désaccord, qui se faisait jour entre les Huns, fut suspendu par les ruses et les tromperies de l'empereur chinois Wang Mang, qui pensait ceux-ci incapables de voir clair dans son jeu. Dans ce nouveau contexte, le parti de la guerre se rangea aux côtés du *chanyu* Khian, ce qui permit d'éviter une nouvelle division de l'empire. La Chine, affaiblie par un recul de son économie et des tensions internes, avait réduit l'effectif de son armée, qui n'était plus en mesure de repousser les Huns et leurs alliés. La guerre reprit de plus belle. La politique de Wang Mang,

---

[20] L. Gumilev, *Hunnu*, pp. 192-194.

imprévoyante et orgueilleuse à l'égard des pays et des peuples voisins, n'avait fait que pousser ces derniers à se liguer contre lui. En outre, la Chine avait manqué la véritable opportunité grâce à laquelle elle aurait pu utiliser, à son avantage, son ancien protégé Khian, nouveau *chanyu* des Huns. Au XXIe siècle, la Chine mènera la même politique à l'égard des Ouïgours qu'elle a asservis et du Kazakhstan indépendant, en construisant sur l'Irtych noir un canal artificiel large de dix mètres et profond de cinq mètres, dans lequel l'eau s'écoule des montagnes avec un débit très important. Grâce à ce canal, la Chine constitue la moitié de son stock annuel.

Les événements qui suivirent sont tirés des chroniques chinoises par Lev Goumilev : « Les Wuhuan furent les premiers à se rebeller contre la Chine, après que l'empereur eut congédié les mercenaires qui gardaient sa frontière. Les *aksakals* des Wuhuan s'adressèrent alors aux Huns pour leur proposer une alliance. À l'ouest de la Chine, les Karachar (un peuple turc) se soulevèrent et s'allièrent également aux Huns. La Chine envoya deux détachements contre les Karachar. Le premier d'entre eux tomba dans une embuscade et fut totalement anéanti. Le second parvint à gagner le territoire des Karachar et fit de nombreuses victimes. Toutefois, privé du soutien de la Chine, il fut également anéanti. Les Huns occupèrent tout l'Ouest, ne laissant aux Chinois que Jarkent. En 14 de notre ère, le *chanyu* Khian passa de vie à trépas. Il fut remplacé par son frère aîné Yu[21].

---

[21] Terme qui signifie « maison » en kazakh contemporain. Dans l'Antiquité, de nombreuses localités et rivières portaient également ce nom. En Russie, dans l'oblast de Kourgan, une rivière importante se nomme ainsi.

Wang Mang renoua avec sa vieille politique de tentative de division des Huns. Toutefois, ses nombreuses actions irréfléchies déclenchèrent en Chine un puissant mouvement de révolte, en 17 apr. J.-C. Le peuple se soulevait principalement contre les réformes de l'empereur, qui avaient fait baisser le niveau de vie de la population, et le caractère arbitraire des décisions des fonctionnaires. À cette époque, les Wusun, victimes eux aussi de la politique chinoise, se déchiraient et se faisaient la guerre, appelant à la rescousse tantôt les Chinois, tantôt les Kangly. Les Huns également souffraient de cette politique chinoise de morcellement. La mort de Wang Mang fit éclater la révolte. Le pouvoir, dans l'Empire du Milieu, passa aux mains de la dynastie Han qui, dès le début de son règne, dut prendre d'énergiques décisions.[22] » La *Khronika tchelovietchestva* relate également l'arrivée au pouvoir de la dynastie Han en Chine : « Liu Bang, chef de la rébellion paysanne, fonde la dynastie Han en Chine.[23] »

La politique impérialiste de Wang Mang, qui méprisait les intérêts des autres peuples, avait permis aux Huns de faire le point sur leur situation et de se regrouper autour d'un pouvoir centralisé. C'est cette même politique qui avait poussé les Wuhuan et les Karachar à chercher de l'aide auprès des Huns. Les intrigues chinoises visant à diviser leurs voisins n'avaient finalement porté leurs fruits que chez les Wusun, empêtrés dans une guerre civile. Les désordres internes naissants en Chine, que l'arrivée au pouvoir de la dynastie Han ne résolut pas, créèrent une situation favorable pour les Huns, qui s'attelèrent au renforcement de leur structure étatique et de

---

[22] L. Gumilev, *Hunnu*, pp. 197-199.
[23] *Hronika čelovečestva*, p. 148.

leur économie. L'autorité et l'influence des Huns sur les pays et peuples voisins grandirent. Parvenant à mettre fin à leur instabilité interne, ils redevinrent une nouvelle fois un empire puissant. Les Huns avaient toujours vécu au voisinage de la Chine ; ils avaient fait l'expérience du caractère néfaste de leurs dissensions internes, des guerres qu'elles avaient entraînées, et avaient recouvré leur stabilité. Renforcés par leur nouvelle unité, ils s'imposèrent comme une des grandes puissances de l'époque et commencèrent à s'immiscer, à leur tour dans les affaires des Chinois. Leur histoire connaîtra toutefois encore bien des péripéties et, en fin de compte, ils émigreront, dans leur totalité, sur le territoire de l'actuel Kazakhstan, où ils gagneront en puissance avant de se mettre en marche vers l'Ouest.

Lev Goumilev nous rapporte la suite des événements : malheureusement, les derniers chapitres de son précieux ouvrage comportent des imprécisions qui entrent en contradiction avec les éléments donnés par la *Khronika tchelovietchestva* et d'autres sources premières sur les Huns (qu'il nomme par ailleurs Xiongnu) : « Le *chanyu* Yu était un homme fort et volontaire. Il contribua de manière décisive au renversement de l'empereur Wang Mang ; toutefois, par la suite, il n'entreprit aucune action pour consolider la nouvelle dynastie Han. En outre, Yu s'immisça activement dans la guerre civile chinoise, toujours du côté des rebelles. Il prit la tête d'un mouvement de peuples frontaliers de la Chine, qui lui firent allégeance, dans leur lutte contre leur grand voisin.

En 30 apr. J.-C., l'empereur Guang Wudi (Liu Xiu) souhaita entamer des pourparlers avec le *chanyu*, mais celui-ci renvoya la délégation chinoise en faisant savoir à l'empereur que l'empire des Huns était l'égal de celui des

Chinois. En 33 apr. J.-C., l'armée chinoise lança une campagne sur les terres des Huns, qui s'acheva par une défaite. En 37, les Huns traversèrent la frontière chinoise et acculèrent des Chinois dans une forteresse. En 40 apr. J.-C., le conflit redoubla de vigueur. Il devint évident que la Chine avait perdu la guerre. Seul un miracle pouvait encore la sauver... et ce miracle survint. De manière totalement inattendue, des divergences se firent à nouveau jour chez les Huns. Le *chanyu* Yu avait alors atteint un âge canonique. Après son décès, c'est son fils Wudadihou qui fut désigné. Toutefois, d'autres prétendants au trône se manifestèrent, et l'instabilité s'empara à nouveau de l'empire hunnique qui s'affaiblit. Les événements ultérieurs s'enchaînèrent à vive allure et les *chanyu*s se succédèrent rapidement sur le trône. En 55 apr. J.-C., le *chanyu* Bi passa de vie à trépas ; lui succédèrent Molar (55-56 apr. J.-C.), Khan (56-59), ses fils Didi (59-63) et Sou (63).[24] »

À partir de là, les chroniques chinoises ne font plus que très rarement mention des Huns. De 63 à 104 apr. J.-C., on ne trouve pratiquement plus rien chez Lev Goumilev. L'historien indique cependant qu'à partir de 104, les Huns (du Nord) se dispersèrent de Barkol à la Volga. Il ne précise pas comment ils se retrouvèrent là, mais l'étude d'autres sources primaires permet de penser que cela se produisit après leur migration au Kazakhstan, où les Huns partis pour Saryarka, après la chute de la ville de Taraz, y vivaient de longue date. L'instabilité dans l'empire hunnique, les conflits internes sans fin – et parfois armés – entre les différents groupes et les luttes ininterrompues pour le pouvoir avaient

---

[24] L. Gumilev, *Hunnu*, pp. 202-203.

réduit le niveau de vie de la population, anéanti les perspectives d'avenir et fragilisé le présent. En outre, les terres pauvres et stériles de l'actuelle Mongolie étaient devenues trop étroites pour une population croissante, et les Huns se décidèrent à chercher d'autres territoires. Au Nord se trouvaient les vallées étroites de l'Ienisseï, où vivaient les Khakass, et les terres peu attirantes entourant le lac Baïkol (Baïkal). Au Sud s'étendait la Chine, à l'Est, la Mandchourie, fort peuplée, et les régions boisées du Priamour[25], qui ne se prêtaient guère à l'élevage. Ne restait donc que l'Ouest, à savoir l'actuel Kazakhstan, l'Altaï, la Sibérie du Sud-ouest et les terres plus à l'Ouest encore.

Les Huns qui vivaient au Kazakhstan entretenaient des rapports assez étroits avec la majorité des peuples hunniques qui étaient restés sur leurs terres d'origine : cela ne pouvait qu'influencer les dispositions d'esprit de l'ensemble de la nation. Progressivement, par petits groupes, les Huns se mirent à migrer vers l'Ouest dans un processus qui se révéla irréversible. Ils se regroupèrent sur les terres du Kazakhstan, de l'Altaï et de la Sibérie du Sud-ouest. Les historiens chinois se sont intéressés uniquement aux Huns qui vivaient sur la frontière septentrionale de la Chine : c'est la raison pour laquelle leurs chroniques ne font pas écho à ce mouvement vers l'Ouest. Lev Goumilev ne s'est donné pour mission que de rassembler les sources primaires chinoises sur les Huns et de les systématiser, et c'est pourquoi il ne s'est pas non plus penché sur cette période de leur histoire. Plus tard, il écrira qu'il n'existe presque aucune mention de cette période de l'histoire des Huns, qui dura plus d'un siècle et demi. En

---

[25] Plus fréquemment appelé « Mandchourie extérieure », ou « Mandchourie russe ». (NdT)

revanche, cette période se retrouva dans le champ de mire des observateurs européens. Si la Chine et la Mongolie se situaient hors de leurs radars, le Kazakhstan et les rives de la Volga, en revanche, où commencèrent à affluer les Huns, se trouvaient relativement près de l'Europe ; des marchandises européennes y étaient vendues et des biens locaux y étaient achetés. Les Européens possédaient des informations lointaines, certes, mais fiables sur les Huns. Dans son ouvrage *Zavoïevately*, Rupert Matthews écrit : « Les Huns arrivèrent d'Asie centrale…[26] » D'autres savants européens et américains donnent des renseignements concordants. Le processus de migration des Huns au Kazakhstan se fit sur une période prolongée, mais ininterrompue.

Lev Goumilev nous parle des événements qui se produisirent ensuite dans l'empire hunnique : « Un empire des Huns du Nord recommença à se former, désireux d'établir des liens avec la Chine. En 104, une délégation fut envoyée en Chine, qui ne déboucha sur aucune réaction. En 105, on expédia une nouvelle ambassade, mais sans plus de résultats. À la même époque, les Chinois décidèrent de chasser les Huns de leurs terres occidentales. Ils lancèrent à cet effet plusieurs opérations militaires contre les nomades. À l'ouest, ceux-ci étaient dirigés par le clan des Koïan[27]. Les Huns du Sud se retrouvèrent dans une situation pire encore. En 142, alliés aux Wuhuan et aux Tangout, ils fomentèrent une insurrection contre la Chine, mais furent défaits en 144. Le *chanyu* se suicida. C'est un protégé de l'empereur chinois

---

[26] Rupert Matthews, *Zavojevately*, Moskva, izdatel'skaka firma « Kubk », 1993, dans la série *Vzgljad na mir. Strany mira*, p. 42.
[27] Qui signifie littéralement « lièvre ».

qui monta sur le trône.[28] » Lorsqu'il écrit « Huns du Nord », Lev Goumilev pense aux Huns qui vivaient au nord, au nord-est et à l'est de l'actuelle Mongolie, et non à ceux qui s'étaient déjà établis au Kazakhstan, car ces derniers vivaient loin des frontières chinoises, ne possédaient pas de pouvoir centralisé et n'envoyaient pas d'émissaires à la Chine.

Pendant ce temps, sans l'aval du *chanyu*, les Huns du Nord, par petits groupes, migrèrent encore plus loin au nord du Kazakhstan, et ils étaient de moins en moins nombreux en Mongolie. Lorsque leur nombre fut à son plus bas niveau, le *chanyu* des Huns du Nord déplaça son campement à son tour, accompagné de toutes les familles restantes. On ignore le nom de ce *chanyu* qui n'est pas cité dans les chroniques chinoises. Au cours des quelques dizaines d'années qui suivirent, tous les autres Huns migrèrent également au Kazakhstan. Et c'est à partir de ce moment que l'histoire mondiale perd la trace des Huns. Ils se trouvaient désormais trop loin de la Chine, et les Grecs, les Perses et les Romains ne se rendaient pas jusque sur ces territoires que d'énormes distances séparaient de leurs propres empires.

Le fait que le *chanyu* des Huns du Nord ait déplacé son campement au Kazakhstan eut une énorme importance pour la suite de leur histoire. Les *chanyu*s des Huns du Nord étaient issus de la lignée du grand Modu, respecté entre tous, et non des princes qui se battaient continuellement pour le pouvoir : le pouvoir de ce *chanyu* fut par conséquent reconnu par tous les Huns qui avaient migré en Asie centrale. En outre, sur le territoire du Kazakhstan, les clans ne possédaient pas de princes. Ainsi, en Asie centrale, les Huns retrouvèrent

---

[28] L. Gumilev, *Hunnu*, pp. 228-230.

une structure étatique et leur empire se reforma. Bientôt, tous les clans hunniques qui ne les avaient pas encore rejoints le firent à leur tour et il ne resta plus un seul Hun sur le territoire de l'actuelle Mongolie, ni dans la plaine de Mandchourie. Après la mort d'Attila et la chute définitive de l'empire hunnique, certains Huns reviendraient sur ces terres mongoles abandonnées, et d'autre resteraient en Asie centrale, peuplant de vastes étendues de l'Oural au Dniepr.

Après la migration en Asie centrale, on n'entendit plus parler des Huns pendant plus de deux cents ans. Dans les matériaux rassemblés par Lev Goumilev, les témoignages sur les Huns s'arrêtent au II$^e$ siècle de notre ère. À partir de la page 265 de son ouvrage, l'historien se penche principalement sur l'histoire chinoise et donne sa propre interprétation de l'origine des Huns. Son livre ne décrit pas la période européenne de leur histoire et ne produit aucun matériau sur leur présence en Asie centrale, leur marche sur l'Europe ni sur leur destin final. *Khounnou* n'est qu'un recueil d'archives historiques chinoises, classées et traduites, qu'il est indispensable d'étudier. Le présent ouvrage est le résultat de l'étude des documents sur les Huns rassemblés par Lev Goumilev et de celle des travaux d'auteurs européens et américains.

# DE L'ORIGINE DES HUNS

Dans son ouvrage *Khounnou*, Lev Goumilev affirme que les Xiongnu, arrivés en Asie centrale, se mélangèrent aux tribus ougriennes qui vivaient dans l'Oural et que c'est de ce mélange que furent issus les Huns qui marchèrent sur l'Europe[1]. Il a tort, c'est évident, et ce pour les raisons suivantes :

- Les Huns peuplèrent densément l'Asie centrale et les rives méridionales de la Volga, du Dniepr, du Don et du Danube et, avant de se mettre en marche vers l'Europe, ils menèrent des campagnes en Iran et dans les Balkans, ainsi que le rapporte la *Khronika tchelovietchestva* : « Iran, env. 350 apr. J.-C. Premier assaut des Huns. Pour la première fois, les Huns occidentaux attaquent l'empire des Sassanides.[2] »

Cette information montre que les Huns, à cette époque, étaient un peuple puissant : il fallait l'être pour se mesurer à un empire aussi fort que l'Iran des sassanides. Elle indique aussi qu'à cette époque, les Huns avaient déjà peuplé densément le sud du Kazakhstan, le Turkménistan et le sud-ouest de l'Ouzbékistan. C'est ce peuple qui, après l'arrivée au pouvoir d'Attila, fit route vers l'Ouest, apparut sur les bords du Danube et envahit l'Empire romain d'Orient. Dans leur migration, les Huns, nombreux et dotés d'une armée

---

[1] L. Gumilev, *Hunnu*, p. 241.
[2] *Hronika čelovečestva*, p. 210.

importante et puissante, soumirent tous les peuples qu'ils rencontrèrent sur leur passage, c'est incontestable, mais ils ne se mélangèrent pas avec eux, c'est certain. Les Xiongnu et les Huns sont un seul et même peuple : « Xiongnu » est leur nom chinois, et « Huns » leur nom européen.

- « Campagnes militaires des Huns dans l'Empire romain d'Orient en 443 et en 447-448.[3] »
- « Europe. Worms, 436. Le général romain Aetius, avec le soutien des Huns, détruit le royaume burgonde.[4] »
- Les Ougriens sont un peuple peu nombreux, ayant vécu principalement dans l'Oural. Les tribus magyares migrèrent sur le territoire de l'actuelle Hongrie au IX$^e$ siècle, emmenées par Árpád. « Hongrie » est un nom slave : les Hongrois, eux, appellent leur pays « Gounnia », et se nomment eux-mêmes les « Magyars ». Apparemment, les Magyars ont été enrôlés par les Huns pour leur campagne en Europe de l'Ouest, mais ils n'ont aucun rapport avec le groupe ethnique hunnique, constitué de peuples turcs. À quel groupe de peuples appartiennent les Magyars, cela reste à déterminer.

---

[3] *Vsemirnaja istorija*. Thomas B. Costain, *Gunny*, Armada, Moskva, 1997, p. 434 (édition russe).
[4] *Hronika čelovečestva*, p. 218.

# ORIGINE DU MOT « HUN »

Dans les langues turques, le mot « hun » signifiait « stable, debout, valeur ». Le kazakh contemporain a conservé ce mot et l'a légèrement modifié en « кұн ». La lettre « к » se lit et s'écrit « kh » dans d'autres langues. Par exemple, le nom du pays « Қазақстан » s'écrit « Kazakhstan » en Occident. En kazakh contemporain, le mot « кұн » signifie « valeur ». Ce mot se retrouve dans les lois kazakhes « Қосымша кұн заңи » (loi sur la valeur ajoutée), et « Кұн заңи » (loi sur la valeur). Le nom du peuple « кұн – khun » fut transformé par les Chinois en « xiongnu » et par les Européens en « hun » : c'est indéniable et il ne peut y avoir d'autre interprétation.

Lorsqu'elles abordent la question de la composition tribale des Huns, les sources européennes affirment qu'ils sont composés d'Oghouz (Turcs, Azéris, Turkmènes), de Kangly, de Kiptchak, de Naïman, d'Achin, d'Argoun (qui correspondent aux tribus kazakhes contemporaines naïman, alchyn et arghyn) et d'autres peuples. Seuls les Oghouz et les Alach participèrent à la campagne européenne. Les Karlouk n'y prirent pas part, dans la mesure où nulle source ne mentionne les clans qui les composaient alors.

Sur la question de la langue des Huns, Lev Goumilev écrit : « Ainsi, Shiratori affirme que tous les mots hunniques qui nous sont connus sont turcs. Pelliot va même plus loin, en déclarant que certains mots issus de dialectes turcs plus anciens encore se rapportent aussi à la langue hunnique. Ligeti, lui, affirme que le mot « sa-dak » appartient à la langue chinoise, et que le mot « etik » n'est pas un mot turc, en conséquence de quoi il laisse la question de la langue des Huns ouverte.[1] » On ne peut qu'être en désaccord avec Ligeti qui, apparemment, maîtrisait très mal les langues turques. Le mot « sa-dak », ou « sadak-louk » dans les langues turques contemporaines, était et demeure un mot d'origine turque : il désigne une arme qui existe chez les Turcs depuis des temps immémoriaux. Il reste à définir comment ce mot a été intégré à la langue chinoise : mais ce n'est pas une raison pour penser qu'il est chinois et non turc. Le mot « etik » est également un mot d'origine turque, qui existe encore aujourd'hui dans toutes les langues turques et que l'on peut traduire par « bottes ». Ceci est incontestable, et l'opinion de Ligeti est donc à écarter.

Au II$^e$ siècle de notre ère, des Huns et des Kangly, entre autres, vivaient sur le territoire de l'actuel Kazakhstan. Lorsque tous les Huns vivant aux frontières de la Chine se furent regroupés au Kazakhstan, leur empire redevint puissant et leur peuple, nombreux. Il ne resta rien d'autre à faire aux autres peuples qui vivaient là –Kangly, Kiptchak et Arghyn – que de se joindre à eux et de reconnaître l'autorité du *chanyu*. Une étude approfondie montre que le mot « chanyu » lui-même est constitué de deux mots turcs : « chyn », qui signifie « la vérité », et « yu », qui signifie « la maison ». « Chanyu » signifie donc « la maison de la vérité » : celui qui dirige la « maison » est donc lui-même une « maison de vérité ». La lettre « y » de « chyn » a été

---

[1] L. Gumilev, *Hunnu*, p. 59.

transformée en « a » par les Chinois. Les derniers *chanyu*s des Huns, dont le descendant est Attila, sont eux-mêmes les descendants directs des *chanyu*s qui dirigèrent les Huns au III$^e$ siècle av. J.-C., mais il est impossible de dire à quel peuple turc ils appartenaient. À cette époque, les Turcs n'étaient pas constitués de peuples, mais de tribus (clans).

L'origine turque des Huns ne fait donc aucun doute. Après la chute de l'empire hunnique, à la mort d'Attila, en 453, les Huns quittèrent précipitamment cette Europe qu'ils avaient conquise et qui leur était hostile, pour revenir s'installer sur les territoires s'étendant du Dniepr, à l'Ouest, à la Khalkha, à l'est de la Mongolie. À ce moment-là, le peuple hunnique ne s'était pas encore divisé, mais à la place de l'empire hunnique s'était formé le khaganat turc. Sa population étant disséminée sur un immense territoire, ce khaganat se révéla ingouvernable, et il se scinda en deux pour donner naissance aux khaganats turcs occidental et oriental. Le khaganat turc occidental englobait les Oghouz et les actuelles tribus kazakhes (Kanglys, Dughlat (ou Dulu), Kiptchak, Alchyn (ou Achin) et les Arghyn faisant partie des Alach). Plus tard, les Oghouz se séparèrent des clans faisant partie des Alach et engendrèrent trois grandes ethnies : les Turcs, les Azéris et les Turkmènes. Les autres clans faisant partie des Alach – kiyat, naïman, kereyit, merkit, konggirat, djalaïr, manghit, bissout, baryn, jouriet, boudat, issout et sounit – et les Tatars se dispersèrent de l'Altaï à la Khalkha et le long de la Grande Muraille de Chine. Le khaganat turc était une entité étatique précaire, qui n'a pas laissé d'empreinte particulière dans l'histoire. Faisaient partie du khaganat occidental, tous les clans turcs qui vivaient du Dniepr à l'Altaï, et du khaganat oriental les Karlouk peuplant l'Ouzbékistan et l'actuelle région ouïgoure du Xinjiang (Chine), tous les clans cités plus haut qui nomadisaient de l'Altaï à la Khalkha ainsi que les Tatars établis le long de la Grande Muraille de Chine. Les khaganats turcs occidental et oriental, qui se formèrent après la chute du khaganat turc, ne laissèrent, eux non plus, pas de trace notable dans l'histoire, hormis les pierres de l'Orkhon et de l'Ienisseï. Le rôle des khaganats turcs dans l'histoire n'est mentionné dans aucune source primaire, qu'elle soit chinoise, iranienne ou européenne ; on sait seulement que ces khaganats existèrent en tant que formations étatiques. Pourtant, cette période, qui débute en 453, à la mort d'Attila, et qui se prolonge jusqu'au XVIII$^e$ siècle, a beaucoup d'importance dans l'histoire des Turcs. À cette époque, les Turcs ne guerroyaient ni en Europe, ni en Asie, et ils ne connurent pas de guerre intestine. Leur population augmenta donc énormément, et leur économie prospéra.

C'est précisément à ce moment-là que les Turcs commencèrent à se diviser en différents peuples et ethnies. Les premiers à s'isoler des autres peuples du khaganat turc occidental furent les Oghouz, qui se séparèrent ensuite eux-mêmes en trois ethnies : les Turcs, les Azéris et les Turkmènes. S'isolèrent également les Karlouk, qui donnèrent naissance au grand peuple des Ouïgours. Les clans qui formaient le peuple alach, et qui nomadisaient du Dniepr à la Khalkha et à l'Alach, se scindèrent en six parties, l'Alty Alach (six Alach), constituées de groupes de tribus (on parle parfois des six Arys ou d'Alty Arys :

1. Kangly, Dughlat, et autres clans
2. Kiptchak

3. Alchyn
4. Kiyat, Naïman, Kereyit, Merkit, Djalaïr, et autres
5. Konggirat, Bissout, Jouriet, Sounit, et autres
6. Manghit, Baryn, Shyryn, et autres
7. Arghyn, Tarakty, et autres

Les Tatars qui faisaient partie du peuple alach vivaient à l'écart, nomadisant loin des clans cités ci-dessus.

La situation demeura celle-ci jusqu'au début de la migration des Turcs vers le Sud-Ouest au XI$^e$ siècle et à la formation de l'empire de Gengis Khan en 1206, qui réunifia tous les clans faisant partie du peuple alach. Au XV$^e$ siècle, vinrent grossir les rangs des peuples turcs, les Ouzbeks qui s'étaient formés sur le territoire de l'actuel Ouzbékistan depuis la désintégration de la Horde d'Or. En 1223, Gengis Khan partagea son empire entre ses quatre fils : Ögödaï reçut la Chine et l'actuelle Mongolie ; Tolui, l'Irak, l'Afghanistan, l'Iran et la Transcaucasie ; Djaghataï, l'Asie Mineure ; Djötchi, les terres s'étendant de l'Altaï et du Tarbagataï à la province de Khorezm en Ouzbékistan.

Les clans kazakhs cités n'englobent pas les petits clans rangés dans la catégorie « Autres ». Cette case comprend aussi les clans hunniques n'ayant pas participé à la campagne d'Attila : les Karlouk, restés dans la région ouïgoure de Chine et en Asie Mineure, les Khakass, les Touvines et les Kirghizes restés sur les monts Saïan et dans les vallées de l'Ienisseï.

Toutefois, étant donné qu'on ne peut pas dater précisément la subdivision du khaganat turc et qu'on ne sait pas exactement à laquelle de ses parties (occidentale ou orientale) appartenaient les différents clans turcs, le schéma historique représentant les étapes de la structure étatique kazakhe réunit les deux khaganats dans une seule case.

Les Huns sont des Turcs. C'est l'avis des savants européens ayant étudié leur langue et leur culture, que viennent confirmer les résultats de fouilles archéologiques : tous les noms de localités, de personnes et tous les titres des dirigeants sont strictement turcs. Il est impossible de confondre des noms turcs avec des noms slaves, germaniques, chinois, mongols ou anglais. Tous les historiens occidentaux reconnaissent que les Huns sont des Turcs : seul Ligeti a laissé la question de leur langue ouverte mais, comme nous l'avons indiqué plus haut, il connaissait mal les langues turques. J'ai emprunté à l'ouvrage *Khounnou* de Lev Goumilev les traductions qu'il a faites des chroniques chinoises pour ce qui concerne les témoignages sur les Huns, mais je n'ai pas repris les opinions de l'historien. Chercheur moi aussi, j'ai ma propre conviction sur les événements décrits dans les chroniques chinoises. Lev Goumilev a accompli un énorme travail de classification des témoignages sur les Huns présents dans les chroniques chinoises : de cela, nous devons tous lui être extrêmement reconnaissants. Mais son opinion concernant l'appartenance ethnique des Huns et l'origine des Turcs ne coïncide évidemment pas avec mes conclusions sur la question. On peut même dire que son avis et le mien sont diamétralement opposés. Dans ses commentaires, Lev Goumilev réfute obstinément le fait que Huns et Turcs appartiennent à la même ethnie et celui que les Turcs sont les descendants des Huns. Bien qu'il soit évident que les Huns parlaient le turc, Goumilev le réfute et laisse la question ouverte ; il nie même l'idée de l'existence d'un groupe de peuples turcs, en déclarant que les Turcs sont des peuples ayant adopté la langue de l'un d'entre eux et rien de plus. Or, parmi des dizaines d'historiens ayant étudié l'histoire des Huns et des centaines d'éminents turcologues, Lev Goumilev est le seul à partager l'opinion qu'il exprime dans ses ouvrages : « Les contreforts de l'Altaï mongol gagnés par les fuyards étaient peuplés de tribus issues des Xiongnu et parlant des langues turques. Les guerriers du prince Achine[2] se sont mélangés à ces populations indigènes et les ont appelées " Turcs " ou " Tourkout ".[3] » L'incohérence est évidente : lorsque les guerriers du prince Achine sont arrivés, les tribus locales, qui parlaient le turc, les ont assimilés. Ces dernières devaient donc être nombreuses : sinon, comment auraient-elles pu assimiler les troupes du prince au point que celles-ci se mirent à parler leur langue ? Et si elles étaient nombreuses, pourquoi ne portaient-elles pas de nom ? Or Lev Goumilev écrit : « Les guerriers du prince Achine se sont mélangés à ces populations indigènes et les ont appelées " Turcs " ou " Tourkout ". […] Les Arabes appelaient " Turcs " tous les nomades d'Asie Mineure et centrale, sans distinction de langue. Rachid al-Din, apparemment, commença à distinguer les Turcs et les Mongols pour des raisons linguistiques, et aujourd'hui le mot " turc " n'est plus qu'un concept linguistique, sans connotation ethnographique ou même d'origine, étant donné que certains peuples turcophones se sont approprié la langue turque au contact de leurs voisins. Il est indispensable d'apporter de la clarté parmi ces différentes utilisations du terme " turc ". Afin d'éviter toute confusion,

---

[2] Les Alchyn sont aujourd'hui un des principaux clans kazakhs.
[3] L. Gumilev, *Drevnye Tjurki*, Tovariščestvo « Klyšnikov-Komarov i K° », Moskva, 1993, p. 24.

nous appellerons " tourkout " le peuple dont l'histoire est relatée dans le présent ouvrage, car c'est ainsi que l'appelaient les Ruanruan et les Chinois.[4] »

Tout cela laisse pantois. N'est-il pas absolument et totalement illogique de réfuter l'existence de tout un groupe de peuples pourtant reconnu par l'histoire mondiale ?

- Pour la première fois dans l'histoire de la turcologie, Lev Goumilev introduit le terme de « peuples turcophones » à la place de « peuples turcs ».

- D'après Goumilev, le mot « turc » n'est qu'un concept linguistique, sans connotation ethnographique ni même d'origine.

- Parce que les Chinois et les Ruanruan appellent les Turcs « Tourkout », Goumilev décide d'en faire de même. D'ailleurs, il nomme également les Chinois « Han ».

Les Slaves appellent par exemple les Magyars « Hongrois ». Et il existe toute une série d'exemples analogues dans l'histoire. Peut-on, parce que les Chinois appellent les Turcs « Tourkout », rebaptiser arbitrairement tout un groupe de peuples ? Du reste, les Chinois appellent les Kazakhs « Khassak » et les Kirghizes « Bourout »…

En affirmant que le terme « turc » n'est qu'un concept linguistique, sans connotation ethnographique ou d'origine, Lev Goumilev refuse la parenté ethnographique par l'origine de tous les peuples turcs : Kazakhs, Turcs, Tatars, Ouzbeks, Bachkirs, Kirghizes, Turkmènes, Ouïgours, etc. Ainsi, d'après lui, le groupe des « peuples turcs » n'existe pas : il n'existe qu'un groupe de peuples turcophones, ne possédant entre eux aucun lien de parenté. On pourrait affirmer tout

---

[4] L. Gumilev, *Drevnye Tjurki*, p. 24.

aussi gratuitement qu'il n'existe pas de groupes de peuples slaves, germaniques, ou autres, mais seulement des peuples slavophones, germanophones, etc., reliés entre eux par le seul lien linguistique. Lorsqu'on se penche attentivement sur les travaux de Lev Goumilev, on s'aperçoit que celui-ci éprouve une antipathie totale pour les Turcs. Tous ses travaux ne visent pratiquement qu'un but : dépersonnaliser les peuples turcs, falsifier leur histoire et les priver de leur passé. Le nom même de « Turcs » paraît répugnant et insupportable à Lev Goumilev, et c'est la raison pour laquelle, dans son ouvrage, il appelle les Turcs « Tourkout », sauf dans le titre, où il est question des « Turcs : c'est pour le moins incohérent. Tout son livre est empreint d'hostilité envers les Turcs :

- Bien qu'absolument tous les historiens ayant étudié l'histoire des Huns considèrent ceux-ci comme des Turcs – à l'exception de Ligeti, qui, en raison de sa méconnaissance du turc, adopte une position neutre sur la question de leur langue – Lev Goumilev, dans son ouvrage *Khounnou*, se réfère justement à Ligeti et affirme que la langue hunnique n'est pas turque.

- Dans ce même ouvrage, sans aucun fondement scientifique ou archéologique et sans utiliser aucune source primaire, il écrit que les Xiongnu se sont mis à s'appeler les « Huns » après s'être mélangés aux Ougriens[5]. Ce procédé vise à priver les Turcs de leurs racines historiques et de leur passé et à établir – au mépris de toute vérité – qu'il n'existe aucun lien de parenté entre les peuples turcs actuels (Turcs, Kazakhs, Tatars, Ouzbeks, Bachkirs, Turkmènes, Kirghizes, etc.), mais

---

[5] L. Gumilev, *Hunnu*, chap. « *Hunnu i Gunny* », p. 34.

seulement un lien linguistique de la même nature que celui qui unit les nombreux peuples d'Amérique du Sud ayant adopté l'espagnol après avoir été colonisés par l'Espagne.

- Lev Goumilev continuera à soutenir activement ses thèses dans son ouvrage *Drevnye Tiourki* : « Le *kaghan* Istemi[6], frère cadet de Bumin[7], prit la tête de la campagne occidentale. Il avait déjà accompagné Bumin auparavant et commandait à une dizaine de généraux, apparemment des chefs de tribus altaïques du Nord, d'origine ougrienne. Leurs descendants, aujourd'hui turquisés, sont les Chors, les Koumandines, les Lébédines, etc. Ce n'est pas un hasard si le nom d'Istemi n'est pas turc, mais ougrien, et si c'est le nom d'un ancêtre-esprit. Les Chinois estimaient que ses troupes comptaient 100 000 hommes.[8] »

Ainsi, Lev Goumilev considère Istemi, un des *kaghans* les plus connus du khaganat turc non comme un Turc, mais comme un Ougrien, et son peuple non comme un peuple turc, mais comme un peuple ougrien qu'auraient assimilé, on ne sait comment, des Turcs qui, selon lui, n'existent pas ! Le nom d' « Istemi » est toujours répandu dans les peuples turcs à l'heure actuelle, et le nom de « Bumin » (« Bomyn ») est fréquent chez les Kazakhs et de nombreux autres peuples turcs d'aujourd'hui. Le mot de « kaghan/khan » lui-même n'est et n'a jamais été utilisé que par les peuples turcs, et par aucun autre peuple. En outre, personne n'a encore réussi à prouver que les Ougriens ont un jour vécu au nord de l'Altaï :

---

[6] Nom strictement turc.
[7] Nom strictement turc.
[8] L. Gumilev, *Drevnye Tjurki*, p. 34

en revanche, on sait que des peuples turcs y vivent depuis les temps les plus reculés. Les Ougriens sont un très petit peuple : on n'en compte aujourd'hui pas plus de 400 000 en Russie (les Mordves, entre autres) et, par le passé, ils étaient si peu nombreux qu'ils ne représentaient pas de véritable puissance. Seuls les Turcs pouvaient rassembler une armée de 100 000 hommes. Lev Goumilev est le seul à avoir jamais tenté d'altérer et de falsifier l'histoire du groupe des peuples turcs. Dans son livre *Drevnye Tiourki*, Lev Goumilev n'utilise pas le mot « Turcs », mais un mot qu'il invente : « Tourkout ». Oui, la haine est aveugle, elle prive de tout bon sens non seulement les gens ordinaires, mais également de grands savants comme Lev Goumilev, et elle les pousse sur une voie bien éloignée de la vérité et de la science. Le nom de « Tourkout » n'est en outre pas une invention très heureuse : au mieux, il pourrait désigner une petite tribu insignifiante, rien de plus ; toutefois l'historien en parsème tout son livre : « Sur les rives septentrionales de la mer d'Aral, les Tourkout se heurtèrent à la tribu des Xiongnu.[9] », « Les Tourkout ne traversèrent pas la Volga et se contentèrent de conquérir les steppes préouraliennes.[10] », etc., etc. Jamais il ne parle de « peuple turc ».

Je dois l'avouer : l'étude de l'ouvrage de Lev Goumilev, que j'avais recherché pendant plusieurs années et finalement trouvé à grand-peine à Moscou, m'a mis en état de choc. J'avais été un vrai partisan de Lev Goumilev pendant de nombreuses années, et j'ai eu beaucoup de mal à désavouer un « turcologue » aussi célèbre, dont la réputation s'était construite, en grande partie, grâce à des articles d'historiens

---

[9] L. Gumilev, *Drevnye Tjurki*, p. 35.
[10] L. Gumilev, *Drevnye Tjurki*, p. 35.

kazakhs parus dans des journaux et des revues. Mais la réalité est ainsi faite que personne ne peut y échapper, ni la vaincre. Dans la science, il faut toujours tout remettre en question. Écrire l'histoire en s'appuyant seulement sur les travaux et les livres qui font autorité est absurde, surtout dans la science historique, dans la mesure où, au fil du temps, on découvre toujours de nouveaux faits et de nouvelles sources primaires, auxquelles on n'avait pas accès il y a cinq ou dix ans. De nouvelles découvertes se font, de nouvelles hypothèses scientifiques naissent, et même de véritables courants de pensée. Du fait de son manque d'objectivité et des falsifications qu'il comporte, l'ouvrage de Lev Goumilev, *Drevnye Tiourki*, ne convient absolument pas à la « turcologie ».

Quelques mots encore sur les Ougriens. La langue ougrienne pure n'existe pas dans le monde : il n'existe que des langues finno-ougriennes. Seuls les Mordves peuvent être attribués avec une complète certitude aux Ougriens. Et les Finnois et les Mordves n'ont jamais vécu à l'est de l'Oural. La langue magyare (hongroise) compte de très nombreux mots ougriens, mais elle comporte également de nombreux mots turcs et allemands. Le magyar est un mélange de trois langues : l'ougrien, le turc et l'allemand. Le fait qu'on y trouve de nombreux mots ougriens ne signifie pas que les Magyars sont des Ougriens. Le grand clan kazakh des Kiptchak possède une sub-ethnie « magyar », qui vit dans l'*oblys* de Kostanaï. Dans tous les cas, en raison de leur faible nombre, les Ougriens n'ont pas pu influencer la formation des Turcs, et ils ne l'ont pas fait.

Konstantin Inostrantsev est un cas à part parmi les historiens qui se sont penchés sur l'histoire des Huns. Le grand savant pense que la pierre angulaire fondamentale de tout travail scientifique, particulièrement dans l'histoire, est la sincérité et la prudence. Konstantin Inostrantsev nous a laissé des travaux scientifiques d'une valeur inestimable, mais ceux-ci ont volontairement été confisqués, et il a fallu attendre la chute de l'URSS pour les trouver en bibliothèque. L'invention du panturquisme possédait des fondements profondément politiques. D'importants peuples turcs vivaient en URSS : les Kazakhs, les Ouzbeks, les Azéris, les Bachkirs, les Turkmènes, les Tatars, les Kirghizes, ainsi que des peuples turcs moins nombreux : les Karakalpak, les Tchouvaches, les Touvines, les Khakass, les Yakoutes, les Karatchaï, les Balkar, les Koumyk et les Ouïgours. Ces peuples formaient près de 25 % de la population totale de l'URSS. En outre, ils occupaient des territoires très vastes et d'une grande importance économique : l'ancien empire craignait que les « Turcs » puissent devenir un problème complexe. C'est pour étouffer les mouvements nationalistes parmi les « Turcs » que l'on a introduit le terme de « panturquisme ». Une fois le terme introduit, on s'est mis à réprimer et à persécuter sans pitié tout ce qui était turc. C'est également pour cela que l'on a déclaré que Gengis Khan était mongol, à la tête d'un empire mongol. L'épopée de Gengis Khan a d'ailleurs été baptisée *L'histoire secrète des Mongols*. Dans un tel contexte, Konstantin Inostrantsev était condamné à l'oubli. Ses travaux disparurent de la circulation.

Dans la science historique, on trouve des historiens qui se sont contentés de suivre les directives impériales, et d'autres qui ont donné dans le chauvinisme le plus flagrant : c'est le cas des académiciens Rybakov et Grekov, des historiens Malov, Goumilev, Bartol'd, Kliachtorny et d'autres, dont les ouvrages ont posé les fondements de l'histoire de l'URSS. Mais on ne peut vaincre la vérité. Les travaux de Konstantin Inostrantsev sont aujourd'hui accessibles à la civilisation humaine et l'on peut s'en servir. La nouvelle Russie démocratique a ouvert un grand nombre de ses archives autrefois secrètes : ont alors revu la lumière du jour notamment les travaux scientifiques d'Ernst Woldemar von Tiesenhausen et de Konstantin Inostrantsev.

# LES RECHERCHES DE KONSTANTIN INOSTRANTSEV

Konstantin Inostrantsev a effectué parmi les plus importantes recherches de fond sur l'origine des Huns. Ses travaux couvrent un champ immense et il n'est donc pas possible de rappeler ici tous ses arguments scientifiques. Je me contenterai de rapporter ses conclusions finales au sujet des Xiongnu et des Huns. L'ouvrage de Konstantin Inostrantsev est structuré en différentes parties dans lesquelles il analyse et explore toutes les pistes scientifiques sur l'origine des Huns :

I. « Les savants missionnaires du VIII$^e$ siècle et l'importance de leurs recherches pour la question qui nous occupe. De Guignes et son histoire des Huns. Classification politique des peuples d'Asie Mineure. De Guignes n'est pas un partisan de l'origine mongole des Xiongnu et des Huns. L'opinion de De Guignes aujourd'hui. Cahun et ses œuvres. Insuffisance des classifications politiques pour résoudre les questions ethnographiques.

II. Théorie de l'origine mongole des Xiongnu et des Huns. Classement de ses partisans en deux groupes. L'avis de Pallas et de Bergmann, leur analyse. L'opinion originale d'Amédée Thierry ; les recherches de Schmidt et les travaux de Iakinf et de Bitchourine, leur analyse. Neumann et la généralisation de la théorie mongole. Analyse de ses œuvres.

Signification de cette théorie. Khoouor et le renouveau de la théorie mongole.

III. Théorie de l'origine turque des Xiongnu et de l'origine finnoise des Huns. Abel-Rémusat, partisan du premier volet de cette théorie ; étude de ses conclusions. Von Klaproth, principal défenseur de cette théorie. Ses recherches et leur étude. Autres disciples de cette théorie. Sa signification générale.

IV. Théorie de l'origine finnoise des Xiongnu et des Huns. Saint Martin, ses vues générales et ses opinions sur les différents volets de cette théorie. Les partisans de l'origine finnoise des Xiongnu. Vivien de Saint Martin et l'analyse de ses conclusions. Semenov, ses preuves sur l'origine finnoise des Xiongnu, sa critique. L'avis de Hunfalvy. Signification générale de cette théorie.

V. Les plus anciens témoignages sur les Xiongnu. Formation des empires des Xiongnu et des Donghu : réflexions en faveur de la théorie turque. Leur rapport aux Huns. La migration ultérieure des Huns vers l'Ouest. Opinions sur l'origine des Huns. Inconsistance des conclusions en faveur de l'origine slave de ce peuple, démontrée à la fois par des historiens européens et par des historiens d'Asie Mineure. Théorie de l'origine turque : origine du nom « Xiongnu ». Les descendants des Huns en Europe de l'Est. Conclusion.[1] »

Comme on le constate, Konstantin Inostrantsev, contrairement à Lev Goumilev, a effectué un travail titanesque de recherche sur l'origine des Huns et ses conclusions sont à la hauteur de l'immense historien

---

[1] K. Inostrancev, *Hunnu i Gunny*, p. 1.

chercheur qu'il est. Lev Goumilev, sans effectuer aucune recherche sur la question, a repris une des théories en vigueur sur l'origine des Huns, en l'occurrence la théorie finnoise, et l'a intégrée à son livre. Pour ne pas dévier de la ligne officielle fixée par l'Empire rouge à l'égard des Turcs, il a choisi la théorie la moins risquée.

En dressant le bilan de ses recherches, à l'issue d'un travail consciencieux et talentueux, Konstantin Inostrantsev tire les trois conclusions suivantes :

I. Le peuple xiongnu, qui nomadisait dans le nord de la Chine et fonda un empire puissant, se forma à partir d'un clan turc qui s'était renforcé. Une grande partie des tribus qui lui étaient soumises étaient vraisemblablement également turques, même si, tant au moment de la fondation de l'empire qu'à l'époque de son épanouissement, d'autres tribus entrèrent dans sa composition, à savoir des tribus mongoles, toungouses et tibétaines.

II. Après la séparation de l'empire en deux parties (une séparation plus politique et culturelle qu'ethnique), les Xiongnu du Sud se soumirent plutôt à l'influence de la civilisation chinoise, et ceux du Nord conservèrent davantage leurs caractéristiques tribales. Les Xiongnu du Nord ne parvinrent pas à garder leur indépendance et une partie d'entre eux migra à l'Ouest. D'après les témoignages historiques parvenus jusqu'à nous, ils empruntèrent le chemin habituel des nomades, traversèrent la Djoungarie et les steppes kirghiz-kaïssak et apparurent en Europe de l'Est dans la deuxième moitié du IV$^e$ siècle de notre ère.

III. En Asie du Nord-ouest et en Europe de l'Est, les Turcs xiongnu ou huns se heurtèrent à d'autres tribus. Les premières qu'ils rencontrèrent sur leur route furent les tribus finnoises (du reste, il est aujourd'hui difficile de savoir si les Turcs se sont complètement dissous dans la masse des Finnois ou s'ils ont fait des Finnois un peuple de cavaliers nomades). […] Il est tout à fait probable que les sujets de Modu et ceux d'Attila n'aient pas eu grand-chose en commun.[2] »

Les tribus finnoises ont toujours été peu nombreuses et sédentaires, et ce sont des nomades qui ont fait irruption en Europe. Aujourd'hui, s'apparentent à proprement parler aux Finnois les Finnois eux-mêmes, les Mordves, les Estoniens et les Oudmourtes. Leur nombre n'excède pas huit millions, alors que les Turcs, eux, sont plus de 150 millions. Si les Finnois avaient assimilé les Turcs, ils seraient aujourd'hui plus de 150 millions. En magyar, il existe de nombreux mots turcs, allemands et finno-ougriens. Apparemment, les Magyars sont des tribus finno-ougriennes assimilées par les Turcs et qui se sont christianisées et européanisées après avoir vécu longtemps en Europe. Un clan kazakh magyar vit dans l'*oblys* de Kostanaï, au Kazakhstan : il est issu, c'est incontestable, d'une souche magyare originelle qui ne s'est jamais mélangée. Il existe bon nombre d'exemples de ce genre dans l'histoire du peuple kazakh. Après la chute de la Horde d'Or, une partie des clans kazakhs, emmenée par le khan Muhammad Shaybânî, a fait irruption en Asie centrale et y a fondé l'empire ouzbek, en lui donnant le nom d'un des khans de la Horde d'Or. Ces clans kazakhs ont entraîné la turquisation des peuples d'Asie centrale et, plus tard, se sont dissous dans la masse de tous les Turcs qu'on avait, au début du XXe siècle déjà, commencé à appeler « Ouzbeks » (cf.

---

[2] K. Inostrancev, *Hunnu i Gunny*, p. 178.

*Alternativnaïa Istoria Oulysa Jochy – Zolotoï Ordy*, 1999, et *Istoria kazakhskogo gossoudarsvta*, 2000).

Il va de soi que les Huns assimilèrent une partie des tribus qu'ils avaient soumises, surtout celles qui vivaient au Kazakhstan. Mais les Huns ne perdirent pas pour autant leur ethnicité. Cette assimilation ne fut visible que dans leur apparence physique, et aujourd'hui, par exemple, les Kazakhs appartiennent au groupe intermédiaire entre les races européennes et mongoloïdes[3]. À ce même groupe, appartiennent différents groupes mixtes d'Asie Centrale (Ouzbeks, Karakalpaks, Turkmènes). Tous ces groupes intermédiaires se sont formés entre le I$^{er}$ et le IV$^e$ siècle de notre ère, à la période des grandes migrations. Ainsi, les Kazakhs, les Ouzbeks, les Karakalpaks et les Turkmènes n'appartiennent pas à la race mongoloïde. Toutefois, cette assimilation ne s'exprima ni dans la langue, ni dans la mentalité, ni dans les idées, ni dans les coutumes des Kazakhs et des Turcs dans leur ensemble. Il n'existe, dans le monde, aucune mono-ethnie qui n'ait assimilé d'autres peuples et tribus, ni les Chinois, ni les Russes, ni les Français. La loi immuable en la matière est la suivante : les grands peuples assimilent les petits peuples. C'est la raison pour laquelle les Huns (Turcs), nombreux, conquirent et assimilèrent une partie des petites tribus finno-ougriennes qu'ils rencontrèrent sur leur route vers l'Ouest, et en aucun cas l'inverse. En outre, lorsqu'ils envahirent l'Europe, les Huns étaient des nomades, ne possédant qu'une armée équestre, alors que les Finnois étaient sédentaires. Tous les

---

[3] N. Čeboksarov, I. Čeboksarova, *Narody, rasy, kul'tury*. Izdatel'stvo « Nauka », Moskva, 1971, p. 112 (cf. annexe, carte).

ouvrages européens présentent les Huns comme des nomades. Parmi tous les arguments scientifiques avancés par Konstantin Inostrantsev, plus de cinquante sont irréfutables et il me semble indispensable d'en relever ici quatre : « Au VI$^e$ siècle, toute la Mongolie actuelle était encore occupée par les Turcs. En fin de compte, même du point de vue de leur nombre, les Mongols le cèdent nettement aux Turcs : c'est un peuple jeune, à l'histoire récente.[4] »

« L'opinion selon laquelle les Xiongnu étaient des Turcs est la plus vraisemblable. Après un peu plus de quatre cents ans, c'est un nouvel empire, indéniablement turc, qui se forme sur les ruines de l'empire xiongnu. Même si les partisans de la théorie mongole ont réussi à construire leur hypothèse en se fondant uniquement sur le fait que les Xiongnu vécurent là où vivent aujourd'hui les Mongols, il est bien plus vraisemblable de rattacher les Xiongnu aux Turcs, qui formaient à cet endroit-là, au VI$^e$ siècle encore, un empire puissant. Le titre des chefs xiongnu (khans) et leur religion (le tengrisme) étaient turcs. Ils ont ensuite été repris par Gengis Khan. Même les partisans de la théorie finnoise considéraient ce dernier comme un Turc.[5] » D'après Konstantin Inostrantsev, Gengis Khan est donc un Turc.

« La théorie de l'origine mongole des Huns a fait long feu : elle a aujourd'hui, et pour toujours, rejoint les archives.[6] »

« La théorie finnoise, dont le chef de file fut von Klaproth, jouit longtemps d'un certain crédit, et elle possède

---

[4] K. Inostrancev, *Hunnu i Gunny*, p. 93.
[5] K. Inostrancev, *Hunnu i Gunny*, p. 93.
[6] K. Inostrancev, *Hunnu i Gunny*, p. 103.

aujourd'hui encore des partisans, bien que de nouvelles conclusions l'aient fortement ébranlée.[7] »

Tous les plus grands turcologues, et notamment Konstantin Inostrantsev, pensaient que l'empire de Gengis Khan était turc, sans même jamais émettre l'idée qu'il eût pu être mongol. Ce n'est que dans l'Empire rouge (soviétique), et pour des raisons strictement politiques, que Gengis Khan et son empire furent considérés comme des Mongols, et la Horde d'Or de l'*oulous* de Djötchi comme un empire taparo-mongol. En outre, dans ce terme de « tataro-mongol », le peuple turc des Tatars est cité en premier, et celui des Mongols, en second : c'est bien la preuve que l'empire de Gengis Khan était turc (kazakh). Il est donc tout à fait incompréhensible que les Mongols se revendiquent de Gengis Khan : c'est non seulement une offense à la vérité, mais également au bon sens.

Les Tatars et les Mongols sont deux ethnies complètement distinctes, qui n'ont jamais été en contact l'une avec l'autre ni par le passé, ni à présent. Gengis Khan était kazakh, issu du clan kazakh kiyat. Je le démontre dans mes ouvrages *Istoria Tchinghiskhana* (2001) et *Alternativnaïa Istoria Kazakhstana* (1998), fondés sur l'étude des sources primaires du XIIIe siècle. En outre, une écrasante majorité d'historiens européens pensent que Gengis Khan était turc, et non mongol. Toutefois, l'envie d'appartenir à la grande histoire est si forte que les Mongols, s'appropriant l'histoire d'autrui, continuent à s'accrocher à Gengis Khan. Mais on ne peut pas s'approprier ce qui ne nous appartient pas devant le monde entier. Or, les savants et le gouvernement mongols

---

[7] K. Inostrancev, *Hunnu i Gunny*, p. 103.

n'ont rien d'autre à produire que l'affirmation toute nue selon laquelle Gengis Khan était mongol : ni étude, ni aucune analyse scientifique, seulement des mythes, des livres primitifs et des affirmations sans preuve. Que les Mongols démontrent que les clans kiyat, naïman, kereyit et merkit, qui formèrent l'empire de Gengis Khan en 1206, et que les clans arghyn, kiptchak, dughlat, djalaïr, konggirat, manghit et autres qui le rejoignirent plus tard et constituent aujourd'hui le gros du peuple kazakh ne sont pas des Kazakhs, mais des Mongols : c'est indémontrable.

Les Tatars qui rallièrent ultérieurement l'empire de Gengis Khan ne sont pas non plus des Mongols. La falsification historique à laquelle, sur ordre de leur gouvernement, se sont livrés les historiens soviétiques au sujet de Gengis Khan est si grossière que pour la réfuter, point n'est besoin de citer la centaine d'arguments scientifiques apportée par les ouvrages mentionnés plus haut, un seul suffit : la célèbre invasion de la Russie est appelée « tataro-mongole », alors que les Tatars rallièrent l'empire de Gengis Khan, formé en 1206, après tous les autres. En outre, dans l'empire hunnique, le premier rôle était joué par le clan d'origine de Gengis Khan, le clan kiyat, qui n'avait aucun rapport de parenté avec les Tatars, mais qui, au contraire, était leur ennemi mortel. Le père de Gengis Khan, Yesügei, fut empoisonné par les Tatars, et son fils se vengea d'eux pour cela. Les historiens russes ne cessent de rapporter l'histoire selon laquelle Gengis Khan épargna tous les enfants tatars dont la taille ne dépassait pas la roue d'une télègue, et qu'il tua tous les autres Tatars, tout en s'entêtant à parler du joug tataro-mongol. C'est un paradoxe, mais qui continue malheureusement d'exister. Les Tatars n'ont pas dirigé l'empire de Gengis Khan, et c'est le clan kiyat qui dirigea la Horde d'Or. Qui plus est, les Mongols n'ont pas participé aux campagnes de Gengis Khan.

Les ouvrages de Konstantin Inostrantsev nous apprennent que Lev Goumilev, dans ses matériaux sur l'histoire des Huns, s'est servi non seulement des traductions de sources primaires chinoises faites par Iakinf, mais aussi de traductions du chinois réalisées par des historiens occidentaux.

Contrairement à tous les autres chercheurs qui ont travaillé sur l'origine des Huns, Konstantin Inostrantsev a étudié les travaux de tous ses confrères sur la question. En guise d'exemple, je ne citerai qu'un petit extrait du livre de ce grand savant, qui expose sans parti pris et scrupuleusement son avis : « […] Vivien de Saint Martin, au début de son article, indique la différence entre les Huns et les Alains. Notant que les Alains, de par leurs coutumes, leur religion et leurs attributs physiques, ressemblaient en tous points à leurs prédécesseurs, les tribus sarmates et gothiques, il écrit que ce n'est pas du tout le cas des Huns. C'est la description de leur apparence, donnée par Ammien Marcellin et Jordanès, qui a fait croire – la première – que les Huns étaient des Mongols. Toutefois, les conclusions de von Klaproth contredisent sérieusement cette thèse : celui-ci, en s'appuyant sur les chroniques chinoises, était d'avis que les Mongols, à l'époque de l'invasion des Huns, vivaient encore loin à l'Est, en Sibérie orientale, au nord de la Mongolie actuelle, et que les immenses étendues qui les séparaient étaient peuplées d'autres peuples, turcs et gothiques. […] En outre, notre chercheur accordait une grande importance au fait que Saint Martin, qu'il tenait pour un des plus grands spécialistes des questions ethniques en Orient, distingue les Huns des Mongols.[8] »

Quant au fait que les Turcs, du IVe au VIIIe siècle, vécurent sur le territoire de l'actuelle Mongolie, aucun document n'est plus précis que les inscriptions sur les pierres de l'Orkhon et de l'Ienisseï. En outre, aucune chronique chinoise ne fait mention des Mongols avant le XIIIe siècle. Le mot « mongol » provient de l'appellation kazakhe d'un peuple de l'empire de Gengis Khan, les « Mynkol ». En 1217-18, Gengis Khan déplaça son empire nomade sur le territoire de l'actuel Kazakhstan, et les Oïrat, Tchorass, Zakhtchin, Baïat, Tchakhar, Khalkha, et d'autres, occupèrent alors les terres qu'il abandonna. C'est par un phénomène d'inertie que l'on se mit à appeler ces tribus « mongoles », parce qu'elles occupèrent les terres autrefois occupées par les Mynkol (cf. *Alternativnaïa Istoria Kazakhstana* et *Istoria Tchinghiskhana*).

Voici quelques-unes des inscriptions des pierres de l'Orkhon et de l'Ienisseï :

1. « En haut est le seigneur, maître de l'éternel ciel bleu Tengri.
2. Si le *khagan* turc ne quitte pas Etouken, le peuple ne connaîtra pas le malheur.
3. Les beys et le peuple avaient tort… La discorde entre les frères entraîna la séparation du peuple turc. »

Les pierres de l'Orkhon et de l'Ienisseï parlent des « Turcs », et non des « Tourkout », comme Lev Goumilev se plaît à l'écrire dans son livre *Drevnye Tiourki*. Comme le dit un proverbe russe qu'aurait dû connaître Goumilev : « Ce qui

---

[8] K. Inostrancev, *Hunnu i Gunny*, p. 81.

est écrit à la plume ne s'arrache pas à la hache. » Ici, le terme est sculpté dans la pierre…

Gengis Khan était un tengriste fervent, comme en témoignent Rachid al-Din dans son recueil de chroniques et l'épopée héroïque de Gengis Khan. La religion de son empire était le tengrisme, que ne connaissaient ni les Mongols, ni les autres peuples d'Asie. Toutefois, bien que l'épopée héroïque de Gengis Khan ait été écrite en ancien kazakh, à l'aide de caractères naïman anciens – que les philologues spécialisés parviennent aujourd'hui encore à déchiffrer –, et que les sources primaires citées contiennent près de mille preuves de l'origine kazakhe de Gengis Khan, certains de nos historiens et des membres de notre gouvernement, faibles d'esprit, refusent d'en convenir. En outre, toutes les lois de Gengis Khan correspondent en tous points aux inscriptions de l'Orkhon et de l'Ienisseï (cf. *Alternativnaïa Istoria Kazakhstana*, 1998, et *Istoria Tchinghiskhana*, 2001).

Konstantin Inostrantsev parle du *khagan* hun Zhizhi, le premier qui ait déplacé sa horde dans l'actuel Kazakhstan. C'est Zhizhi qui fit construire la ville de Taraz sur la rivière Talas en 48 av. J.-C., et c'est à sa suite que tous les autres Huns commencèrent à migrer vers le Kazakhstan. L'empire hunnique qui, sous la houlette d'Attila, fit campagne vers l'Ouest après s'être renforcé et être devenu une grande puissance, naquit au Kazakhstan. Konstantin Inostrantsev écrit : « Von Klaproth manque de précision lorsqu'il expose l'histoire des Xiongnu : il ne mentionne jamais la migration du *chanyu* Zhizhi.[9] » Comme on le voit, Konstantin

---

[9] K. Inostrancev, *Hunnu i Gunny*, p. 66.

Inostrantsev accordait une importance particulière à la migration du *chanyu* Zhizhi vers l'Ouest.

Inostrantsev, à l'instar de plusieurs historiens occidentaux, affirme que le mot même de « hun » possède une signification : « Le clan appelé " Khounn ", " Kounn ", " Hounn " ou de manière analogue vivait depuis les temps les plus reculés parmi les clans et les tribus nomadisant au nord du fleuve Jaune et portant dans les chroniques des Chinois, qui les connaissaient mal à l'époque, le nom de « chang jun », les " barbares des montagnes. "[10] »

En kazakh contemporain, le mot « koun » signifie « valeur ». Il s'utilise beaucoup dans les documents officiels, les lois et la littérature scientifique[11]. Il est incontestable que les mots « Khounn », « Kounn » et « Hounn » sont des mots kazakhs (turcs) désignant tous la même ethnie. Plus loin, Konstantin Inostrantsev tient pour indispensable d'avancer encore un argument : « L'avis selon lequel les Huns sont des Turcs n'est pas partagé seulement par les philologues, qui se fondent sur la ressemblance entre les noms : c'est également celui des historiens, et notamment celui de Johann Kaspar Zeuss dans son ouvrage *Die Deutschen und die Nachbarstämme*, paru en 1837 à Munich. Zeuss pense que les Huns étaient les ancêtres des Turcs, et qu'ils ont fait route jusque dans les plaines européennes depuis l'Asie du Nord-ouest.

La plupart des historiens identifient les Huns avec les Xiongnu. L'académicien Arist Kounik, plus grand historien ethnographe russe, a lui aussi ardemment défendu la théorie de l'origine turque des Huns. Avec une entière conviction, il

---

[10] K. Inostrancev, *Hunnu i Gunny*, p. 91.
[11] Cf. exemples donnés p. 131. (NdT)

a exprimé que " la composante turque n'apparaît parfaitement clairement (en Russie méridionale) que depuis l'époque de l'invasion hunnique. "[12] »

D'ailleurs, tous les historiens ethnographes russes pensent qu'il n'y a jamais eu de composante mongole en Russie méridionale et que, par conséquent, la Horde d'Or n'a jamais été un empire mongol, mais bien un empire turc. L'origine mongole de la Horde d'Or a été inventée à l'époque soviétique – dans le but d'étouffer ce qu'on appelait alors le « panturquisme » –, et n'a été soutenue que par des historiens et des écrivains kazakhs, sans principe et à la solde de Moscou.

---

[12] K. Inostrancev, *Hunnu i Gunny*, pp. 113-114.

# DE LA RELIGION DES HUNS
## (complément)

La religion de l'empire de Gengis Khan, des khaganats turcs et des Huns était la même. Dans l'empire de Gengis Khan, la religion était le tengrisme, soit le culte de l'éternel ciel bleu, de son dieu Tengri et de la terre-mère Ötüken. Tout cela est fixé à l'identique sur les inscriptions des pierres de l'Orkhon et de l'Ienisseï, ce qui prouve que les croyances de l'empire de Gengis Khan étaient les mêmes que celles des khaganats turcs.

Dans les matériaux traduits du chinois par Lev Goumilev, on trouve les éléments suivants à ce sujet : « Chaque année au printemps, les Huns sacrifiaient aux esprits des ancêtres, au ciel et à la terre. Tous les jours, le *chanyu* priait le soleil levant et la lune ascendante.[1] »

La religion des Huns est donc établie dans les archives historiques chinoises, et celle des khaganats turcs est gravée sur les pierres de l'Orkhon et de l'Ienisseï, dont les fidèles reproductions se trouvent à l'Université eurasienne d'Astana. La religion de l'empire de Gengis Khan est fixée dans les livres de Rachid al-Din, dans l'épopée héroïque de Gengis Khan, sous la plume d'Atamalik Djouvieïni, etc. (cf. *Istoria Tchinghiskhana*, 2001). Il ne peut donc y avoir aucune discussion au sujet de la filiation entre la religion des Huns,

---

[1] L. Gumilev, pp. 167-168.

celle des khaganats turcs et celle de l'empire de Gengis Khan. En outre, cette religion n'était partagée ni par les Chinois, ni par les Ougriens, ni par les Mongols. Par conséquent, non seulement du point de vue de l'appartenance linguistique – la langue des Huns, des Turcs et de l'empire de Gengis Khan était la même : le turc –, mais également du point de vue de leur religion, on peut affirmer sans craindre de se tromper que les Huns étaient des Turcs. C'est pourquoi l'affirmation de Lev Goumilev, lorsqu'il dit que les Huns étaient un peuple ougrien, peu nombreux et n'ayant jamais vécu sur les frontières avec la Chine et l'Asie centrale, ou un peuple issu du mélange des Xiongnu et des Ougriens, est complètement et clairement arbitraire. Les Ougriens n'avaient aucun rapport avec les Huns ; peu nombreux et vivant dans l'Oural, ils n'eurent aucune influence sur ceux-ci. Les Xiongnu et les Huns sont un seul et même peuple. « Xiongnu » est leur nom chinois et « Huns », leur nom européen, et ce sont des Turcs.

# LA CAMPAGNE VERS L'OUEST

Au début du IV<sup>e</sup> siècle de notre ère, les Huns, qui vivaient en Asie centrale, au sud de la Sibérie occidentale, à Roudny et dans une partie de l'Altaï, devinrent un empire fort et puissant, capable de rassembler une armée d'un demi-million d'hommes. Un pouvoir centralisé avait été restauré, la discipline était dure et sévère. Mais un trop-plein d'énergie menaçait ce peuple qui atteint bientôt l'apogée de sa puissance. Combatifs et énergiques, les Huns ne se satisfaisaient plus de leur relative inactivité : l'énergie qu'ils avaient accumulé devait trouver un emploi ; pour cela, ils avaient besoin d'un leader, un leader de génie, d'action, de décision, doté d'un immense talent militaire et de l'intelligence d'un homme d'État. Et ce leader fut trouvé en la personne du nouveau *chanyu* des Huns, Attila. Sous la direction de ce nouveau chef, les Huns se taillèrent rapidement une place dans l'histoire mondiale, et même une des meilleures.

Attila accéda au pouvoir dans l'empire hunnique en 431 de notre ère[1]. Captant l'état d'esprit de la société hunnique, qui se sentait à l'étroit en Asie centrale et en Sibérie méridionale, Attila élabora un plan d'action pour la décennie suivante. À cette époque, la société hunnique ressemblait à une énorme tasse remplie à ras bord et qui n'allait pas tarder

---

[1] T. B. Costain, *Gunny*, p. 434.

à déborder. La situation était intenable. La première action qu'Attila entreprit fut donc de commencer à migrer vers l'Ouest. Au printemps de 432, l'armée hunnique traversa la Volga et se mit en route vers le Sud-ouest, dans la direction du Don et du cours moyen et inférieur du Dniepr. Arrivée au Dniepr, elle s'arrêta. Il lui fallait conquérir de nouveaux territoires, riches en pâturages et en végétation. Bientôt, les clans nomades hunniques prirent le même chemin que leur armée et se fixèrent sur ces terres. Il est difficile de savoir quelles tribus vivaient là auparavant, les avis divergeant à ce sujet.

La même année, l'armée hunnique traversa le Dniepr, parvint au bord du Dniestr et installa son camp entre les deux fleuves. En 434, les Huns progressèrent jusqu'au bord du Danube. Ils demeurèrent sur ces terres occupées jusqu'en 443, et furent rejoints par une grande partie de leur population. Attila conçut son plan de campagne en Europe. Il décida de l'initier en anéantissant l'Empire romain d'Orient pour assurer ses arrières. La raison pour laquelle il décida de lancer cette campagne reste incertaine. Attila connaissait parfaitement la puissance des Empires romains d'Orient et d'Occident et savait que les vaincre ne serait pas une tâche aisée. Mais cela ne l'arrêta pas pour autant. Certains pensent qu'il nourrissait du dégoût à l'idée de l'existence d'un empire esclavagiste, dans lequel l'esclave n'est pas considéré comme un être humain et demeure en dehors de la loi. Dans l'Empire d'Occident, les Romains organisaient des spectacles sanglants, mettant en scène des combats entre des esclaves et des gladiateurs. Les règles en vigueur dans ces duels voulaient que l'on mette son adversaire à mort. Les Huns ne possédaient pas d'esclaves et étaient contre l'esclavage en tant que tel. On sait qu'Attila accusa les Empires romains d'Orient et d'Occident de crimes contre l'humanité. On ignore cependant s'il le fit à des fins de propagande ou s'il en était réellement convaincu. C'est en 433 qu'Attila fit part à ses proches de la nécessité d'attaquer et de détruire les Empires d'Orient et d'Occident. Puis il leur exposa son plan d'action militaire, qui comprenait les étapes suivantes :

1. Achat d'esclaves aux Empires romains d'Orient et d'Occident.

2. Octroi de la liberté complète à ces esclaves et des mêmes droits que ceux des Huns.

3. Constitution d'une armée à partir des 100 000 esclaves achetés et formation de ceux-ci à l'art de la guerre. Comme les Huns, ces esclaves devaient servir dans la cavalerie.

4. Préparation d'éclaireurs parmi les esclaves achetés : il s'agissait de leur distribuer de l'argent romain et de les expédier dans l'Empire en tant que marchands ou simples citoyens fortunés.

5. Apprentissage de la langue hunnique aux esclaves achetés et achat de femmes à leur intention.

6. Établissement de liens entre les éclaireurs et les tribus et peuples conquis et soumis par Rome. L'idée était de rallier ces derniers à la cause des Huns en échange de leur liberté.

7. Invasion et destruction de l'Empire romain d'Orient par une grande armée montée. Objectif : libérer et armer tous les esclaves, libérer les peuples soumis et réduits en esclavage et les rallier à la guerre contre l'Empire romain d'Occident. Les esclaves libérés jouèrent un rôle décisif dans les guerres d'Attila contre Rome et Byzance.

8. Campagne vers l'Ouest et destruction de l'Empire romain d'Occident.

Seul un chef d'État de la trempe d'Attila pouvait concevoir des plans aussi détaillés et meurtriers pour les Empires romains d'Orient et d'Occident. Malheureusement, à l'exception d'Amédée Thierry, tous les historiens et auteurs occidentaux, s'ils ne nient pas la participation des peuples européens à la guerre contre Rome, présentent les faits sous un jour qu'ils estiment plus favorable. Dans leur version, se soulevèrent contre la capitale non des peuples libérés de la domination romaine et de l'esclavagisme, mais des peuples et des tribus asservis par les Huns et soumis à leur volonté. On retrouve, hélas, cette version également dans l'ouvrage de Thomas Costain, grand historien des Huns, que j'ai sélectionné parmi bien d'autres sources parce qu'il contient par ailleurs énormément de matériaux factuels d'une grande véracité.

De 434 à 443, Attila prépara la guerre contre l'Empire romain d'Orient selon le plan qu'il avait élaboré. En une vingtaine d'années, il acquit, par différents moyens, plus de 100 000 jeunes esclaves physiquement forts, susceptibles de faire de bons guerriers.

La liberté complète fut accordée à ces esclaves, et on les déclara égaux en droit avec les Huns. On acheta également des femmes esclaves, qu'on leur donna pour épouses. Ces esclaves devinrent des citoyens libres, nomades et éleveurs d'animaux comme les Huns. On leur apprit la langue hunnique. On les organisa en divisions militaires dirigées par des chefs hunniques. Les anciens esclaves connaissaient bien la langue et les coutumes des Romains ainsi que toutes les localités de l'Empire romain d'Orient ; ils fournirent des renseignements extrêmement précieux sur les forces réelles des Romains, leur armée et leurs forteresses.

Dans la conception d'Attila, les troupes constituées d'anciens esclaves étaient censées renforcer considérablement l'armée hunnique et gonfler ses rangs. En outre, l'octroi de la citoyenneté hunnique et de la liberté complète à ces esclaves visait à saper les fondements millénaires de la société romaine. C'est un élément capital, que les historiens occidentaux ne notent pourtant que rapidement, ou préfèrent même parfois taire. La *Khronika tchelovietchestva* présente l'histoire des Huns sous un jour faussé et défavorable pour eux. L'historien Amédée Thierry a mille fois raison lorsqu'il dit que les Huns ont amené le progrès en Europe, en mettant à bas la Rome esclavagiste, avant de repartir. Il pense que les Huns ont accompli cette mission sans rien détruire ni rien prendre en Europe. Amédée Thierry connaissait parfaitement l'opinion d'Attila sur l'Empire romain et la considérait comme sincère. Du reste, Attila transforma ses convictions en actes, il priva Rome de ses alliés, envahit l'Italie sur les terres romaines originelles et affaiblit Rome de telle manière qu'elle ne parvint jamais à se redresser et fut anéantie par les barbares. Des millions d'esclaves dans les Empires romains d'Orient et d'Occident considéraient les Huns comme leurs libérateurs, et cela joua un rôle crucial dans les succès militaires d'Attila. Lors de la campagne d'Attila en Gaule, où des légions romaines étaient postées avec leurs alliés, des peuples libérés de la domination romaine par les Huns rejoignirent ceux-ci sans que personne ne les y force : ils voyaient leur propre intérêt dans la chute de Rome et c'est la raison pour laquelle ils se rallièrent à

Attila. Tels sont les faits que de nombreux historiens occidentaux refusent de reconnaître.

L'armée hunnique n'était constituée que d'une cavalerie qui possédait un gros avantage sur celle des Empires romains, dont les cavaliers ne possédaient pas de selles et combattaient sur des chevaux recouverts de carapaçons. Les Huns sont les premiers dans l'histoire de l'humanité à avoir fabriqué et utilisé des selles. Pendant le combat, le guerrier hun se dressait sur ses étriers, ce qui lui conférait une grande stabilité et un avantage important sur le soldat monté romain, qui se tenait assis, les jambes pendantes. La cavalerie romaine était plus faible que la cavalerie hunnique ; de ce fait, l'armée romaine misa avant tout sur ses soldats d'infanterie, ce qui renforça la supériorité des Huns, une troupe montée étant bien plus manœuvrable qu'une troupe combattant à pied. Si la Chine s'en était sortie en semant la zizanie entre les Huns, en Europe, en revanche, ce sont les Huns qui semèrent la discorde dans l'Empire romain : Rome était condamnée à perdre la guerre.

La tactique militaire des Huns touchait à la perfection. Dans l'affrontement, ils commençaient toujours par attaquer la cavalerie romaine et la détruire ou la mettre en déroute. Ensuite, avec leurs chevaux, ils encerclaient l'infanterie de tous les côtés, la forçant à rompre les rangs, tout en galopant autour d'elle et en l'assaillant de nuées de flèches. Une fois que l'infanterie était exténuée et affaiblie, la cavalerie hunnique lui portait le coup de grâce. Les Huns remportèrent d'innombrables victoires sur les Romains et leurs alliés ; une seule bataille, celle des champs Catalauniques, en 451, se termina sans net avantage d'un côté ni de l'autre, ainsi que le confirment Thomas Costain et Amédée Thierry. Toutefois, de nombreux historiens occidentaux, à l'instar de la *Khronika tchelovietchestva*, présentent cette bataille comme une défaite des Huns.

L'immense puissance des Huns, lorsqu'ils arrivèrent aux frontières de l'Empire romain d'Orient, représentait une menace sérieuse pour celui-ci. Dans l'Empire, on se mit à préparer activement la guerre contre les nomades. Constantinople espérait éviter une bataille générale contre les Huns, parce qu'elle n'était en mesure que de rassembler 200 000 à 250 000 soldats, alors que les nomades, selon des témoignages fiables, possédaient une cavalerie de plus de 300 000 hommes et une armée montée de 100 000 hommes constituée d'anciens esclaves. On prit la décision de renforcer les forteresses, d'y stocker des vivres en suffisance et d'adopter une position défensive contre les Huns. Cette stratégie, dans l'ensemble, se révéla judicieuse, et elle sauva l'Empire d'Orient de la débâcle totale. Informés du fait que les Huns avaient affranchi les esclaves qu'ils leur avaient achetés, qu'ils leur avaient octroyé tous les droits civiques et avaient constitué, grâce à eux, une armée bien entraînée de 100 000 hommes, les Romains se hâtaient de ramener leurs serviteurs en ville. Toutefois, nombreux furent les esclaves qui parvinrent à s'enfuir et à se cacher dans les forêts et les champs en attendant l'arrivée des Huns et des affranchis.

Attila amassa son armée de 400 000 hommes aux frontières de l'Empire romain d'Orient, ne laissant sur ses propres terres, pour les défendre, que 200 000 soldats ; en juillet 443, il envahit le territoire des Romains[2]. N'y rencontrant aucune résistance, son armée, en un mois, pénétra

---

[2] T. B. Costain, *Gunny*, p. 434.

dans toute la partie européenne de l'Empire d'Orient et assiégea les villes. De tous les coins de l'Empire, des esclaves en fuite commencèrent à confluer vers l'armée des Huns, lesquels leur accordaient la liberté et en faisaient des détachements auxiliaires. L'effectif total des troupes formées à l'aide d'anciens esclaves dépassait les 100 000 hommes. Avides de se venger de leurs anciens maîtres pour tous les outrages qu'ils avaient subis, les anciens esclaves détruisirent et saccagèrent tout ce qui pouvait être détruit et saccagé. Ce pays florissant se transforma en un champ de ruines. Attila ne parvint pas à contenir la haine des anciens esclaves : ils étaient trop nombreux et passaient outre ses instructions.

Ne possédant ni l'expérience, ni le dispositif nécessaires pour prendre d'assaut les villes, l'armée d'Attila, en novembre 443, fut forcée de quitter le territoire de l'Empire d'Orient. Les nouveaux détachements d'anciens esclaves s'en furent avec lui, grâce auxquels Attila mit sur pied, en trois ans, une autre armée de 100 000 hommes, à la tête de laquelle il nomma des généraux huns. Les plans finaux d'Attila visaient la destruction de l'Empire romain d'Occident, plus puissant et plus fort. Toutefois, avant cela, il lui fallait assurer ses arrières et détruire ou réduire en vassalité l'Empire d'Orient. En 446, Attila s'attela à la préparation d'une seconde campagne contre ce dernier. En juin 447, il l'envahit une nouvelle fois[3]. Une nouvelle fois, les Romains se réfugièrent dans leurs villes. Mais cette fois, Attila ne retira pas ses troupes, qui passèrent l'hiver sur le territoire de l'Empire. Au printemps de 447, plusieurs villes romaines de l'ancienne Thrace capitulèrent. Voyant que la résistance était

---

[3] T. B. Costain, *Gunny*, p. 434.

vouée à l'échec, l'empereur d'Orient Théodose II entra en négociation avec Attila et lui fit allégeance. Il versa six mille pouds d'or au chef des Huns, s'engagea à lui payer un tribut annuel de 2100 pouds d'or et à n'entreprendre aucune action contre son peuple. Au printemps de 448, Attila retira ses troupes du territoire de l'Empire d'Orient et se mit à préparer la campagne contre l'Empire d'Occident[4].

Il envoya des délégations hunniques dans tous les pays européens pour leur proposer de devenir les vassaux des Huns ; en retour, Attila leur proposait de les libérer de la domination millénaire de la Rome esclavagiste. Dans ses messages, écrits en turc et traduits dans les langues européennes, Attila annonçait que son but était de mettre à bas l'empire esclavagiste et non de conquérir et d'asservir l'Europe. De nombreux peuples européens se mirent à réfléchir. Les Huns, qui leur promettaient avant tout la liberté, commencèrent à leur apparaître préférables à leurs maîtres : c'est en cela que réside le secret de l'avancée triomphale d'Attila jusqu'à la France d'aujourd'hui et le ralliement de presque tous les pays d'Europe orientale et occidentale. Attila lança sa campagne en Europe en juin 450.

Nombreux sont les ouvrages qui font le récit de ces événements ; pour la plupart, ils s'en tiennent aux mêmes faits, ce qui est tout à fait normal : l'histoire est censée refléter la réalité. C'est Thomas Costain qui décrit le mieux la campagne d'Attila ; je me suis donc fondé avant tout sur ses informations, que j'ai complétées par d'autres sources bibliographiques sur les Huns.

---

[4] T. B. Costain, *Gunny*, p. 434.

De tous les peuples européens, seuls les Wisigoths, peuple nombreux vivant en France et en Espagne, ne se rallièrent pas à Attila, ainsi que nous l'apprend Costain : « L'empereur des Huns se surpassa pour l'occasion. Il exhiba tous les trophées qu'il avait ramenés de ses conquêtes. On décora les murs d'étendards, de tapisseries, de tapis de prière. Les tables étincelaient d'or et d'argent. Huit personnages royaux faisaient partie des convives. Il y avait des généraux et des ministres, de riches marchands et des personnages hauts placés de l'Eglise. […] Aetius[5] se souvint de ces jours qu'il avait passés, dans sa jeunesse, otage à la cour de Rugila, oncle d'Attila.[6] » Huit rois européens furent conviés à la réception que l'on donna en l'honneur d'Aetius : c'étaient des alliés d'Attila, qui appelaient également de leurs vœux la chute de Rome. Ces pourparlers ne débouchèrent sur aucun résultat, précisément en raison de la pression des alliés européens et des vassaux d'Attila. Décrivant les buts de la visite d'Aetius à Attila, avec lequel il avait passé sa jeunesse parmi les Huns, Thomas Costain écrit : « Aetius est persuadé qu'il est en position de force et qu'Attila n'osera pas porter la main sur lui. Il pense qu'il a beaucoup à gagner de cette rencontre personnelle avec le chef des Huns. Il espère vraisemblablement le dissuader d'attaquer Rome en lui proposant de mener son armée dans une autre direction, sur Constantinople, en Afrique du Nord ou en Gaule, contre les Wisigoths. Dans le pire des cas, il espère en apprendre plus sur la façon dont Attila compte attaquer Rome. Les Wisigoths détestent les Huns et il est vraisemblable qu'ils donneront

---

[5] Le commandant de l'armée romaine était venu pour mener des pourparlers avec Attila avant le début des guerres des Huns contre Rome.
[6] T. B. Costain, *Gunny*, p. 161.

l'assaut si les armées d'Attila marchent sur la capitale. Le grand khan doit donc faire un choix crucial : laisser un de ses flancs ouverts ou battre d'abord la Gaule avant de marcher sur Rome.[7] » Notons qu'ici comme ailleurs, Thomas Costain nomme Attila de son titre turc de « grand khan ».

Il apparaît clairement, dans l'ouvrage de Costain, qu'Attila opta pour la seconde stratégie : vaincre les Wisigoths en Gaule et assurer ainsi ses arrières avant d'attaquer Rome. Ce plan fut approuvé, cela ne fait aucun doute, par les rois européens qui l'avaient rejoint avec l'intention de détruire l'Empire et se libérer de son emprise. Après avoir évalué la situation, Rome décida de prêter main-forte aux Wisigoths dans la bataille qui se déroula sur les champs Catalauniques. Ce ne sont pas les Wisigoths qui vinrent au secours de Rome, mais bien Rome qui se porta au secours des Wisigoths. Toutefois, les historiens européens, se contredisant eux-mêmes, affirment que c'est Rome qui attira les Wisigoths dans la guerre contre les Huns. Après la bataille des champs Catalauniques, Attila, qui avait atteint son premier objectif – détruire les Wisigoths – se replia avec ses troupes, ce qui n'était qu'une manœuvre stratégique. Après avoir assuré ses arrières, il prépara son offensive sur la capitale. Nous décrirons, dans les chapitres suivants, la bataille des champs Catalauniques et les conséquences qu'elle eut.

Dans ses affrontements contre les Wisigoths et les Romains, Attila se servit largement des esclaves qui avaient fui pour le rejoindre, au nombre desquels on comptait de nombreux spécialistes et savants. Un de ces esclaves était le

---

[7] T. B. Costain, *Gunny*, p. 160.

géographe Nicolan[8] qui, avec l'état-major hunnique, élabora les itinéraires de progression des troupes par les localités les plus favorables. Thomas Costain raconte comment les Romains avaient capturé Nicolan, fils d'un grand propriétaire foncier, pour en faire un esclave : « La bataille s'était déjà achevée de manière tragique lorsque Nicolan gravit la colline verte où se trouvait la maison des Ildeburghs. […] Franchissant le seuil de sa maison, Nicolan vit sa mère qui se tenait debout devant le marchand d'esclaves Vannius, les mains attachées dans le dos, le visage éteint par le chagrin. […] Les yeux injectés de sang de Vannius se posèrent sur Nicolan : " Emmenez ce garçon avec sa mère. Je les vendrai tous deux, si Trigetius, qui ne pense qu'à son propre intérêt, m'en donne un bon prix, bien sûr. " " Il va nous vendre comme des esclaves ", chuchota Amanina à l'oreille de son fils.[9] " »

Les esclaves qui avaient pu s'enfuir et rejoindre Attila l'avaient fait sans réfléchir. S'ils mentionnent ce ralliement, les historiens européens ne parlent pas des troupes qu'Attila constitua avec eux ni de leur contribution dans les guerres que le chef hun livra contre les Wisigoths et Rome.

Les rois alliés d'Attila ne jouèrent en réalité qu'un rôle auxiliaire. Tout le fardeau des campagnes d'Attila reposait sur les épaules des Huns et des troupes d'esclaves affranchis. Attila déplaça son état-major de l'Empire romain d'Orient en actuelle Hongrie, ainsi que l'écrit Costain : « Attila installa son campement, qu'il appelait sa capitale, sur une plaine entre le Danube et la Tisza, à une certaine distance à la fois des fleuves et des montagnes, et ce pour deux raisons.

---

[8] T. B. Costain, *Gunny*.
[9] T. B. Costain, *Gunny*, pp. 93-94.

Premièrement, les Huns se battaient mieux à cheval, et les étendues ouvertes leur permettaient d'utiliser au mieux la force de frappe de leur cavalerie. Deuxièmement, ces terres étaient appelées « la Grande Marche » et elles étaient peuplées par les Marcomans, un peuple courageux que Rome n'avait jamais réussi à soumettre.[10] »

Attila se sentait vieillir de jour en jour, et il hâtait autant que possible les préparatifs de la guerre contre Rome. Il envoya des messagers à presque tous les dirigeants et chefs des pays et des peuples européens pour les inviter à participer à sa campagne romaine. Le message disait que les Huns ne s'installeraient pas en Europe, qu'ils n'avaient jamais eu l'intention de le faire. Il affirmait que l'Europe, déjà fort peuplée, ne constituait pas un lieu de vie adéquat pour un peuple de nomades, qui a besoin d'immenses espaces pour faire paître ses troupeaux. Attila disait qu'il possédait déjà des territoires entre le Danube et l'Irtych, inconnus des Européens. Il annonçait enfin que les Huns étaient venus en Europe avec pour seul but de la libérer du joug de l'esclavage instauré par l'Empire romain et de détruire l'esclavagisme en tant que tel. N'était-ce là qu'une démarche propagandiste de la part d'Attila ou cette missive reflétait-elle sa conviction profonde ? Difficile de le dire.

À la fin de 449, tous les empires vassaux de Rome et les chefs des tribus européennes avaient répondu favorablement à l'invitation d'Attila, à l'exception du grand peuple des Wisigoths, qui vivaient là où se trouvent aujourd'hui la France et l'Espagne, ainsi que les petits peuples des Burgondes, des Alains et des Francs, qui hésitaient encore.

---

[10] T. B. Costain, *Gunny*, p. 49.

Ces réponses permirent à Attila d'élaborer sa stratégie militaire dans les plus brefs délais. En cas d'attaque contre la capitale de l'Empire, les Wisigoths et les peuples qui les suivaient – Alains, Burgondes et Francs – étaient susceptibles de prendre son armée à revers, et d'apporter ainsi un soutien considérable aux Romains. Attila devait donc d'abord porter un coup décisif aux Wisigoths, les affaiblir et les empêcher d'entrer en guerre contre lui. Puis permettre à ses troupes de se reposer et, enfin, après avoir complété son armée par de nouvelles forces, attaquer Rome un an plus tard. Après avoir procédé à une analyse détaillée de la situation et élaboré le plan de son opération militaire, Attila prit la décision d'attaquer les Wisigoths en 451, et de marcher sur Rome en 452.

Comme le montrèrent les événements ultérieurs, il suivit son plan à la lettre. Se rallièrent à lui notamment les Ostrogoths et les Gépides. Toutefois, les Romains ne leur ayant pas permis d'entretenir des forces armées, ces derniers ne formaient que de petites divisions mal équipées, qui ne représentèrent pour Attila qu'une aide symbolique. Quoi qu'il en soit, aucun historien ne mentionne le rôle joué par les Ostrogoths et les Gépides dans la bataille des champs Catalauniques. On commença à se préparer minutieusement à la guerre, ainsi que le relate Thomas Costain : « Le nombre des légions romaines, le nom de leurs commandants, les lieux de leurs cantonnements : Attila ne laissa rien au hasard.[11] » La principale force de frappe des Huns étaient leurs 400 000 soldats cavaliers. Mais non moins menaçante était l'armée qui les accompagnait, constituée de 200 000 anciens esclaves,

---

[11] T. B. Costain, *Gunny*, p. 59.

aujourd'hui citoyens libres de l'empire hunnique, égaux en droit avec les Huns et possédant leurs propres familles et un bon niveau de vie. Cette armée était bien entraînée, bien armée et bien préparée pour la guerre. Ce sont précisément ces 200 000 hommes qu'Attila prévoyait d'envoyer contre les Romains, tandis que lui et sa cavalerie détruiraient les Wisigoths et captureraient ou tueraient leur roi. Attila savait que ce dernier avait plusieurs fils, nés de différentes femmes, et que s'il venait à périr, ses sujets se lanceraient dans une lutte de pouvoir qui les tiendraient éloignés des champs de bataille. Il savait également parfaitement que les Romains viendraient à l'aide des Wisigoths pour empêcher leur anéantissement. Il lui restait à bien déterminer l'itinéraire de ses troupes, qui devaient se déplacer en colonnes parallèles, pas trop éloignées les unes des autres, pour pouvoir se rejoindre le plus rapidement possible. C'est l'état-major d'Attila, avec l'aide de ses plus grands généraux de guerre et du jeune géographe Nicolan, ancien esclave du général romain Aetius, qui prépara ces plans. Thomas Costain décrit le moment où ceux-ci furent prêts : « " J'ai terminé selon tes ordres, Grand Khan, dit Nicolan en désignant les piles de parchemins. " Attila ne posa pas de questions. Il savait que ces documents contenaient toutes les instructions nécessaires. Ses armées, qui partiraient de l'Est, n'auraient qu'à les suivre pour savoir où et comment traverser les rivières. Tout était décrit en détail. Les quatre corps d'armée traverseraient la Dacie à la suite l'un de l'autre, et longeraient le Danube sans jamais se gêner. Les ordres seraient clairs et facilement exécutables : seul un commandant totalement incompétent aurait pu se fourvoyer. Auquel cas le coupable eût été vite retrouvé. Attila ordonna de les distribuer immédiatement.[12] » Il ressort de l'étude que Thomas Costain a faite de la campagne d'Attila que celui-ci n'était pas un chef guerrier nomade illettré et inconsistant, effectuant des attaques éclair puis se retirant. Attila avait élaboré sa stratégie et sa tactique militaires dans les moindres détails, il avait préparé ses armées pour la guerre en se servant de tous les moyens possibles pour renforcer sa position. Dans ses guerres contre les Empires romains d'Occident et d'Orient, Attila utilisa largement les anciens esclaves romains qu'il avait affranchis, sachant parfaitement que ceux-ci, libérés de leurs anciens maîtres, ne pourraient jamais se réconcilier avec eux. Attila avait formé une armée de 200 000 hommes à partir de ces anciens esclaves et leur avait offert de bonnes conditions de vie. Du plus talentueux et éduqué d'entre eux, l'Ostrogoth Nicolan – ancien esclave d'Aetius, général et commandant de l'armée romaine –, il avait fait son bras droit. Nicolan, qui possédait de vastes connaissances géographiques ainsi qu'un caractère bien trempé, fut d'une grande aide pour Attila dans ses campagnes romaines, se chargeant des missions qui exigeaient le plus de confiance et de responsabilité. En outre, Attila possédait un état-major général qui préparait soigneusement et scrupuleusement les opérations. Avant d'élaborer un plan de guerre, on analysa soigneusement les matériaux rapportés par les éclaireurs, renseignant sur la force de l'adversaire, ses armées, ses chefs, son état d'esprit, sa préparation et la composition de ses armées. L'état-major d'Attila s'intéressa particulièrement à la taille et à la force de

---

[12] T. B. Costain, *Gunny*, p. 83.

frappe de la cavalerie de l'adversaire, à l'approvisionnement financier et matériel de ses troupes et à sa stratégie militaire potentielle. Grâce à un service de renseignement sophistiqué, Attila savait que Rome enverrait une armée de près de 300 000 hommes à la rescousse des Wisigoths, des Alains et des Francs, emmenée par Aetius, et que l'ensemble de ces troupes représentait un effectif d'un demi-million d'hommes. Il eût été facile d'attaquer un ennemi possédant une armée de 100 000 hommes, mais comment organiser un assaut contre 500 000 soldats ? Attila ne pouvait espérer détruire d'un seul coup cette armée, il lui fallait d'abord remplir un seul objectif, à savoir mettre les Wisigoths hors de combat et se replier. Puis, un an plus tard, après avoir rassemblé ses forces, attaquer Rome, désormais privée de ses alliés. Tel était le plan militaire élaboré par Attila et son état-major.

Ce n'est qu'en se penchant sur cette stratégie que l'on s'aperçoit à quel point Attila mena ses opérations avec génie et éclat ; hélas, de nombreux historiens refusent de le faire. Les Huns, lorsqu'ils envahirent l'Europe, avaient à leur tête un chef de génie, qui se montra très supérieur à tous ceux qui dirigeaient Rome à cette époque-là. Attila fut le premier et le dernier stratège et homme d'État à penser à se servir, contre la Rome esclavagiste, des esclaves romains désormais affranchis. Son succès dans sa guerre contre l'Empire romain fut en grande partie dû à cette idée.

Thomas Costain décrit la situation à Rome : « Bien que la capitale se tînt, soumise, à ses pieds, et que les provinces tremblassent sous un seul de ses regards, Aetius était considéré comme un parvenu. Il était né en Silistrie, une lointaine province barbare située sur le cours inférieur du Danube. Son père, un certain Gaudentius, avait été nommé comte d'Afrique après avoir obtenu quelques succès militaires, bien qu'aucune goutte de sang noble n'ait coulé dans ses veines. Dans les familles de patriciens romains, fiers de l'ancienneté de leurs clans, il était d'usage de se chuchoter à l'oreille : " Où Aetius était-il hier ? Là où il sera demain. " […] En outre, Aetius croyait au triomphe du bon sens, et non à l'enseignement religieux de cette époque. […] Il prenait ses décisions en s'appuyant sur les informations rapportées par ses nombreux éclaireurs.[13] » L'aristocratie romaine (les patriciens), vieillissante et à l'influence déclinante, avait cédé son pouvoir à un Romain issu d'une obscure famille, Aetius. Les anciennes traditions millénaires avaient fait place au vieux principe de ceux qui ont perdu le pouvoir et qui consiste à tenter de survivre à n'importe quel prix. Le nombre des Latins dans l'Empire romain avait chuté de manière vertigineuse en raison des très nombreuses guerres extérieures et intérieures (civiles), des mœurs dissolues et de la crise démographique. L'ancienne Rome, empire puissant qui avait autrefois régné sur le monde antique de la Bretagne à la Parthie, s'était scindée en deux – l'Empire d'Occident et l'Empire d'Orient – et avait cessé d'exister. On trouve le récit de la division de Rome dans la *Khronika tchelovietchestva* : « Europe. Empire romain. 17.01.395. Théodose I$^{er}$ (le Grand), empereur de l'Empire d'Orient depuis 379 et de tout l'Empire romain depuis 394, fervent défenseur du christianisme, meurt à Mediolanum (aujourd'hui Milan). Après le décès du dernier souverain absolu, l'Empire est partagé entre ses fils Arcadius et Honorius.[14] » L'apogée de la puissance romaine correspond aux années où régnaient la suprématie de la loi et

---

[13] T. B. Costain, *Gunny*, p. 104.
[14] *Hronika čelovečestva*, p. 214.

du parlement (sénat), quand le partage du pays entre les deux fils de l'empereur était non seulement impossible, mais également impensable. Cicéron, homme politique, philosophe et grand orateur, n'eut de cesse de le répéter : « Rome la puissante périra du non-respect de la loi ». Cicéron fut assassiné. Le premier à avoir usurpé le pouvoir dans la Rome antique fut Jules, plus connu sous le titre de César. Certes, Rome connut des périodes fastes sous le pouvoir absolu de certains empereurs (Auguste), mais en fin de compte, l'usurpation du pouvoir l'affaiblit et la mena à son déclin et à sa disparition. À l'époque de l'invasion des Huns en Europe, Rome, qui avait perdu la partie orientale de son empire et son propre territoire peuplé par les Wisigoths et les Francs, n'était plus, et de loin, la grande puissance qu'elle avait été, mais elle représentait encore un poids décisif et elle dictait ses volontés en Europe centrale et de l'Est. C'est pourquoi les pays de ces régions virent en Attila un allié avec l'aide duquel ils pourraient jeter à bas leur maître esclavagiste et se libérer de son emprise.

Grâce aux informations de ses éclaireurs, Aetius savait qu'Attila avait l'intention de diriger son premier coup contre les Wisigoths. Il en fit part à l'empereur Valentinien III et reçut l'aval de celui-ci pour se lancer dans des opérations consistant, pour l'essentiel, à prêter main forte aux Wisigoths. Aetius comprenait parfaitement qu'une défaite wisigothe, inéluctable sans son aide, signifierait également la fin de l'Empire. On envoya des messagers de confiance chez les Wisigoths, les Francs, les Alains et les Burgondes pour les avertir de la menace qui se rapprochait d'eux et leur proposer de créer une armée commune sous la direction d'Aetius. Ceux-ci, qui avaient eu vent des intentions d'Attila, acceptèrent la proposition. Au début de 451, Aetius et son armée se mirent en marche vers le nord de l'Italie. On nommait alors la région qui s'étendait au sud des Alpes « Gaule cisalpine », et celle qui s'étendait au nord des Alpes, « Gaule transalpine ». Après que ses troupes se furent reposées en Gaule cisalpine et eurent fait le plein de vivres, Aetius traversa les Alpes en mai 451 et fit halte en Gaule transalpine. Là, il apprit que l'armée d'Attila se déplaçait en direction du royaume des Wisigoths, vers les plaines du nord-ouest de la France d'aujourd'hui. Cette région portait alors le nom de « champs Catalauniques ». Ne craignant plus que les Huns gagnent l'Italie, Aetius se mit en marche pour rejoindre les armées de ses alliés, ce qu'il fit au début du mois de juin. Après avoir été investi du commandement des forces alliées, Aetius convia à un conseil de guerre le roi des Wisigoths, Théodoric, ainsi que les chefs des Francs, des Alains et des Burgondes.

La stratégie militaire des Romains avait changé après leur défaite contre le général carthaginois Hannibal, le 2 août 216 av. J.-C., près de la ville de Cannes. Hannibal avait positionné ses fractions les plus faibles au centre, et ses troupes les plus fortes sur les flancs latéraux. Les 70 000 hommes de l'armée romaine avaient attaqué de toutes leurs forces au centre, en tentant de le détruire d'abord. Les flancs gauche et droit de l'armée d'Hannibal s'étaient alors refermés sur les flancs faibles des Romains pour encercler ceux-ci. L'armée romaine n'était pas parvenue à se retourner et à repousser les Carthaginois qui les assaillaient depuis l'arrière et les flancs, et elle avait été entièrement décimée. Aetius proposa à ses alliés d'adopter la stratégie des Carthaginois pour affronter Attila. L'idée était de placer au centre les

Wisigoths, les Alains, les Francs et les Burgondes, et, sur les flancs, les légions romaines, lesquelles se refermeraient et encercleraient les barbares des lointaines steppes asiatiques pour les massacrer jusqu'au dernier. La bataille des champs Catalauniques et la défaite finale de Rome s'approchaient inexorablement.

Avaient rejoint les rangs de l'armée d'Attila des détachements de ses alliés européens, principalement des troupes d'Ostrogoths et de Gépides. « Des troupes arrivèrent du Nord, et des chevaux de l'Alföld.[15] » Toutefois, Attila gardait ses alliés en réserve, et ne les préparait pas à la bataille finale. 300 000 Huns et 200 000 anciens esclaves devaient participer à l'affrontement au cours duquel tout se déciderait. Les alliés s'occuperaient de ravitailler l'armée et veilleraient aux communications. Pas un seul historien occidental ne cite la participation des Ostrogoths et des Gépides, entre autres, dans la bataille qui se déroula sur les champs Catalauniques près de Châlons. Avant de se mettre en marche, Attila tint un conseil de guerre avec ses généraux et leur présenta le plan de progression et l'itinéraire de toute les troupes jusqu'au nord-ouest de la France. Il leur distribua des cartes géographiques sur lesquelles étaient tracés huit itinéraires et indiquées toutes les localités, ainsi que les jours d'arrivée et de départ de ces localités. Tous les itinéraires étaient reliés entre eux du point de vue chronologique et l'armée devait marcher parallèlement, sans que certaines colonnes ne prennent de retard sur d'autres. Les soldats se déplaçaient non sur leur cheval de combat, mais sur un cheval de réserve, en tenant leur cheval de combat, non sellé, par la

---

[15] T. B. Costain, *Gunny*, p. 168.

bride. Cette stratégie avait toujours été celle des Huns, depuis les temps les plus reculés, à l'époque où régnait le *chanyu* légendaire Modu. Le cheval de combat n'était utilisé que lors de l'affrontement. Cette façon d'envisager les longues marches marquait la supériorité des Huns sur les Romains, qui ne possédaient pas assez de chevaux pour en fournir deux à leurs soldats. En outre, les Huns emportaient toujours avec eux des aliments non périssables de leur cuisine nationale : le « sour et » (de la viande de cheval fumée à la vapeur et à l'air libre), le « kourt[16] » et l' « irimchik » (produit à base de lait), entre autres.

L'armée hunnique parvint sans encombre au nord-ouest de la France, et fit halte sur une plaine traversée par la Marne. Une vaste étendue, tout à fait adaptée aux manœuvres de la cavalerie, s'étirait sous les yeux d'Attila. Ses éclaireurs l'informèrent que l'armée des Romains et de leurs alliés se tenait sur une plaine nommée les champs Catalauniques, à une distance d'une demi-journée de marche de là. Au centre se tenaient les campements des Wisigoths, des Alains, des Francs et des Burgondes, et à droite et à gauche étaient installés les camps des Romains. Comme toujours avant de livrer bataille, Attila rassembla un conseil de guerre. Il avait déjà affronté les Romains lors de ses deux campagnes dans l'Empire d'Orient, et il savait que ceux-ci attendaient toujours que leur adversaire frappe le premier. Ce qui leur conférait certains avantages : ils connaissaient ainsi les intentions de leur ennemi et pouvaient le recevoir d'une pluie de flèches ou d'un déluge de pierres projetées au moyen de frondes. Toutefois, cette tactique ne se montrait généralement

---

[16] Type de fromage kazakh. (NdT)

pas très efficace en cas d'attaque de la cavalerie. Attila connaissait également la tactique militaire que les Romains avaient apprise du général carthaginois Hannibal. Au conseil, Attila tint ces propos : « Aetius tentera de nous attirer vers le centre de son armée, vers les troupes des Wisigoths, des Alains, des Francs et des Burgondes. Les deux tiers de ces soldats alliés sont des Wisigoths. Ils seront accompagnés de leur vieux roi Théodoric. Une fois que nous aurons atteint le coeur de cette armée, Aetius essaiera de nous encercler depuis les flancs et l'arrière. Nous ne devons pas agir comme il l'espère. Notre mission principale consiste à détruire les Wisigoths et à éliminer leur roi Théodoric. C'est la raison pour laquelle, à la tête de 250 000 hommes, j'attaquerai le centre. 200 000 soldats – les anciens esclaves qui rêvent d'en découdre avec les Romains – et 50 000 Huns couvriront mes flancs et mes arrières et feront face aux légions romaines. Les Romains possèdent 50 000 hommes de plus que nous, mais vous devez compenser cette infériorité numérique par votre habilité guerrière et votre courage. Après en avoir fini avec les Wisigoths, je viendrai à votre aide, nous percerons le cercle des Romains et retournerons à notre camp. La destruction des Romains et de Rome ne fait pas partie de nos plans cette année : nous n'avons pour cela pas assez de ressources. Nous reviendrons en Italie l'année prochaine, après avoir rassemblé des forces importantes. Dans la bataille que nous nous apprêtons à livrer, notre mission est de détruire l'armée des alliés de Rome et de les mettre ainsi hors de combat. Je commanderai moi-même aux troupes destinées à détruire ces alliés, et je charge Oïbes[17] et Kapgaï[18] de prendre

---

[17] « Oïbas » est un cri de guerre kiptchak.

la tête des flancs et des arrières. En outre, je laisse 10 000 Huns et l'armée de nos alliés à proximité de notre état-major. Depuis la colline, ils observeront le déroulement des combats et m'enverront des messagers, ainsi qu'à Oïbes et Kapgaï. Les réservistes, qui se placeront en ordre militaire, devront se tenir à une distance visible des Romains et leur inspirer de la crainte, mais ils ne devront pas déclencher les hostilités avant que je l'ordonne. » Attila craignait en effet que ses alliés ne soient pas en mesure d'encaisser la charge des troupes romaines et qu'ils prennent la fuite, semant ainsi la panique dans toute l'armée. Pour cette bataille décisive, Attila ne comptait donc que sur les Huns et les anciens esclaves.

On n'aurait pu rêver meilleur itinéraire que celui par lequel Attila avait mené ses troupes depuis les rives du Danube jusqu'au nord-ouest de la France[19]. Le géographe Nicolan s'était révélé un homme de talent et Attila lui devait beaucoup dans le choix de ce chemin. Après cela, il lui confia des missions de très grande responsabilité.

La ville française de Châlons-en Champagne se trouve non loin des champs Catalauniques : c'est la raison pour laquelle les historiens appellent parfois cette bataille « la bataille de Châlons ». À l'aube d'un jour de juillet, Attila donna l'ordre à ses troupes d'attaquer les Romains et leurs alliés. L'affrontement commença un an après qu'Attila avait envahi l'Italie, terre d'origine de l'Empire romain. Thomas Costain décrit le champ de bataille en ces termes : « Un demi-million d'hommes en cuirasses de cuir et en bonnets rouges de feutre, portant des arcs dans le dos, faisaient face

---

[18] « Kaptagaï » a été un cri de guerre naïman jusqu'au XXe siècle.
[19] C'est également cette voie qu'emprunta, en 1914, l'armée allemande, lorsqu'elle marcha sur Paris.

aux légions romaines et aux Wisigoths. […] Le matin suivant, un million d'hommes s'affronterait dans une bataille féroce et un quart d'entre eux y trouverait certainement la mort avant le coucher du soleil. […]

Attila était assis sur son cheval, à quelques mètres de Nicolan. […] Le chef des Huns n'était pas le barbare qu'on décrivait, avide de combat, de meurtre et de destruction. Il était un fin stratège et comprenait mieux que quiconque qu'Aetius, lui aussi, préparait la bataille du lendemain.[20] »

Thomas Costain ne décrit, en face des Romains et des Wisigoths, que des Huns en cuirasses de cuir et en bonnets rouges. Ce qui signifie que les 200 000 anciens esclaves (que d'autres sources mentionnent), bien formés et bien armés, courageux, connaissant parfaitement la langue hunnique, décidés à tuer autant de Romains que possible dans la bataille – car ils les haïssaient – étaient vêtus comme des Huns et qu'on les prenait également pour des Huns. De par leur qualité militaire, les esclaves ne le cédaient d'ailleurs en rien aux cavaliers huns.

Thomas Costain poursuit sa description de la bataille : « Une seule paire d'yeux ne peut pas appréhender l'étendue de la bataille. Engagé dans la densité du combat, un soldat ne voit que ce qui se passe autour de lui : les visages furieux de l'adversaire, les haches qui s'élèvent, les lances projetées avec force. Un spectateur pourrait apercevoir un morceau de la scène, mais tout le reste est noyé dans les nuages de poussière soulevés par les chevaux. Au petit matin, la brume recouvrait encore les champs Catalauniques, dissimulant l'ennemi. Le son des clairons romains parvint jusqu'aux

---

[20] T. B. Costain, *Gunny*, pp. 169-170.

Huns ; les éclaireurs annoncèrent en criant que l'ennemi n'avait pas encore bougé. Attila, les yeux profondément enfoncés dans leurs orbites et brûlant d'un feu sombre, pointa un doigt sur Nicolan : " J'ai pour toi une mission spéciale. Je dirigerai l'attaque centrale, et j'ai besoin d'être informé du déroulement de la bataille. D'ici, tu m'enverras des messagers à cheval. Nous en avons cent, et ils patrouilleront derrière les lignes combattantes. Ils te rapporteront ce qu'ils voient et entendent, ainsi que les messages de mes généraux. Tu me feras tout rapporter aussi vite que possible. Si tu dois me faire parvenir un message important, envoie-moi une douzaine de cavaliers, pour être certain qu'au moins l'un d'entre eux parvienne jusqu'à moi. "[21] » Nicolan, un des plus proches conseillers et compagnons de lutte d'Attila, n'était pas un homme de guerre. Il s'était montré d'une grande aide dans l'élaboration des itinéraires des troupes, il avait conseillé Attila dans bon nombre de décisions politiques, dans le choix de ses alliés et dans la façon d'attirer dans ses rangs les esclaves romains ; il était donc très précieux pour le chef hun. Toutefois, les instructions concernant le combat à proprement parler, Attila les donna à son vieux frère d'armes et ami d'enfance Saljik[22], qui était également son ministre de la guerre.

Nicolan resta à l'état-major, qui était gardé par 10 000 soldats ; il y joua un rôle de premier plan. Les événements ultérieurs se déroulèrent selon le plan prévu par Attila : il attaqua les Wisigoths, placés au centre du champ de bataille

---

[21] T. B. Costain, *Gunny*, p. 173.
[22] « Saljik » est un nom que l'on rencontre fréquemment chez les Oghouz, il correspond au nom européen « Seldjouk ». Saljik est le fondateur des Turcs Seldjoukides.

par Aetius, pendant que les troupes formées par les anciens esclaves et les 50 000 Huns emmenés par Oïbes et Kapgaï couvraient ses flancs et ses arrières. Dans cette bataille, c'est Attila qui mena, et Aetius qui fut mené.

Après avoir tenté, mais sans succès, de percer la ligne de défense qui se trouvait en face de lui pour déboucher sur un flanc ou à l'arrière d'Attila, Aetius ne put empêcher celui-ci d'anéantir les Wisigoths, de les pousser à prendre la fuite et de mettre à mort leur roi Théodoric. Poursuivant les Wisigoths qui s'enfuyaient, Attila leur infligea des pertes humaines colossales et les mit pour longtemps hors de combat. En outre, une lutte prolongée pour le pouvoir débuta chez les Wisigoths après la mort de leur roi ; leur royaume ne parvint jamais à retrouver sa puissance passée et déclina, perdant sa suprématie sur les Francs et les Burgondes, ainsi que le relate la *Khronika tchelovietchestva* : « Fin du royaume des Wisigoths (507). Au début du VI$^e$ siècle, des détachements francs entreprennent de conquérir les terres wisigothes au-delà de la Loire. La population gallo-romaine du royaume des Wisigoths soutient le roi franc Clovis qui, en 496, a été baptisé selon le rite romain. De nombreuses villes et forteresses en Gaule méridionale ouvrent spontanément leurs portes aux Francs. La bataille décisive a lieu en 507, dans laquelle l'armée de Clovis bat à plate couture les détachements wisigoths. Depuis lors, les Wisigoths ne régnent plus que sur l'Espagne.[23] » Toutefois, ni la *Khronika tchelovietchestva*, ni les historiens européens n'expliquent pourquoi le royaume des Wisigoths s'est affaibli et a décliné, alors qu'ils savent parfaitement bien que les Wisigoths n'ont

---

[23] *Hronika čelovečestva*, p. 224.

jamais pu se relever de la terrible défaite infligée par Attila à la bataille de Châlons. Telle est la réalité, et l'analyse de tous les travaux et ouvrages traitant de cette époque mène infailliblement à cette conclusion.

La bataille des champs Catalauniques se termina par une grande victoire d'Attila, qui exécuta ainsi précisément son plan de campagne militaire comprenant la bataille de 451 et l'invasion de l'Italie en 452. Thomas Costain décrit la suite des opérations : « Attila descendit de la colline en direction de ses troupes et s'adressa à elles, mais seuls quelques mots isolés parvinrent jusqu'à l'oreille de Nicolan. Puis Attila se tut et, pour un instant, un silence s'abattit sur les Huns, jusqu'à ce qu'un énorme rugissement le déchire, provenant des gorges des combattants. Les soldats se mirent à avancer. La bataille commença. […] Le centre de l'armée d'Attila, emmené par son chef, progressa avec vigueur vers l'avant. Il faisait face à la fraction la plus faible de l'armée d'Aetius, les Alains et leur roi timoré, Sangiban.[24] » Au contact de l'armée romaine, Attila et ses généraux constatèrent que les informations qu'ils avaient reçues étaient correctes, et qu'Aetius n'avait pas renoncé à la stratégie romaine classique : au centre se tenaient les Wisigoths et les Alains et, sur les flancs, les légions romaines. Attila ordonna à ses généraux d'agir selon le plan prévu. Oïbes et Kapgaï devaient se déplacer le long des flancs gauche et droit de l'armée d'Aetius, constitués uniquement de légions romaines, mais ne devaient pas engager le combat les premiers. Attila devait d'abord détruire le centre de l'armée d'Aetius et, ensuite seulement, attaquer les légions romaines désormais en

---

[24] T. B. Costain, *Gunny*, p. 177.

infériorité numérique. Dans tous les cas, il valait mieux retarder le plus possible l'affrontement contre les légions.

Aetius, lui, attendait que le centre hunnique s'engage complètement dans la bataille afin qu'il soit impossible à l'armée d'Attila de se réorganiser ; à ce moment-là, il attaquerait par les côtés et encerclerait l'armée de son adversaire depuis les flancs et l'arrière. Revenons au récit de Thomas Costain : « Aetius et ses cavaliers romains faisaient face au flanc droit des Huns, sans entrer véritablement en action. […] Pendant ce temps, Attila mit sa stratégie à l'œuvre. Il comptait sur une percée rapide de la défense des Alains pour les chasser en direction des soldats de Théodoric, le vaillant roi des Wisigoths, afin de détruire et les uns, et les autres. Pour l'instant, tout se déroulait comme prévu, et une faille apparaissait déjà entre les Alains qui battaient en retraite et les cohortes romaines.[25] »

Aetius ne pouvait pas savoir qu'Attila avait étudié dans le détail son plan de bataille et que sa propre tactique se retournait à présent contre lui. Les Alains et les Wisigoths étaient condamnés : les Huns étaient plus forts qu'eux, techniquement parlant. Les soldats huns, assis sur des selles, se battaient en se dressant sur leurs étriers, ce qui leur conférait une grande stabilité. Les Wisigoths et les Alains ne possédaient pas de selles : ils se battaient assis, instables, sur le dos de leurs chevaux couverts de carapaçons. En outre, les Huns étaient armés de sabres recourbés, qui fendaient l'air et pouvaient porter des coups plus fréquents et plus précis. Les rangs des Wisigoths et des Alains se raréfièrent. À la mi-journée, après avoir perdu près de la moitié de leurs troupes,

---

[25] T. B. Costain, *Gunny*, pp. 177-178.

ils prirent la fuite. Sur leurs chevaux rapides, les Huns se mirent à leur poursuite et rattrapèrent le roi des Wisigoths Théodoric avec sa garde de mille hommes et son état-major. Ils les entourèrent et les massacrèrent jusqu'au dernier. Attila se trouvait à l'endroit où Théodoric fut mis à mort ; deux anciens esclaves de l'empereur romain Valentinien III reconnurent Théodoric et quatre de ses généraux.

Midi était déjà passé, et il était temps d'interrompre la bataille si les Romains n'engageaient pas le combat. Mais Aetius, qui avait retardé ce moment et n'avait pu éviter la destruction du centre de son armée, décida de saisir sa chance. Une grande faille s'était ouverte entre les troupes des généraux Oïbes et Kapgaï et celles d'Attila, et c'est là qu'Aetius décida de pénétrer pour frapper le chef hun là où il n'était pas protégé, à savoir sur ses arrières. Mais Attila avait prévu cela et les troupes d'Oïbes et de Kapgaï parvinrent à le couvrir, ainsi que Thomas Costain le rapporte en s'appuyant sur les historiens romains de l'Antiquité, à quelques nuances près : « Un messager arriva au galop sur le flanc gauche : "Bonnes nouvelles ! Le vieux Théodoric a été tué. Blessé, il est tombé de son cheval, qui a piétiné son crâne de ses sabots." " Ses hommes sont-ils au courant ? " " Oui, ils sont apparemment à bout de forces. Ils n'essaient même pas de prêter main-forte à Sangiban. " Nicolan, lui, ne partageait pas l'optimisme ambiant. Il attendait la riposte des Romains à tout moment. Les progrès rapides d'Attila lui paraissaient trop faciles. Si le chef hun poursuivait ses ennemis trop loin sur la gauche, les Romains pourraient alors aisément le frapper par l'arrière et prendre les meilleures troupes hunniques en tenaille. Cette idée le rendit tellement soucieux qu'il décida d'envoyer un messager à Attila. […] Même

Onegesius (ancien esclave de l'empereur Valentinien III), conscient de la gravité de la situation qui était en train de se dessiner, s'écria : " Le tigre a sauté trop loin ! Il expose ses flancs aux coups de cornes ! " Toutefois, il apparut bien vite que le chef des Huns ne s'était pas laissé enivrer par sa brève victoire sur les Alains et les Wisigoths. Laissant là sa poursuite, il s'élança avec ses troupes dans la direction opposée, à la rencontre du nouveau danger.[26] »

Après la destruction de leurs troupes centrales, il ne restait aux Romains que leurs cohortes de 300 000 hommes ainsi que 50 000 Francs et Burgondes. Aetius ne parvint pas à déboucher sur les arrières d'Attila et l'armée romaine tout entière était véritablement menacée. Mais l'après-midi était déjà bien avancé et le soir n'allait pas tarder à tomber. Dans ces régions, tout s'obscurcit rapidement après le coucher du soleil, et Aetius, doté de volonté et d'un grand talent militaire, décida de mettre les conditions à profit pour sauver son armée. Il lui fallait réorganiser ses troupes, gagner du temps sans attaquer les Huns et attendre les prochaines actions d'Attila. Les Romains et les Huns avaient inversé leurs positions. Les Romains se tenaient entre l'armée et le camp hunnique. Et les Huns se trouvaient à présent sur les positions d'origine des Romains. Pendant que les armées se réorganisaient, le soleil se couchait déjà à l'horizon, et il apparut clairement qu'aucun des deux adversaires ne remporterait la victoire ce jour-là.

Toutefois, Attila avait gagné. Il avait rempli le premier objectif de sa campagne : détruire les Wisigoths et les Alains. Si les Wisigoths, après cette défaite, parvinrent à conserver

---

[26] T. B. Costain, *Gunny*, pp. 177-178.

quelque temps leur royaume, les Alains, eux, disparurent complètement de l'histoire et plus personne ne les mentionna jamais. Néanmoins, dans la bataille contre les cohortes romaines, qui n'est qu'un épisode de la bataille de Châlons, le déclin du jour fit qu'aucune des deux parties ne remporta la victoire et que les troupes regagnèrent leurs camps. Aetius avait perdu plus de 70 000 hommes parmi ses meilleurs soldats et, un an plus tard, il serait forcé de le reconnaître, ainsi que nous l'apprend l'ouvrage de Thomas Costain : « " Je vais te dire pourquoi je ne parviendrai pas à le vaincre comme je l'ai fait à Châlons. " Aetius retenait avec peine la colère qui le submergeait. " Dans cette bataille-là, nous avons perdu nos meilleurs soldats, que nous avons remplacés par de nouvelles recrues, pas encore formées. Et nous n'avons plus d'alliés comme nous en avions autrefois. Les Huns sont en supériorité numérique.[27] " »

Les Romains ne remportèrent pas la victoire à Châlons. Les adversaires se séparèrent parce que le jour tomba. Mais les Romains y perdirent leurs alliés, les Wisigoths et les Alains. Il ne manqua pas grand-chose à Attila pour avoir le dessus sur Aetius. Il avait scindé l'armée romaine en deux et, sans la nuit qui venait, il aurait encerclé chacune des deux parties et les auraient détruites.

Thomas Costain revient à l'affrontement : « En cuirasses de cuir, les Huns, avec leurs sabres recourbés, firent face aux Romains en armures, armés de longues épées et de lances. Le combat paraissait inégal, mais les combattants orientaux étaient plus mobiles que leurs adversaires. Ils manœuvraient leurs chevaux d'une légère pression du genou et les épées des

---

[27] T. B. Costain, *Gunny*, p. 290.

Romains battaient souvent l'air, permettant aux Huns de frapper à leur tour. Les légions romaines ne perdirent pas moins d'hommes que la cavalerie d'Attila. […] La bataille avait atteint son apogée. Les deux armées menaient un combat au corps à corps sur tout le front, long de trois kilomètres. L'air était rempli de cris de fureur et de douleur, du cliquetis des épées, des hennissements de chevaux. Les hommes qui tombaient étaient piétinés, car ceux qui se battaient étaient incapables de s'occuper des blessés. Un demi-million d'hommes, d'un côté des champs Catalauniques, s'efforçait de tuer le demi-million d'hommes qui lui faisait face, et pas une minute ne se passait sans qu'un dernier souffle ne s'éteigne sur les lèvres de centaines de soldats. Jamais encore le soleil n'avait été le témoin de la mort d'une telle quantité d'hommes qu'en ce jour tragique.[28] » En réalité, les Romains perdaient la bataille, et seul le soir venu les sauva de la destruction complète. Les Huns avaient percé les rangs des Romains et les avaient séparés en deux camps. Les Wisigoths, qui avaient perdu leur roi Théodoric et tous leurs commandants pendant l'affrontement, ainsi que de nombreux combattants au cours de leur fuite, ont été mis hors de combat. Les Romains étaient désormais minoritaires et, une fois leurs rangs percés, ils auraient été rapidement encerclés et anéantis. Mais l'obscurité naissante les sauva.

Les historiens romains firent tout ce qu'ils purent pour prouver la victoire des leurs dans la bataille ds champs Catalauniques. Et bon nombre d'historiens européens, plus près de nous, se joignirent à leur opinion. Thomas Costain

---

[28] T. B. Costain, *Gunny*, p. 179.

avoue que l'objectif principal d'Attila – battre les Wisigoths et priver Rome de leurs appuis – avait été atteint, mais il se rallie parfois à l'opinion dominante des historiens européens : « Pendant ce temps, le cours de la bataille avait à nouveau changé. Les Huns avaient réussi à briser l'étau qui prenait au piège le centre de leur armée. Les rudes hommes des steppes avaient repris les positions qu'ils occupaient avant le début de la bataille. Les Romains ne semblaient pas vouloir prolonger le combat et les Goths, qui n'avaient plus le cœur à se battre, s'étaient repliés. Nicolan se dressa sur ses étriers pour mieux voir le champ de bataille. Il fut rejoint par Somutu. " Ô Tologataï[29], on dit qu'un quart des hommes est tombé. Jamais encore bataille n'avait été aussi sanglante. " Il porta un regard inquiet sur Nicolan. " Avons-nous perdu le combat ? " " Notre campagne gauloise n'avait qu'un seul objectif : éloigner les Wisigoths de la guerre afin qu'ils ne puissent pas nous nuire lorsque nous attaquerons Rome. Ils ont subi des pertes si lourdes qu'ils ne parviendront probablement pas à se relever à temps. Notre but est donc atteint. " […] Les combattants huns traversèrent les fortifications de terre. Les légions romaines regagnèrent leur camp. […] Le vent tomba et les drapeaux, des deux côtés du champ, pendaient mollement, comme découragés par cette absence de résultat après une journée de carnage.[30] »

L'erreur fatale de nombreux grands hommes d'État et de généraux du monde entier a été de vouloir sceller le destin de toute une campagne militaire dans une seule grande bataille, en s'efforçant parfois de le faire le plus rapidement possible. Un exemple frappant de cela sont les actions entreprises par

---

[29] Tologaï est un héros légendaire des Naïman.
[30] T. B. Costain, *Gunny*, p. 183.

le grand homme d'État, général et législateur Napoléon Bonaparte, qui avait remporté tant de victoires éclatantes sur les champs de bataille. Dans sa dernière campagne militaire, brûlant du désir d'en finir au plus vite avec l'armée anglaise débarquée sur le continent, Napoléon n'attendit pas le retour de l'armée du maréchal Grouchy, qu'il avait envoyée à la poursuite des Prussiens défaits. Il n'accorda pas le repos nécessaire à son armée, engagea le combat contre les Anglais près de Waterloo et perdit la bataille. Napoléon s'était laissé inspirer, cette fois, non par son génie militaire, mais par son impatience et son désir de gagner la guerre d'un seul coup. Si Napoléon avait attendu le retour des armées du maréchal Grouchy et s'était replié, même en cédant temporairement Paris, il aurait pu, après avoir rassemblé ses forces, remporter le combat. Attila ne dévia pas de son plan d'origine, à savoir détruire d'abord les Wisigoths puis, dans un deuxième temps, lancer la campagne contre Rome et lui infliger une défaite cinglante, telle que l'Empire ne s'en remettrait jamais.

Thomas Costain évoque la scène qui suivit la bataille : « Nicolan refusa de manger. Il était assis par terre, les mains pressées sur les oreilles pour ne pas entendre les cris des blessés. [...] "J'ai rêvé de cette guerre, dit-il, j'ai fait beaucoup pour Attila." [...] »

Ceux qui s'étaient réunis autour d'Attila se dispersèrent. La décision prise se répandit à la vitesse d'un feu de forêt : Attila avait donné l'ordre de se replier. Les hommes acceptèrent sa décision avec plus de joie que d'affliction. Ils préféraient la perspective d'une longue marche dans la nuit plutôt que celle d'un nouveau jour de carnage. Nicolan entendit qu'on l'appelait. Il se leva. Giso, le servant d'Attila, s'approcha de lui : " Il veut te parler. " Attila était toujours en selle. [...] " J'ai ordonné qu'on se retire. [...] Je veux connaître ton avis, ton avis sincère. Que dira-t-on de cette bataille ? Que je l'ai perdue ? " " Comment pourrait-on dire cela ? Un jour supplémentaire de combat aurait anéanti les deux armées. Mais tu ne peux pas rester ici, parce que nous n'avons plus ni nourriture pour nos hommes, ni fourrage pour nos chevaux. Pourquoi parlerait-on d'autre chose que d'un combat entre égaux et sans gagnant ? " Attila hocha la tête. Nicolan sentit que son chef avait besoin d'être rassuré sur ce qui avait été accompli. " Les Goths pleurent leur roi mort. Le bruit court qu'ils ont l'intention de se replier. Torismond, le fils aîné, est à présent préoccupé par la succession de son père. Si cela est vrai, tu peux te mesurer à Aetius d'égal à égal demain. " [...] " Nous partirons dès que tu auras préparé notre itinéraire, dit Attila. Ne perds pas de temps, ajouta le chef des Huns, nous devons partir bien avant l'aube. Je partirai le dernier : seuls mes soldats seront capables de repousser les Romains si ceux-ci se lancent à nos trousses. " [...] Aetius, apparemment, manquait de ressources pour arrêter Attila. La voie vers Rome était désormais ouverte.[31] »

Thomas Costain, qui a étudié tous les matériaux factuels sur la bataille des champs Catalauniques, écrit qu'Aetius ne possédait pas assez de ressources, ne serait-ce que pour gêner Attila dans sa progression, et que la voie vers Rome était ouverte. Cependant, Attila ne s'était jamais contenté de succès provisoires, il avait toujours agi avec une sérieuse préparation. Dans le cas présent, il considérait qu'il avait atteint son objectif principal dans la bataille et que, pour faire tomber Rome, il lui fallait se préparer tout à fait

---

[31] T. B. Costain, *Gunny*, pp. 184-187.

différemment. Attila quittait le champ de bataille en sachant qu'il attaquerait la capitale romaine une année plus tard, mais avec des capacités complètement différentes de celles dont il disposait alors. C'est en cela que sa réflexion stratégique se distingue de celle de tous les grands généraux qui l'ont précédé et suivi – Alexandre le Grand, Hannibal, César, Napoléon. Seul le grand Gengis Khan, jamais vaincu, agissait comme Attila et atteignait toujours les objectifs finaux qu'il s'était fixés. Les recherches scientifiques fondées sur les résultats de la bataille des champs Catalauniques et l'analyse méticuleuse de tout ce qui a été publié sur cet affrontement permettent de tirer les conclusions suivantes :

1. Attila a atteint son but principal en défaisant les Wisigoths au nord-ouest de la France. Leur roi Théodoric fut tué, et leur armée pratiquement détruite après leur fuite, rattrapée par la cavalerie rapide des Huns. Principaux alliés de Rome, les Wisigoths, qui auraient pu gêner l'armée hunnique lorsqu'elle aurait attaqué l'Italie, furent anéantis et mis hors-jeu. En outre, ils étaient tellement affaiblis après cette bataille qu'ils ne tardèrent pas, comme nous l'avons dit plus haut, à perdre leur structure politique et leur puissance en Europe. Ce point précis, les historiens européens préfèrent le taire, et s'efforcent, envers et contre tout, de confirmer l'opinion des historiens romains de l'Antiquité et d'Aetius, selon laquelle Attila aurait perdu la bataille des champs Catalauniques. Même Thomas Costain, dont l'objectivité dans tous ses travaux historiques ne peut être mise en doute, se contente d'affirmer qu'il n'y a pas eu de gagnant dans la bataille. Et voici ce qu'on peut lire dans la *Khronika tchelovietchestva*, qui prend appui sur les travaux des historiens romains de l'Antiquité et des historiens européens

contemporains : « Gaule, 451. Défaite des Huns. Dans la bataille des champs Catalauniques, le général romain Aetius, soutenu par des détachements militaires burgondes, wisigoths et francs, inflige une défaite à l'armée du chef hun Attila.[32] »

Voilà tout. Pas un mot sur la mort de Théodoric, roi des Wisigoths, ni sur leur fuite et leur massacre au cours du combat, ni sur la lutte pour le pouvoir qui s'empara ensuite de leur royaume, ni sur leur déclin après la bataille des champs Catalauniques. Or, le cours de l'affrontement fait on ne peut plus clairement apparaître que l'initiative était du côté d'Attila, qui détruisit le cœur des troupes adverses (Wisigoths et Alains) avant de scinder l'armée romaine en deux, et qu'il l'aurait complètement anéantie sans l'arrivée de la nuit.

2. Les Romains perdirent nettement plus de soldats que les Huns pendant la bataille. Le cœur de leur armée, constitué de 200 000 Wisigoths et Alains, fut complètement anéanti, et bien plus de 100 000 d'entre eux furent tués.

Dans l'affrontement direct avec les cohortes romaines, près de 100 000 soldats tombèrent de chaque côté. Notons toutefois qu'Attila avait placé, face aux Romains, des troupes d'anciens esclaves, qui firent preuve d'héroïsme, de solidité et d'habileté au combat. Attila n'utilisa ses Huns que pour la percée au cœur de l'armée romaine. Si Aetius perdit tous ses alliés et plus de 100 000 de ses propres soldats d'élite, Attila, lui, perdit 100 000 soldats parmi ses troupes d'anciens esclaves et 20 000 soldats huns, ce qui est tout à fait incomparable. Aetius revint à Rome totalement affaibli, tandis qu'Attila conservait intact le noyau de son armée, constituée des troupes hunniques. Tel est le véritable résultat

---

[32] *Hronika čelovečestva*, p. 220.

de la bataille des champs Catalauniques, qu'il faut donc considérer comme une victoire d'Attila.

3. Un an plus tard, avec le noyau intact de son armée, Attila surgirait sur les terres de Rome et Aetius, qui avait perdu l'essentiel de ses troupes sur les champs Catalauniques, ne serait pas en mesure de livrer bataille et se retrancherait dans la ville. Cela aurait-il pu se produire si le général romain avait vraiment remporté la bataille de Châlons ?

Attila quitta les champs Catalauniques selon un itinéraire soigneusement choisi ; sans poursuivants, il rejoignit tranquillement les rives du Danube. En chemin, il libéra des esclaves. Un grand nombre d'esclaves. Les généraux huns avaient pour mission de ratisser un territoire aussi vaste que possible, et de libérer autant d'esclaves qu'ils le pourraient, lesquels, une fois libres, s'en furent avec Attila, rejoignirent le territoire des Huns et vinrent grossir les rangs des troupes formées par les anciens esclaves. Tous ces esclaves nouvellement libérés eurent le choix de rester avec les Huns ou de partir vivre ailleurs. On octroya à ceux qui restèrent les mêmes droits qu'aux Huns. Bon nombre de ces esclaves se révélèrent d'une grande utilité pour les Huns en devenant marchands, artisans, constructeurs ou soldats.

En chevauchant vers le Danube, Attila préparait déjà le plan de sa campagne contre Rome, qu'il effectuerait en 452. Il donna l'ordre aux Ostrogoths et aux Gépides sédentaires, ainsi qu'aux autres chefs du nord et du nord-ouest de l'Europe de préparer leurs troupes et de les doter de tous les moyens nécessaires pour assiéger des villes. Il prépara ses propres troupes avec les anciens esclaves qui s'y incorporèrent de bonne grâce. Attila prévoyait de donner l'assaut en Italie du Nord en 452 avec une armée de 700 000 hommes constituée d'un noyau de 300 000 Huns et de deux armées d'anciens esclaves ayant pris part à la bataille des champs Catalauniques. Ces deux armées devaient être complétées par les esclaves nouvellement libérés. Attila planifiait en outre de lever une armée de 200 000 soldats constituée d'Ostrogoths, de Gépides, d'esclaves libérés et d'hommes d'autres pays du nord et du nord-ouest de l'Europe, dont la mission serait uniquement d'assiéger les villes. Rome était sans alliés, elle les avait perdus à la bataille de Châlons, et ne devait pas pouvoir résister à cet assaut. Attila, chef d'État génial et grand meneur d'hommes, était dans de bonnes dispositions d'esprit : il préparait calmement, mais sûrement, son ultime assaut contre la Rome esclavagiste qu'il considérait comme un fléau inacceptable pour l'humanité. Un mois après la bataille des champs Catalauniques, Attila avait déjà regagné son camp entre le Danube et la Tisza, et il ne tarda pas à se mettre au travail. La menace se transforma bientôt en réalité pour Rome.

Au matin qui suivit la bataille des champs Catalauniques, Aetius envoya ses éclaireurs à la poursuite des Huns qui avaient levé le camp. Le lendemain, en milieu de journée, les éclaireurs revinrent et rapportèrent au général romain que les Huns se situaient à présent à deux jours de marche et qu'ils continuaient à avancer. Aetius comprit qu'en dépit des lourdes pertes que son armée avait subies et de la destruction de ses alliés, les Wisigoths et les Alains, il avait la possibilité de se proclamer vainqueur de la bataille des champs Catalauniques et de s'assurer ainsi un retour triomphal à Rome. Il en avait un besoin crucial pour asseoir sa position dans la capitale et se préparer à un nouvel affrontement contre les nomades. Intelligent, Aetius savait très bien qu'Attila, dans un délai d'un an ou deux, envahirait Rome avec une grande armée et que lui résister, sans alliés, ne serait pas chose aisée. Pour l'heure, il était indispensable de rentrer à Rome triomphant et de reprendre confiance en ses forces. Aetius réunit donc ses troupes et les félicita d'avoir remporté cette victoire sur les Huns, qui s'étaient enfuis et quittaient l'Europe, et il leur accorda une semaine de repos. Il fit également collecter les armes et rechercher les corps des Romains issus de nobles lignées tombés au combat. Toutes leurs affaires furent emballées pour les rendre à leurs familles, à Rome, et leurs dépouilles furent incinérées selon la coutume romaine. L'armée prit le chemin du retour une semaine plus tard, sans se hâter. À son retour dans la capitale, Aetius reçut tous les honneurs du triomphe. La ville était en liesse. Le général était au sommet de sa gloire. Toutefois, conscient de la menace qui s'approchait, il ne retarda pas la préparation destinée à repousser un nouvel assaut des Huns. L'armée intégra de nouvelles recrues dans ses rangs. Les villes du Nord renforcèrent leurs forteresses. On forma des détachements militaires spéciaux pour défendre les villes. On y constitua des réserves de vivres suffisantes pour tenir un an. On élabora un plan de mesures d'évacuation de la population rurale vers les villes ou de leur déplacement dans le sud de l'Italie. Aetius se préparait à devoir mener une longue guerre contre les Huns sur le territoire italien. Affaiblie, Rome n'était pas en état d'avancer ses troupes sur le versant nord des Alpes pour affronter les Huns en Gaule transalpine ni d'attirer à elle de nouveaux alliés.

Rendons à Aetius ce qui lui appartient : il fit tout ce qui était en son pouvoir pour sauver Rome, et il la sauva, en semant toutes sortes d'obstacles sur le chemin des Huns vers la capitale. Mais Rome dut également son salut à des circonstances imprévues. Toutefois, ce salut lui coûta un tel prix que sa puissance en fut définitivement compromise et que, peu de temps après, elle connut un déclin qui entraîna bientôt la disparition de tout l'Empire.

Ainsi, les deux adversaires fêtaient la victoire remportée aux champs Catalauniques, et les deux adversaires se préparaient à l'ultime combat. Seuls leurs forces et leurs plans différaient. Attila préparait l'attaque et Aetius, la défense. Telle fut l'issue finale de la bataille de Châlons : un des deux adversaires (Attila), renforcé, s'apprêtait à attaquer l'autre (la Rome antique), qui avait proclamé sa victoire mais était à bout de forces et obligée d'adopter une position uniquement défensive. S'ils partent de ces constatations finales, tous les historiens devraient parvenir à la même conclusion quant au vainqueur de la bataille des champs Catalauniques ! Le vainqueur n'est autre que celui qui infligea des dommages considérables aux forces vives de son adversaire, le priva de ses alliés et, un an plus tard, déferla sur ses terres pour lui porter le coup de grâce. Le vainqueur n'est autre qu'Attila, chef des Huns. Dans toute guerre, celui qui remporte la victoire est celui qui tue le plus grand nombre de ses adversaires, et non celui qui gagne le territoire. Il faut impérativement tenir compte de cela lorsqu'on détermine le vainqueur d'une guerre. Attila possédait une réflexion stratégique profonde et ne prenait jamais de décisions à la légère. Après avoir infligé de lourdes pertes aux forces vives des Romains tout en ayant conservé l'ossature de son armée – ses troupes hunniques –, et après avoir mis hors de combat les Wisigoths, principaux alliés de Rome, Attila, conformément à la stratégie qu'il avait élaborée, regagna son campement du bord du Danube en prévoyant, un an plus tard, de donner l'assaut sur la capitale romaine pour la détruire. Pendant cette année, Attila devait renforcer son armée, ce qu'il fit. Telle est l'issue de la campagne guerrière de 451 et de la bataille des champs Catalauniques. Et cette issue est incontestable. Au-dessus de Rome s'étaient amoncelés des nuages qui plus jamais ne se dissiperaient.

En juin 452, Attila, à la tête d'une armée de 700 000 hommes, dont 200 000 Ostrogoths, Gépides et soldats d'autres pays du nord et du nord-ouest de l'Europe, traversa le Danube et se mit en marche sur l'Italie. Jamais l'Europe n'avait vu d'armée aussi colossale, même quand l'Empire romain était au faîte de sa puissance. L'armée progressait sans se hâter, ni s'épuiser dans de longues marches. Le principe fondamental des Huns était de ne pas se fatiguer en chemin et de n'agir promptement que sur les champs de bataille. Après avoir franchi le Rhin, Attila fit une halte pour répartir les domaines romains vidés de leurs habitants entre les anciens esclaves, qui étaient désormais ses plus proches compagnons d'armes. À Nicolan, Attila attribua un immense territoire sur la frontière avec le royaume ostrogoth, et il lui donna l'autorisation de posséder sa propre armée. Il est tout à fait probable qu'un des rois des très nombreux et minuscules royaumes germaniques qui existaient avant la réunification de l'Allemagne par Bismarck soit le descendant de Nicolan, grand seigneur de l'empire d'Attila. Voici comment Thomas Costain décrit l'avancée des troupes hunniques sur Rome en 452 : « La yourte en laine blanche et noire d'Attila était située au sommet d'une colline. De là, le chef hun pouvait embrasser du regard la colonne infinie de son armée qui descendait des montagnes et s'étirait au loin. On pouvait avoir l'impression que les mêmes troupes passaient et repassaient toujours au même endroit, tant les soldats se ressemblaient.[33] » À l'approche des cols alpins, Attila fut très surpris : personne ne les gardait ni ne les défendait. Le chef hun pensait que l'attaque et la prise de ces cols constitueraient l'un des plus grands obstacles de sa progression vers Rome. Or, ces cols étaient ouverts et le passage, libre. Il s'agissait sans doute d'une stratégie d'Aetius. Thomas Costain met en scène la réponse qu'Attila fit à Nicolan, l'émissaire qu'il avait envoyé à Aetius : « La situation n'est pas aussi grave que tu le penses, bien qu'Aetius, individu sans scrupules, ait entrepris de chasser les troupeaux. Il pense que le peuple peut bien mourir de faim, si l'ennemi meurt avec lui. Mais j'ai planté mon épée en terre. […] Et rien ne m'arrêtera !

J'ai avancé l'heure de mon départ en apprenant qu'Aetius avait décidé de ne pas faire garder les cols. Mes éclaireurs me l'ont confirmé. Il n'y a pas un seul aigle romain à une centaine de milles à la ronde. Est-ce un piège ? […] Je peux te dire pourquoi. […] Il s'est fait couronner de lauriers pour m'avoir battu aux champs Catalauniques. […] Et maintenant que ses anciens alliés l'ont abandonné, il ne veut pas de bataille ouverte, craignant de la perdre. […] Fabius a battu Hannibal (et les Carthaginois) en appliquant la tactique de la " guerre d'usure " après une défaite cinglante près de Cannes, préférant épuiser l'armée de son adversaire plutôt que de livrer combat. C'est exactement ce qu'Aetius a l'intention de faire. Aucun risque, aucun affrontement ouvert qui permettrait de déterminer d'un coup qui est le plus fort. Je

---

[33] T. B. Costain, *Gunny*, p. 243.

suis certain qu'il me cède les plaines pour mieux concentrer sa défense sur les collines qui entourent Rome. Le fruit mûr de la Lombardie est tombé de lui-même entre mes mains.[34] » Cependant, si les manœuvres militaires sur le territoire italien du général romain Fabius, qui refusait le combat, empêchèrent Hannibal de prendre Rome d'assaut, la Lombardie, en revanche, comptait de nombreuses villes-forteresses sans la prise desquelles marcher sur Rome était impossible, les communications risquant d'être coupées et l'armée d'Attila, privée de vivres. C'est pour ce plan d'action militaire qu'opta Aetius, ce qui prouve à quel point Rome était faible après la bataille des champs Catalauniques. Il n'y avait personne pour prendre Attila à revers. Les Wisigoths étaient hors-jeu. Rome ne possédait pas les capacités nécessaires pour affronter l'immense armée des Huns. Il ne lui restait plus qu'à espérer qu'Attila perdrait beaucoup de temps et de forces dans la prise des villes-forteresses, qu'il connaîtrait des difficultés de ravitaillement et qu'il serait ainsi empêché de donner l'assaut sur la capitale. Mais la soumission de toute l'Italie du Nord au pillage d'une armée de 700 000 hommes ne pouvait pas ne pas affaiblir Rome, dont la survie à long terme était déjà condamnée.

On ignore si Attila a véritablement envoyé un messager à Aetius, bien que les historiens européens l'affirment. Dans son ouvrage, Thomas Costain imagine en tous cas un dialogue entre Nicolan, ancien esclave d'Aetius, et Aetius lui-même : « Nicolan s'attendait à ce qu'Aetius le reçoive en privé. Mais quand on le mena à travers la longue salle aux murs de marbre, avec une estrade à son extrémité, il vit que le

---

[34] T. B. Costain, *Gunny*, p. 246.

dictateur de Rome se tenait là, entouré d'un grand nombre d'individus. Il reconnut parmi eux des généraux hauts gradés, à leurs tuniques courtes et leurs épées espagnoles, ainsi que des sénateurs et des hommes politiques, à leurs visages sévères et aux bandes pourpres de leurs toges. Tous les yeux étaient fixés sur lui lorsqu'il traversa la salle. […] " J'apporte un message d'Attila, empereur du monde et plus grand seigneur des eaux et des cieux. " […] " Je suis Aetius. Tu es le bras droit d'Attila, dont nous avons tant entendu parler. Je m'étonne qu'il ait envoyé à Rome un individu qui lui est si précieux. " Le visage austère du Romain se durcit. " Il est difficile de croire qu'un individu de ton âge et de si basse origine ait pu s'élever aussi rapidement. Peut-être Attila t'a-t-il envoyé à moi, toi mon ancien esclave, pour me signifier son mépris ? " " J'exécute ses ordres. " " Et n'en crains-tu pas les conséquences ? Je pourrais te faire crucifier en tant qu'esclave fugitif ! " " Je n'ignore pas le danger qui plane au-dessus de ma tête. Mais je suis venu avec un sauf-conduit, en parlementaire. "[35] » Thomas Costain décrit là la rencontre entre le parlementaire d'Attila, qui est contre l'esclavage, et les plus hauts dignitaires romains, qui vivent selon les règles et les lois de la Rome esclavagiste. Un homme capturé lors d'une attaque contre de paisibles citoyens et vendu sur le marché des esclaves, puis ayant recouvré la liberté, n'était rien d'autre, aux yeux des esclavagistes, qu'un hors-la-loi. On pouvait le tuer, le crucifier ou lui infliger une torture plus cruelle encore. Et voilà tout à coup que cet ancien esclave, fugitif de surcroît selon la loi de Rome, se retrouvait devant les plus hauts commandants de l'armée romaine en qualité de

---

[35] T. B. Costain, *Gunny*, p. 289.

parlementaire d'un autre État : c'était tout simplement impensable ! Thomas Costain rapporte cette scène pour illustrer l'écart existant entre deux pays complètement différents du point de vue de leurs structures socio-politiques, la Rome esclavagiste et l'Empire des Huns, qui ne connaissait ni ne tolérait l'esclavage et dont la première volonté était précisément de détruire cette Rome antique, esclavagiste et inhumaine. Et malgré tout ce qu'ont pu écrire les historiens occidentaux sur Attila, faisant du terme « Hun » le synonyme même de « barbare », c'est ce chef-là et son peuple qui libérèrent l'Europe de l'esclavagisme, en mettant à bas l'Empire romain. Cette scène de la vie romaine de l'époque, rapportée par Thomas Costain, nous le confirme, en illustrant combien l'esclavage est inadmissible pour une société qui ne l'a pas connu.

« Aetius balaya sa suite du regard. "Tu es courageux. Parle." "Mon maître, Attila, m'a chargé de te dire qu'il connaît la stratégie défensive que tu as choisie. Tu lui as cédé les plaines de Lombardie après en avoir chassé tout ce qui était vivant. Tu as fait détruire toutes les réserves de blé pour que son armée ne trouve plus une miette à se mettre sous la dent. Les garnisons des villes défendront leurs murs avec acharnement. Ta stratégie n'est pas nouvelle. Elle a déjà servi par le passé. Y compris pour défendre Rome." Les regards braqués sur Nicolan étaient brûlants de haine. Il était surpris de voir à quel point ils se ressemblaient tous, ces maîtres de la civilisation, cruels et ignorants de la justice. Par-devers lui, Nicolan se demandait tout de même si son sauf-conduit le protègerait. "Attila souhaite que vous compreniez bien le prix que vous vous apprêtez à payer. Il est prêt à brûler les forêts et à empoisonner les terres, à souiller les rivières et les lacs jusqu'à ce que la fumée de la terre agonisante soit visible depuis les plus hauts murs de la ville aux sept collines. Il s'emparera des villes et détruira les maisons en ne laissant pas une pierre debout sur une autre. La ruine sera si totale qu'on ne trouvera même plus trace de ces villes au cours des siècles prochains. […] Vaut-il la peine de sauver Rome tout en vouant à la destruction les terres fertiles qui la nourrissent ? La prudence peut-elle sauver un grand empire, qui s'est bâti sur le courage et la volonté ? " " Ce ne sont que des mots ", répondit Aetius. " Mon maître, Attila, veut que vous sachiez jusqu'où il est prêt à aller. Ces riches provinces seront écrasées avec une sauvagerie telle que le monde n'en a encore jamais connue. La fierté et la réputation de Rome seront ensevelies sous les cris des victimes et le rugissement des flammes. "[36] »

Exsangue, Rome ne pouvait pas opposer autre chose à Attila que cette tactique, si funeste pour elle-même. Elle ne pouvait envisager de bataille générale parce qu'Attila l'avait privée de tous ses alliés à la bataille des champs Catalauniques et qu'elle ne possédait elle-même pas assez de ressources pour cela. Rome ne dut son salut qu'à des circonstances qu'Attila ne pouvait prévoir. Thomas Costain rapporte l'authentique scène historique du conseil des généraux de guerre et des chefs politiques qui se tint après l'audition du messager d'Attila : « Le visage d'Aetius, auparavant rouge de colère, avait pâli d'un seul coup. Il se retourna vers sa suite. " Je savais tout depuis le début, en laissant les cols de montagne ouverts. Et je vous avais avertis du danger. […] Mais c'est le seul moyen de sauver Rome. "

---

[36] T. B. Costain, *Gunny*, p. 289.

[…] " Tu aurais pu détruire les Huns à Châlons, lui répondit une voix chargée de reproches, mais tu n'as rien fait et tu les as laissé s'échapper. " Aetius se retourna en direction de la voix : " Tu ne t'es pas battu à Châlons, Quintus Cassius, tu n'es pas un soldat. Tu ne connais la guerre que par ouï-dire. Si tu avais été présent aux champs Catalauniques, tu aurais compris pourquoi nous ne pouvions rien faire de plus. Il arrive que dans l'arène, les gladiateurs mènent un combat si acharné que les deux adversaires s'écroulent dans le sable, plus assez forts pour reprendre les armes[37]. Voilà ce qui s'est passé à Châlons. " […] Aetius se tourna à nouveau vers ses conseillers. " C'est un cri de désespoir de la part d'Attila. Il me paraît clair qu'il marche sur un fil. " " Il fera ce qu'il promet, objecta Quintus Cassius, il ruinera nos plaines. " " Oui, répondit Aetius. Mais si nous affrontons son armée, c'est Rome qui tombera. " " Nous l'avons battu à Châlons ! Pourquoi ne pas recommencer ? " […] " Nous avons perdu nos meilleurs soldats au combat, que nous avons remplacés par de nouvelles recrues. Nous n'avons plus les alliés aux côtés desquels nous nous sommes alors battus. Les Huns sont en supériorité numérique. Leur cavalerie nous débordera sans difficulté. Ce sera un massacre. […] À Châlons, c'est la civilisation que j'ai sauvée ! [38] " » Il est probable qu'Aetius sauva effectivement la civilisation à Châlons : mais quelle civilisation ? Une civilisation esclavagiste, appréciant les combats de gladiateurs !

---

[37] Des spectacles sanglants étaient organisés au Colisée de Rome pour distraire les Romains. Deux esclaves gladiateurs se battaient dans l'arène et l'un des deux devait tuer l'autre pour sauver sa propre vie.
[38] T. B. Costain, *Gunny*, pp. 289-290.

Rome fut complètement détruite par les Vandales. Mais la civilisation européenne se développa tout de même et nous la voyons à présent tel qu'elle est. La réunion au sommet de l'État romain, rapportée par Thomas Costain, est décrite de façon très diverse par les historiens européens. Mais l'essence en est la même. Rome n'avait pas la force d'affronter Attila et elle n'espérait plus qu'une issue favorable pour elle-même. Plus loin, Thomas Costain rapporte la proposition d'Attila au moment de la deuxième rencontre d'Aetius avec le messager du chef hun : « " Attila est prêt à des pourparlers de paix, à condition qu'ils débutent immédiatement. Ses revendications sont considérables. Il exige des concessions territoriales et un tribut annuel en or jusqu'à ce que les nouveaux termes d'une coexistence pacifique soient trouvés. " Le dictateur de Rome sourit avec mépris : " Il souhaite récolter les fruits de la victoire sans avoir dû livrer combat ? " " Au Nord, les provinces lombardes sont à ses pieds. Il ne les touchera pas. Il n'assiégera pas les villes et ne versera pas une goutte de sang. Voilà ce qu'il propose en échange des territoires qu'il exige. " " Je n'ai pas le pouvoir ni la volonté de céder un seul pouce du territoire conquis par Rome. " " Il se peut que nous trouvions tout de même un terrain d'entente. " […] " En ce qui concerne les pourparlers de paix, j'y réfléchirai. Mais je dois dire que j'ai de sérieux doutes sur leur utilité. Nous pouvons conclure la paix aujourd'hui et, l'an prochain, Attila reviendra avec une armée encore plus forte. Il ne respecte pas les traités de paix : il les conclut pour mieux les violer. Et puis, il y a encore ceci : ton chef n'est plus en très bonne santé, et nul autre que lui n'est capable de tenir autant de peuples sous sa domination. Lorsqu'il mourra, son empire éclatera comme une bulle de savon. Le temps travaille pour nous, conclut le Romain. " " Mais entre-temps, Attila aura détruit le nord de l'Italie et tué tous ses habitants ", prévint Nicolan. " Ils seront morts pour sauver Rome, proféra Aetius. Peut-on rêver meilleur destin ? Quant à toi, je n'ai pas encore pris ma décision. Mes respectables conseillers réclament ta tête. Mais ils oublient, contrairement à moi, qu'Attila tient un grand nombre de nos prisonniers entre ses mains, et qu'il n'hésitera pas à les faire tuer en représailles si nous t'exécutons. "[39] ».

Les traditions et les ambitions de l'Empire romain empêchèrent Aetius et son entourage de prendre la seule bonne décision qui s'imposait : celle d'entrer en pourparlers avec Attila. Les Romains avaient connaissance de la mauvaise santé du chef hun et auraient pu gagner du temps en engageant des négociations, voire en monnayant leur indépendance. Ils auraient pu ainsi éviter la destruction d'une grande partie de l'Italie, les terres du nord du pays. Visiblement, Attila sentait sa fin arriver, et il aurait été prêt, contre certains honneurs, à repartir chez lui pour y résoudre des affaires importantes. Il lui fallait impérativement désigner un ou des successeurs, et partager ses terres entre eux pour éviter que l'empire qu'il avait fondé ne disparaisse avec lui. Gengis Khan mourut en 1227 ; quatre ans avant sa mort, il partagea son empire entre ses quatre fils Djötchi, Djaghataï, Ögödaï et Toluï. Et son empire ainsi partitionné continua à exister pendant plus de trois cents ans (cf. *Istoria Tchinghiskhana*, 2001 et *Alternativnaïa istorija Oulysa Jochy-Zolotoï Ordy*, 1999). Mais Attila tarderait à prendre sa décision et son empire s'effondrerait.

---

[39] T. B. Costain, *Gunny*, pp. 287-290.

Rome ne voulait pas se battre contre Attila. Les officiers de son armée étaient conscients de l'absurdité de cette guerre et de ses conséquences funestes pour l'avenir de l'Europe. Ils firent valoir que l'Empire ne possédait plus sa puissance et sa force passées et qu'il n'était pas en mesure d'entrer en guerre contre les Huns. Ils considéraient qu'abandonner à la désolation plus de la moitié du territoire de l'Empire pour affaiblir Attila n'avait pas de sens. Ils voyaient que le nombre de morts et de blessés serait considérable si les villes étaient mises à sac. Celles-ci seraient partiellement, voire totalement détruites ; des terres agricoles fertiles seraient foulées par la cavalerie des Huns et dévastées. Ce serait la fin de la puissance de Rome. Il valait bien mieux monnayer son indépendance et attendre que les événements tournent en sa faveur, ce dont les officiers ne doutaient pas. Thomas Costain décrit la suite des événements sous la forme d'un dialogue on ne peut plus limpide pour la science historique entre Nicolan et un des officiers de l'armée romaine : « " Tu crois que vous pourrez remporter une nouvelle victoire comme à Châlons ? Jamais !, déclara l'officier avec force. Mon cher et courageux messager, ancien esclave, tu dois prendre conscience de la situation. Rome n'est plus ce qu'elle était. Regarde-moi. J'appartiens à l'une des familles les plus anciennes de la capitale, et je fais partie de l'armée uniquement parce que c'est ce qu'on attend de moi. Mais je n'ai pas la moindre envie de me battre. Je ne suis pas prêt à marcher sous un soleil brûlant pendant des jours entiers, ni à souffrir du froid la nuit pour finir taillé en pièces par des barbares. Car il est possible de l'éviter. Possible, oui, et faisable. […] L'affrontement aurait pu être évité si Aetius avait accepté de monnayer la paix. C'est ainsi qu'ils ont agi à Constantinople, et nous aurions pu, nous aussi, vivre en paix aux côtés d'Attila, si Aetius ne nous avait pas imposé d'agir selon sa vision de la situation.[40] " »

Attila attendait son émissaire. Bientôt, il apprit que celui-ci avait porté, avec loyauté et courage, son message à Aetius, et qu'il avait été fait prisonnier. Il devenait donc inutile d'attendre une réponse qui ne viendrait plus et Attila décida de passer à l'action. Il donna l'ordre aux Ostrogoths, aux Gépides et aux troupes d'anciens esclaves de partir à l'assaut des cités de Lombardie. S'ils y parvenaient, les habitants de celles-ci ne pouvaient s'attendre à aucune pitié de leur part. Ils seraient chassés de leurs villes, et celles-ci, saccagées. Les Romains le savaient, mais la fatalité les poussait à résister jusqu'à l'absurde et à voir leurs villes dévastées. Rompus à la prise des villes, les Ostrogoths et les Gépides, soutenus par les anciens esclaves, assiégèrent les cités du nord de l'Italie. L'assaut était devenu inévitable. Les nuages s'amoncelaient au-dessus de l'Empire. Mais Aetius continuait de s'accrocher à sa tactique éculée de la « guerre d'usure ». Lorsqu'Hannibal avait marché sur l'Italie, c'est Fabius qui était à la manœuvre, et qui évitait avec soin toute bataille générale. Mais il était prêt, à tout instant, à prendre à revers l'armée carthaginoise si celle-ci attaquait les cités romaines. En outre, à cette époque, les armées comptaient généralement entre 100 000 et 200 000 hommes. Fabius pouvait manœuvrer à sa guise, car Hannibal, avec ses 80 000 soldats, n'était pas en mesure de contrôler de grands territoires. La situation était totalement différente lorsqu'Attila pénétra en Italie avec ses 700 000 hommes. Une armée aussi importante pouvait contrôler d'immenses

---

[40] T. B. Costain, *Gunny*, pp. 295-296.

territoires, empêchant toute manœuvre des Romains. Il ne restait par conséquent à ceux-ci que d'attendre que les événements se déroulent, sans pouvoir les influencer en rien. C'est en cela que résida la plus grande erreur de la tactique choisie par Aetius. Rome avait perdu. Les villes romaines encerclées par Attila ne pouvaient pas soutenir les longs sièges imposés par les Huns, supérieurs en nombre : elles étaient condamnées. Thomas Costain décrit les événements de la manière suivante : « Un matin, Nicolan s'approcha d'une des fenêtres qui donnaient sur le Nord, et il comprit immédiatement qu'il se passait quelque chose. Le camp bourdonnait comme une ruche agitée. Les légionnaires, réunis en petits groupes, parlaient bruyamment entre eux. […] C'est Rufus qui lui apporta la réponse. […] " Aquilée est tombée. La garnison s'est défendue vaillamment, mais les Huns étaient plus nombreux que les grains de sable du désert. La cité est détruite. […] Il se produira la même chose dans d'autres villes. Elles sont à portée de sabot. Altinum, Concordia, Padoue, Vicence, Vérone, Bergame. Et même Milan et Pavie. " […] " Il n'y aura pas d'affrontement, répondit Nicolan. Je connais Aetius. Il ne changera pas d'avis. Il restera assis ici, et n'empêchera pas Attila de détruire une ville après l'autre."[41] » Ce récit de Thomas Costain illustre bien la situation désespérée dans laquelle Rome se trouvait alors. Or, bien que condamné, l'Empire romain fut provisoirement sauvé par l'état de santé d'Attila. En effet, celui-ci cherchait déjà un prétexte qui lui permettrait de quitter l'Italie pour résoudre les questions qui touchaient à son empire, en lien avec sa mort prochaine. Attila était

---

[41] T. B. Costain, *Gunny*, pp. 298-299.

pressé, mais l'orgueil l'empêchait de partir immédiatement. Thomas Costain décrit ce retournement de situation : « " Rome s'apprête à envoyer aux Huns le pape Léon. Il est notre dernier espoir, annonça l'officier. […] On dit que Léon est un pape puissant. Avec Aetius, c'est notre seul véritable chef. " Le jeune officier allait et venait dans la pièce. […] Aetius entra dans la pièce, accompagné par un serviteur. […] " As-tu entendu ?, demanda Aetius. Aquilée est tombée. La population est révoltée et réclame ta tête. Mais je ne la leur accorderai pas. "[42] »

Une fois libéré, l'émissaire d'Attila rejoignit son maître. Pour le chef hun, le retour de son messager signifiait que Rome était prête à négocier. Nicolan lui apprit qu'Aetius lui-même ne négocierait pas, fidèle à la stratégie militaire qu'il avait choisie, mais que le pape Léon avait été chargé d'entrer en pourparlers avec lui. Si ceux-ci aboutissaient, les gens penseraient qu'ils avaient été menés, du côté romain, non par un homme d'État, mais par une figure spirituelle, et le prestige d'Aetius n'en souffrirait pas. Ce dernier n'avait pas la haute main sur les affaires religieuses, et la décision d'entrer ou non en négociation avec Attila apparaîtrait comme du ressort du pape romain. Cette situation convenait tout aussi bien à Attila, qui sentait ses forces décliner, qu'à Aetius. Le jour approchait donc où les Huns quitteraient l'Italie et où Rome serait provisoirement sauvée. Il faut savoir également que l'église chrétienne voyait en Attila un « fléau de Dieu », envoyé en Italie à dessein de punir Rome, dirigée par des empereurs païens, des sénateurs païens, des dictateurs romains païens, pour les péchés qu'elle avait

---

[42] T. B. Costain, *Gunny*, pp. 300-301.

commis à l'égard des autres peuples. Si le pape romain parvenait à s'entendre avec Attila et que celui-ci s'en allait, cela signifierait que la religion chrétienne avait triomphé, et les païens seraient chassés du pouvoir. Le sauvetage de Rome par le pape illustrerait la supériorité de la religion chrétienne sur la religion païenne. Et les chrétiens diraient, après le départ d'Attila d'Italie, que c'était Dieu lui-même, par les prières du pape, qui en avait chassé Attila. Notons encore que les historiens occidentaux omettent de relier ce surnom de « fléau de Dieu » d'Attila aux calculs stratégiques des chrétiens romains de cette époque.

Thomas Costain nous rapporte ces événements par le récit d'un témoin de la rencontre entre le pape romain et Attila : « " Écoutez-moi. Écoutez-moi bien. Moi, Tarmanza, humble conteur, je me tenais tout près d'Attila et du Saint-Père de Rome, qu'on appelle le pape, quand ils se rencontrèrent sur les rives du Mincio. [...] Lorsqu'on sut que le Saint-Père de Rome avait l'intention de venir à la rencontre d'Attila sans un seul garde armé, de nombreux moines décidèrent de l'accompagner. J'y suis allé moi aussi, déguisé en moine. Je vis que les tentes des Huns étaient aussi nombreuses que les grains de sable sur la rive, et que le ciel était rouge de leurs drapeaux[43]. Mais je vis aussi que leurs ventres étaient vides et que l'on pouvait compter sans mal les côtes de leurs chevaux. [...] De qui vous parler en premier ? D'Attila, fléau de Dieu ? Ou du pape Léon, qui se rendit sans peur à sa rencontre pour le dissuader d'attaquer Rome ? " [...] " D'Attila ! D'Attila ! Parle-nous du fléau de Dieu ! " " De dessous mon capuchon,

---

[43] Le drapeau des Huns était rouge foncé, avec un soleil doré en son centre et des étoiles. Il ressemblait un peu au drapeau actuel de la Turquie.

j'observai ces deux grands hommes. Je remarquai tout de suite qu'Attila avait un corps de vieil homme. Le dos courbé, il était assis sur son cheval, entouré par ses conseillers et ses gardes. Mais son regard, lui, n'était pas celui d'un vieillard ! Et je pensai que devant moi se tenait un homme qui déverserait tout le mal possible sur le monde, tout en restant persuadé d'accomplir le bien[44]. Je vis les contradictions qui le déchiraient. Dans son regard dur se lisait la mort, alors qu'un œil attentif aurait pu déceler quelque chose de l'ordre de la compassion dans l'expression de ses mains. […] Le pape aussi était un homme de contrastes. C'était un pur Romain, fier et courageux. […] Mais il y avait également de la douceur et de la compassion en lui. Il paraissait prêt à mourir plutôt que de renoncer à sa foi. Le pape tendit la main au chef des Huns. Attila fit approcher son cheval d'un ou deux pas et s'inclina au-dessus de cette main, mais sans l'embrasser, à la surprise du pape. Il dit : " Ce n'est pas toi que je salue, toi qui rassembles des forces à Rome pour m'affronter, mais le Dieu que tu sers. Et dont on m'a dit beaucoup de bien. " Le regard du pape se durcit et il répondit d'une voix menaçante : " Ne juge pas trop hâtivement le Dieu que je sers, ô Attila. C'est un Dieu sévère ! Il te frappera si tu poses le pied dans sa ville sainte de Rome, comme il frappa Alaric le sauvage. " Ils parlèrent longuement. […] " Je ne doute pas des pouvoirs de ton Dieu. Il a semé la famine sur les terres parcourues par mes soldats, et nous a forcés à nous arrêter. Les légions romaines, elles, n'y sont pas parvenues. " Attila marqua une longue pause avant de continuer : " Je vais réfléchir à ce que

---

[44] Costain ne nie donc pas qu'Attila n'était pas venu en conquérant, mais pour honorer sa promesse de mettre à bas la Rome esclavagiste, c'est-à-dire, d'après les mots du conteur, pour accomplir le bien.

j'ai vu et entendu. " [...] Une heure après que le pape ait franchi le Mincio dans l'autre sens, le campement des Huns se mit à s'agiter. On démonta les tentes, on chargea les convois. Au matin, le camp de l'ennemi avait été déserté. [...] Nicolan réfléchit longtemps avant de répondre : " Attila ne craint aucun dieu. Mais sa situation était désespérée. Ses hommes étaient affamés. Aetius refusait de mettre un point final à cette guerre par une ultime bataille. Que diraient les hommes d'un chef qui avait mené son armée dans une situation aussi désespérée ? Se retirer, c'eût été avouer qu'il s'était trompé. C'est alors qu'à Attila se présenta une occasion de sauver la face. Avant de donner l'ordre du départ, crois-tu qu'il ait dit à ses généraux : " Nous aurions pu détruire l'armée romaine, mais nous ne saurions résister à la colère du Dieu puissant des chrétiens ? "[45] »

Le récit du conteur correspond tout à fait aux réalités de l'époque. Cette année-là, il avait fait une chaleur sans précédent en Italie : les rivières s'étaient taries, l'herbe avait brûlé. Parvenir à nourrir une armée de 700 000 hommes et plus d'un million de chevaux sur un territoire aussi appauvri n'était pas chose aisée. La guerre avait pris un caractère durable et l'état de santé d'Attila s'aggravait. Il prit alors la seule bonne décision qui s'imposait, celle de se retirer après avoir dévasté et affaibli l'Empire romain. Attila n'avait donc peut-être pas réussi à prendre Rome, mais il avait tout de même atteint son but en l'affaiblissant.

La chute de l'Empire romain interviendrait peu de temps après la mort d'Attila. Au départ des Huns, l'instabilité s'empara de l'Empire, pourtant millénaire. Aetius, dernier

---

[45] T. B. Costain, *Gunny*, pp. 306-310.

grand général romain, qui avait résisté à Attila et empêché que Rome fût prise, fut assassiné par l'empereur Valentinien III, lequel fut à son tour éliminé par des partisans d'Aetius. Ces événements précipitèrent la chute de Rome, comme le rapporte la *Khronika tchelovietchestva* : « Rome, 21.09.454. Assassinat du général Aetius. De sa propre main, l'empereur Valentinien III élimine Flavius Aetius qui, en 443, avait défait le royaume des Burgondes et, en 451, battu les Huns dans la bataille des champs Catalauniques avec l'aide des Germains. Six mois plus tard, l'empereur Valentinien III est assassiné à son tour par des partisans d'Aetius.[46] » L'Empire romain, millénaire, n'avait pas la force d'affronter un grand chef de guerre comme Attila et son armée de plus d'un demi-million d'hommes, mais il était affaibli au point de ne plus pouvoir résister même à l'assaut d'une tribu barbare, une des tribus vassales d'Attila. La *Khronika tchelovietchestva* évoque timidement cet épisode, y consacrant tout juste quelques lignes : « 02.06.455 : sac de Rome par les Vandales. Le roi des Vandales, Genséric, s'empare de Rome et la livre à quatorze jours de pillage par ses troupes.[47] » Trois ans encore avant la campagne romaine d'Attila, du temps où le dictateur Aetius était puissant, les Vandales n'auraient pas même songé à attaquer Rome.

L'empereur Valentinien III pensait que Rome avait été sauvée des Huns non par Aetius, qui leur avait offert en pâture le nord de l'Italie, mais par le pape. L'autorité du général déclina et l'étendue de ses pouvoirs, auparavant illimitée, se réduisit. L'agitation s'empara des hauts fonctionnaires de Rome, qui accusaient également Aetius de

---

[46] *Hronika člověčestva*, p. 220.
[47] *Hronika člověčestva*, p. 220.

lâcheté, sans prendre en compte les réalités de l'époque. Affaiblie par les guerres contre Attila, la capitale de l'Empire dut faire face à une crise politique interne et fut mise à sac par Genséric, roi des Vandales et vassal d'Attila, qui ne possédait en réalité pas de véritable puissance. Après cela, Rome trouvera néanmoins la force de se relever et de rétablir sa souveraineté, et elle continuera à exister encore 21 ans. En 476, l'empire esclavagiste tombera définitivement, comme le rapporte la *Khronika tchelovietchestva* : « Rome, 23.08.476. Chute de l'Empire romain d'Occident. Odoacre, commandant de divisions de mercenaires germains au service de Rome, renverse l'empereur Romulus Augustule et s'autoproclame roi. On considère l'année de la fondation de cette première puissance barbare sur le territoire italien, comme l'année de la chute de l'Empire romain d'Occident.[48] » Les historiens occidentaux refusent de reconnaître l'influence positive du bref séjour des Huns en Europe occidentale (451-454), alors que celui-ci a provoqué la chute de Rome et de sa société esclavagiste et l'avènement d'une société féodale de propriétaires terriens, évolution qui, en fin de compte, marqua le début du progrès en Europe et dans le monde entier. Certains auteurs rapportent les paroles qu'aurait prononcées Attila : « Les gens m'estimeront aussi parce que j'ai voulu les libérer de l'esclavage et que je me suis battu contre la Rome esclavagiste. » Attila a-t-il réellement prononcé ces mots ? Nul ne peut le dire. Mais il est impossible, en revanche, de nier la réalité de la situation dont il parle.

Ainsi disparut le millénaire Empire romain, et avec lui ses contradictions : il possédait l'agriculture et l'artisanat les plus

---

[48] *Hronika čelovečestva*, p. 222.

développés, l'architecture[49] et l'art de la construction les plus raffinés, les plus grands poètes – à l'instar de Catulle, d'Ovide, d'Horace, de Tibulle ou de Properce, qui continuent à marquer les esprits jusqu'à aujourd'hui[50] –, les plus grands historiens – Salluste, Tite-Live, Tacite, Suétone, Ammien Marcellin –, ainsi que des villes et des routes somptueuses ; mais ce même empire faisait également preuve de la plus complète inhumanité par son système esclavagiste, organisait des combats de gladiateurs, menait d'innombrables guerres en Asie, en Europe et en Afrique et était gangréné de luttes internes pour le pouvoir.

L'Empire romain d'Orient (Byzance), lui, avec sa capitale Constantinople, continua à exister pendant un certain temps, mais ne laissa que peu de traces historiques.

Attila se hâta d'atteindre son camp entre le Danube et la Tisza et quitta l'Europe. Il le fit de son plein gré : personne n'aurait pu l'y obliger. Le principal motif de son départ précipité était que, sentant sa mort arriver, il lui fallait partager son empire entre ses fils le plus rapidement possible. Il avait l'intention de le faire, ainsi que de nommer un

---

[49] Les Romains de l'Antiquité sont les premiers à avoir construit leurs villes selon un plan général. Ils inventèrent et appliquèrent le plan « radial », avec un grand centre d'où les rues partaient en éventail. De nombreuses villes d'Europe furent construites sur ce modèle.

[50] Dans les années 80 du XXe siècle, Catulle redevint un auteur à la mode ; la dernière publication d'un recueil de sa poésie date de 1986 ; on la doit aux éditions « Naouka » à Moscou :
>L'oisiveté, Catulle, t'est funeste,
>L'oisiveté te transporte et t'excite trop
>L'oisiveté, jadis, a perdu tant de rois et de villes florissantes.

(Catulle, Poème 51, traduit par Georges Lafaye (1923) et tirage revu par S. Viarre (1992), éd. Les Belles Lettres).

successeur, au *qouriltai*[51] qu'il s'apprêtait à conduire à son retour. Or il ne parvint pas à mener à bien cette mission. À la surprise générale, il mourut en 453, juste après avoir traversé les Alpes et gagné la Gaule transalpine, ainsi que le relate la *Khronika tchelovietchestva* : « Royaume des Huns, 453. Décès de leur chef Attila.[52] »

L'opinion de certains historiens selon laquelle Attila serait mort en préparant la campagne contre l'Empire romain d'Orient est erronée. Attila mourut sur le chemin du retour vers son campement permanent. Voici comment Thomas Costain décrit l'événement : « " Et maintenant je dois me reposer, consacrer plus de temps à mes enfants. […] J'ai décidé de repousser ma nouvelle campagne militaire. Ces vaillants Romains peuvent cesser de trembler, au moins pour un an. " En observant le vieillard qu'était devenu Attila, Nicolan pensa malgré lui que tout était fini, que plus jamais le chef hun ne réunirait une armée. Attila leva fièrement la tête. " Mais mes espions sont toujours en poste. Il y a quelques jours, on m'a annoncé que ce faiblard qui se fait nommer empereur romain est en train de fomenter un complot pour éliminer Aetius. Il a l'intention de convoquer le général à la cour, comme pour une audience, et de l'exécuter là, au pied de son trône. Il semble même que ce brave Valentinien va plonger lui-même son couteau dans le cœur d'Aetius. " Le visage d'Attila s'assombrit. " Je veux qu'il vive. Je ne l'ai jamais avoué auparavant, mais il m'a tout de suite plu, dès qu'il est apparu à la cour de mon oncle. […] Il

---

[51] Assemblée des guerriers. (NdT)
[52] *Hronika čelovečestva*, p. 232.

ne faut pas qu'ils l'éliminent avant que je le batte définitivement sur un champ de bataille. "[53] »

De nombreux auteurs affirment qu'Attila était au courant du complot qui se tramait contre Aetius et qu'il tenta de le prévenir. Il aurait justifié son acte par les liens d'amitié que les deux hommes avaient tissés dans leurs jeunes années, quand Aetius était otage à la cour de son oncle. Thomas Costain donne une indication dans ce sens : « "Tu iras à Rome et l'avertiras du complot qui s'ourdit contre lui."[54] » Malgré cela, il semble qu'Aetius ne prêta pas foi aux mises en garde des Huns, et il fut tué.

L'entourage d'Attila cachait soigneusement le fait qu'il était gravement malade, mais nombreux sont ceux qui l'avaient deviné : « Les Huns savaient que le dernier acte de la plus grande tragédie humaine allait bientôt s'achever. Ils devinaient qu'Attila était gravement malade et que, probablement, il mourrait bientôt.[55] » Il n'était pas rare que les chefs du monde antique, pour semer le doute sur la maladie dont ils souffraient et attiser l'espoir d'un prompt rétablissement, se marient. C'est également ce que fit Attila. Historiquement, il est important de décrire de manière relativement détaillée le dernier épisode de la vie d'un grand homme du passé, dont les actes représentèrent un tournant non seulement pour l'histoire de l'Europe, mais également pour celle de l'humanité ; ce n'est pas pour rien qu'autant de livres ont été écrits sur Attila et qu'autant de recherches historiques ont été menées. Aucun autre homme d'État et général du passé n'a fait l'objet d'autant d'attention. Thomas

---

[53] T. B. Costain, *Gunny*, pp. 413-414.
[54] T. B. Costain, *Gunny*, pp. 413-414.
[55] T. B. Costain, *Gunny*, p. 415.

Costain rapporte fidèlement les derniers jours d'Attila et de l'empire des Huns : « " Je sais toujours ce que pensent mes sujets. Et je sais quelles idées tournent actuellement dans vos têtes. Vous êtes nombreux à penser que je ne pourrai plus vous conduire à la bataille. Vous écoutez les Romains, qui sont rentrés dans leurs palais de marbre et retournés à leur goinfrerie, à leur débauche et à leurs bains chauds, pensant que le redoutable nuage du danger a disparu du nord de leur horizon. Ils chantent, dansent et affirment que leur grand pape a effrayé l'empereur ignare des Huns. Derrière les murs de Byzance, ils murmurent avec soulagement qu'ils se sont débarrassés des barbares. Comme vous vous trompez, si vous croyez à leur stupide bavardage et ne comprenez pas que leurs paroles ne contiennent pas une once de vérité ! Je conquerrai Rome et mettrai Constantinople à genoux. […] Mais pas l'an prochain. Mes guerriers ont été trop longtemps en selle. Ils ont besoin de repos. Je promets au monde et à tous ses habitants douze mois de paix. […] Les années qui suivront, en revanche, que les poltrons de Rome tremblent sur leurs sept collines et en appellent à leur dieu ! Attila entrera à nouveau en guerre ! […] On dit également que je suis trop vieux pour prendre une nouvelle épouse. […] Sachez que j'aurai encore de nombreux fils et de nombreuses filles. […] " Attila se tut et porta son regard sur sa nouvelle femme.[56] »

Ici, Thomas Costain se livre à une description de la situation historique d'alors dans une Europe qui s'attendait à une nouvelle attaque des Huns. Or, les Huns et leur chef Attila avaient déjà rempli leur mission européenne. S'ils

---

[56] T. B. Costain, *Gunny*, pp. 419-420.

n'avaient pas totalement détruit la Rome esclavagiste, ils l'avaient du moins affaiblie au point qu'elle ne tarderait pas à tomber et qu'une nouvelle ère débuterait en Europe, le Moyen Âge, avec ses liens féodaux, ses guerres de Trente et de Cent ans et ses croisades, mais sans esclavage, ce qui permettrait de développer un nouvel esprit et mènerait finalement l'Europe à la prise de la Bastille, à Napoléon, qui abolit le féodalisme, et aux fondements du capitalisme. En fin de compte, l'Europe parviendrait là où elle en est aujourd'hui. Mais cette nuit-là, Attila passa de vie à trépas. Récit de Thomas Costain : « " Je ne sais pas, chuchota Ildico (sa nouvelle épouse), à peine sommes-nous entrés ici qu'il s'est mis à chanceler. J'ai tenté de le soutenir, mais il s'est écroulé sur le lit. Je l'ai regardé. Du sang s'est mis à jaillir de sa bouche comme un ruisseau. […] Ils penseront que c'est à cause de moi ! Ils diront que c'est moi qui l'ai tué ! "[57] » Ce récit de la mort d'Attila est tout à fait digne de foi. Mais la version selon laquelle Attila fut assassiné par sa nouvelle épouse pendant son sommeil est très répandue parmi les peuples turcs. Par analogie, ils pensent que Gengis Khan et Tamerlan furent également assassinés par leurs nouvelles femmes pendant qu'ils dormaient, ce qui montre l'importance des histoires et des légendes chez les Turcs.

Attila mourut en laissant derrière lui un empire immense, qui s'étendait de l'Asie centrale aux frontières orientales de la France. Les pays et les peuples européens étaient ses vassaux. Byzance lui versait un tribut et Rome attendait dans l'effroi une nouvelle de ses attaques. Cet empire, très hétérogène, devait sa solidité aux circonstances suivantes. Le territoire

---

[57] T. B. Costain, *Gunny*, p. 423.

qui s'étendait de l'Altaï et du Tarbagataï au Dniepr était peuplé par des Huns, auxquels étaient soumis d'autres petits peuples et nationalités : des tribus finno-ougriennes, essentiellement, qui vivaient sur le cours supérieur de la Volga et dans l'Oural, et des Avars, entre autres. Ces terres étaient le territoire d'origine des Huns, leur base principale et leur appui[58]. Les peuples et les pays européens avaient spontanément rejoint l'empire d'Attila pour deux raisons principales :

1) il leur était impossible de faire face à l'immense armée d'Attila, aguerrie et bien organisée ;

2) ils voulaient se débarrasser de la mainmise de l'Empire romain esclavagiste. Les pays et les peuples européens – Ostrogoths, Gépides et autres – ne connaissaient pas l'esclavage et refusaient d'être soumis à un peuple esclavagiste. Les campagnes d'Attila affaiblirent considérablement Rome, qui cessa d'être un danger pour les vassaux des Huns. Mais bientôt ceux-ci se fatiguèrent également du pouvoir des Huns. La mort d'Attila fut l'événement qui leur permit de se libérer et de recouvrer leur autonomie. Ce qui compliqua fortement la situation des héritiers d'Attila, qui voyaient que leurs anciens sujets étaient susceptibles, à n'importe quel moment, de se transformer en ennemis.

Attila mourut sans avoir eu le temps de désigner un successeur. Ses nombreuses femmes lui avaient donné de nombreux descendants. Après sa mort, il apparut clairement qu'aucun de ses fils ne monterait sur le trône. Du vivant d'Attila déjà, ses fils étaient à la tête de territoires distincts, et

---

[58] En kazakh : « medet ».

après sa mort, l'empire des Huns se morcela et ne tarda pas à disparaître. Une partie d'entre eux, emmenée par un des fils d'Attila, demeura entre la Tisza et le Danube, là où se trouvait leur campement ; les autres commencèrent à refluer vers leurs terres d'origine. Seuls ceux qui restèrent entre le Danube et la Tisza continuèrent de s'appeler « Huns » ; les autres, après un certain temps, se mirent à se nommer « Turcs ».

Les empires nomades se divisaient et se recréaient, en changeant de nom à chaque fois. Ce fait historique a été établi par les savants européens. Konstantin Inostrantsev, dans son ouvrage fondamental publié par la suite sous le titre de *Khounnou i Gounny*, écrit : « Le nom des Huns disparut complètement, comme il est d'usage chez les Tatars (Turcs) où la horde, une fois parvenue au pouvoir, donne son nom à tout le peuple. Ce genre de transformation d'un peuple en un autre est très fréquent chez eux. On ne peut pas comprendre l'histoire de ces peuples sans connaître cette coutume. Ou alors il faut admettre qu'en dix ans environ, un peuple qui occupait un territoire gigantesque fut rayé de la surface de la terre et qu'à sa place un autre peuple apparut, complètement inconnu jusque-là. De Guignes qui, le premier, étudia la question, comprit parfaitement ces transformations politiques (et non ethniques), qui échappèrent à certains historiens bien plus tardifs.[59] » Cet ouvrage d'Inostrantsev parut tout d'abord dans le journal *Zhivaïa Starina* en 1900[60]. De nombreux historiens d'aujourd'hui, y compris au Kazakhstan, ne veulent pas admettre la « découverte » des grands turcologues

---

[59] K. Inostrancev, *Hunnu i Gunny*, p. 8.
[60] Numéros III-IV ; avec commentaire-recension de l'auteur dans le même journal en 1901 à l'occasion de la deuxième parution.

du passé. Et pourtant, cette « découverte » est aussi importante pour l'histoire des peuples nomades que la découverte, pour la science, des lois de l'électricité, sans laquelle notre vie contemporaine serait impensable. C'est grâce à cette « découverte » que l'on peut établir scientifiquement comment un peuple changea de nom, devint *mynkol* à l'époque de Gengis Khan, *nogaïli* à l'époque de l'*oulous* de Djötchi et de la Horde d'Or, et *kazakh* après la dissolution de celle-ci. En outre, si le nom de *mynkol* engendra les noms de *moghol* (l'empire des grands Moghols en Inde) et de *mongol*, appellation dont on a, à tort, nommé le peuple vivant sur le territoire abandonné par Gengis Khan, le nom de *nogaïli*, lui, a totalement disparu. Néanmoins, le peuple de nomades qu'il désignait continua d'exister, et ce sous le nom de *kazakh*. D'après Inostranstev, il s'agit là du résultat de transformations politiques, et non ethniques. C'est en cela que réside la valeur de la « découverte » des turcologues. Elle permet d'expliquer facilement comment un peuple qui occupa d'énormes territoires et fit irruption en Europe avec Attila à sa tête, changeant le cours de l'histoire mondiale, a pu disparaître subitement. C'est qu'il n'a pas disparu, il a seulement changé de nom : les Huns sont devenus les Turcs.

Sur les immenses étendues eurasiennes se forma le khaganat turc. La mort d'Attila marqua la fin de l'ère des Huns, mais aussi le début de l'ère des Turcs, même peuple portant un autre nom. Conformément à leurs traditions, les Huns avaient donné aux rivières le nom de leurs grands chefs : ils avaient baptisé la Volga « Edil[61] », l'Irtych « Ertis », l'Ichim « Essil », l'Ilek « Elek », et avaient baptisé notamment la Keles. Les noms de ces rivières permettent de redessiner le territoire alors occupé par les Huns.

L'ère des khaganats turcs commença donc, qui existèrent près de quatre siècles après la mort d'Attila, avant de se diviser en plusieurs peuples turcs : les Oghouz, les Alach et les Karlouk, entre autres. Le premier témoignage écrit sur les Turcs remonte au VIe siècle, comme le rapporte la *Khronika tchelovietchestva* : « Asie, 552. Premier empire turc. Les Turcs apparaissent pour la première fois dans l'histoire. Ils détruisent l'empire des Ruanruan à l'est de l'Asie centrale.[62] » Quatre-vingt-dix ans après la mort d'Attila, survenue en 453, les Huns, qu'on appelait déjà « Turcs », se regroupèrent donc une nouvelle fois pour redevenir un empire puissant, comme l'indique la *Khronika*. Après leur départ d'Europe, les Huns (Turcs), dont la population avait doublé, voire triplé en cent ans, commencèrent à manquer de pâturages et ils se mirent en mouvement vers l'Est, jusqu'à la frontière avec la Mandchourie, sur le territoire de l'actuelle Mongolie. C'est précisément à cette époque que le clan kiyat, duquel est issu Gengis Khan, apparut sur les rives de l'Amou-Daria, au niveau de son cours moyen, et fonda la ville de Kiyat, rebaptisée Berouni, dans les années soixante-dix du XXe siècle, par l'ancienne République socialiste soviétique d'Ouzbékistan. L'actuelle Mongolie et le Kazakhstan chinois[63] étaient alors occupés par le très puissant

---

[61] Nom hunnique d'Attila. Aujourd'hui encore, les Kazakhs et les Tatars désignent la Volga ainsi.
[62] *Hronika čelovečestva*, p. 228.
[63] Chinois depuis 1896.

empire ruanruan. Mais le non moins puissant empire des Turcs (Huns), à l'histoire plusieurs fois millénaire et aux grandes traditions guerrières, forgées lors de leurs guerres contre la Chine et en Europe, parvint sans trop de peine à vaincre les Ruanruan et à les repousser loin à l'Est pour occuper leurs terres. C'est ce dont témoignent les inscriptions de l'Orkhon et de l'Ienisseï, gravées sur des pierres entre le VI$^e$ et le VIII$^e$ siècle. Les inscriptions datant du VI$^e$ siècle prouvent que déjà à cette époque, des Turcs (Huns) occupaient le territoire de l'actuelle Mongolie et de la Mongolie-Intérieure (RPC). Elles indiquent aussi qu'ils étaient adeptes du tengrisme, la religion qui était déjà la leur du temps de Modu et l'était restée jusqu'à l'époque d'Attila. À l'instar de Gengis Khan, ils priaient donc Tengri, seigneur de l'éternel ciel bleu, ce qui, entre autres faits avérés, serait déjà largement suffisant pour déduire que Gengis Khan était d'origine kazakhe (cf. *Alternativnaïa Istoria Kazakhstana* et *Istoria Tchinghiskhana*). Il existe toutefois un très grand nombre d'autres fondements et preuves scientifiques qui permettent de le démontrer. Notons encore que les Mongols et les Chinois, qui revendiquent l'héritage de Gengis Khan, n'ont jamais connu le tengrisme.

À l'époque même où les Turcs (Huns) recouvrèrent une certaine puissance et que le khaganat turc vit le jour, ce dont attestent les inscriptions de l'Orkhon et de l'Ienisseï effectuées par le *khagan* Köl Tegin, le peuple commença à se diviser en plusieurs groupes, notamment les Oghouz, les Alach et les Karlouk. Les inscriptions relatent également le début de cette scission, qui s'est vraisemblablement produite à la fin du VIII$^e$ siècle. Comme chacun sait, le khaganat turc a donné naissance au khaganat turc occidental et au khaganat turc oriental. Le khaganat turc occidental, constitué par les Oghouz et les Karlouk, occupait les actuels *oblys* kazakhs de Djamboul, du Kazakhstan-Méridional et de Kyzylorda ainsi que l'Ouzbékistan, le Kirghizistan et le Turkménistan. C'est de là que les Turcs Seldjoukides partirent pour envahir l'Iran ; en 1040, ils anéantirent les troupes du très puissant empire de Ghazni, qui comprenait une partie de l'Afghanistan et l'Iran, comme le rapporte la *Khronika tchelovietchestva* : « Asie occidentale, 1040. Conquête des Turcs Seldjoukides. Tughrul Beg, petit-fils de Seldjouk, chef de l'union tribale des Oghouz, bat Masud de Ghazni, lors de la bataille de Dandanakan, et fonde l'empire des Seldjoukides, dans le Khorassan. En 1050, il s'empare de Bagdad et reçoit le titre de sultan de la part du calife.[64] » Cet événement fut un jalon important de la nouvelle histoire des Turcs : la création de l'empire turc seldjoukide illustre le démembrement des Oghouz en trois grands peuples : les Turcs, les Azéris et les Turkmènes. En outre, pour la première fois dans l'histoire millénaire des Turcs (Huns), un des peuples turcs, celui dont le chef avait reçu le titre de sultan de la part du calife de Bagdad, se convertit à l'islam. Ainsi, l'an 1040 peut être considéré comme celui de la division des Turcs, non seulement en différents clans et peuples, mais également du point de vue de la religion. Le plus important, parmi tous les peuples turcs, adopta l'islam, alors que les autres continuèrent de prier Tengri. Après 1040, plus jamais les peuples turcs ne formeraient un seul peuple et une seule entité étatique.

---

[64] *Hronika čelovečestva*, p. 284.

Le khaganat turc oriental, dont faisaient partie les Alach et les Tatars, demeura un peuple de nomades ; il occupait d'immenses territoires : la Mongolie, le Kazakhstan chinois, la République du Kazakhstan et les régions méridionales de la Russie et de l'Ukraine. Toutefois, au IX$^e$ siècle déjà, les Alach se divisèrent en six groupes qui donnèrent naissance aux actuels clans kazakhs : les Kiptchak, les Arghyn, les Kangly et les Wusun nomadisaient au Kazakhstan et au sud de la Russie et de l'Ukraine, alors que les autres clans kazakhs, les Kiyat, les Naïman, les Konggirat, les Kereyit, les Merkit, les Djalaïr et les Manghit, notamment, faisaient paître leurs troupeaux en Mongolie et au Kazakhstan chinois. Les Kiyat, les Naïman, les Kereyit, les Merkit et les Kiptchak possédaient des structures étatiques et leurs propres khans[65], tandis que d'autres clans nomadisaient librement. En 1206, les Alach furent réunis de force par Gengis Khan qui créa alors l'empire des Mynkols.

Ainsi se termina l'histoire des Huns, de l'époque du premier *chanyu* Modu jusqu'à celle d'Attila et des khaganats turcs. Et ainsi commença une nouvelle ère pour les Huns, désormais appelés « Turcs ». Il serait plus juste d'appeler les peuples turcs d'aujourd'hui les peuples « hunniques », ce qui permettrait de rétablir la continuité de leur histoire. Car le nom originel de ce groupe de peuples n'est pas « les Turcs », mais « les Huns ». Il n'est pas favorable de renoncer au nom d'origine d'un groupe de peuples qui joua un rôle majeur dans l'histoire, et de l'appeler par son deuxième nom. Car il est prouvé que les Huns et les Turcs sont en réalité un seul et même peuple. Par conséquent, d'un point de vue scientifique,

---

[65] Le titre de « khagan » s'était transformé en « khan ».

il serait non seulement plus objectif, mais également plus logique, de rebaptiser le groupe des peuples turcs en groupe de peuples hunniques. Si nous y parvenons, il s'agira d'une des plus grandes avancées de la turcologie, et tout reviendra à sa place. Dans ce cas, les racines historiques des peuples turcs d'aujourd'hui remonteront au XII$^e$ siècle av. J.-C., et non plus uniquement au VI$^e$ siècle de notre ère, date de la plus ancienne mention des Turcs. La grande histoire des Huns deviendra la grande histoire des Turcs. Rétablir l'histoire authentique du groupe des peuples turcs constituera un apport majeur à l'histoire mondiale. Mais cela exige un travail constant et ciblé. Il y eut, et il y a toujours dans le monde, de nombreux savants qui, déguisés en turcologues, causèrent d'immenses préjudices à l'histoire authentique des Turcs : c'est le cas de Lev Goumilev, par exemple, auteur plébiscité au Kazakhstan par les personnes qui n'ont pas étudié ses « travaux scientifiques ». Car quiconque lit son ouvrage *Drevnye Tiourki* lui attribuera l'appréciation qu'il mérite. Lev Goumilev est le seul être humain à avoir tenté d'échafauder une théorie mensongère, qui visait à prouver que les peuples turcs n'ont pas le moindre lien de parenté entre eux, et que la seule chose qu'ils ont en commun est leur langue. Lev Goumilev est allé jusqu'à débaptiser les Turcs pour en faire les « Tourkout », une invention de son cru. En outre, dans ses ouvrages, Goumilev écrit que les Xiongnu ne sont pas les Huns. D'après lui, les Xiongnu se sont égarés et ont disparu : il néglige cependant de dire qui a pris leur place... Fort heureusement, Konstantin Inostrantsev et des historiens européens ont démontré, de manière convaincante et évidente, que les Xiongnu, les Kounn et les Huns ne sont en réalité qu'un seul et même peuple et que l'unique élément qui les distingue est la première lettre de leur nom[66]. Telle est la vérité.

---

[66] En russe, les trois noms de ces peuples sont : Khounny, Kounny et Gounny. (NdT)

# CONCLUSION

L'histoire des Huns est une histoire incroyable. Apparus sur la scène internationale en même temps que l'antique Empire romain, les Huns, en mille ans, accomplirent un fantastique mouvement des plaines de Mandchourie jusqu'au nord-ouest de la France et à Rome. La *Khronika tchelovietchestva* relate ce mouvement vers l'Ouest : « Nord de la mer Noire, 375. Deuxième étape des grandes migrations des peuples. Après avoir été chassés de Chine, les Huns commencent à se déplacer massivement vers l'Ouest. Ainsi débute la deuxième étape des grandes invasions.[1] » En 430, les Huns s'enfoncèrent profondément en Europe et occupèrent les terres situées sur les rives du Main. Voici ce qu'en dit la *Khronika* : « Les tribus qui possédaient la plus grande influence sur les régions conquises par les Huns en Europe étaient germaniques. Les Burgondes, dont le berceau se situait entre l'Oder et la Vistule, s'étaient installés le long du Main au III$^e$ siècle ; en 436, les Huns soumettent la plupart d'entre eux. » La même source rapporte encore ceci : « En 435, Gondicaire, roi des Burgondes, viole l'accord qu'il a conclu avec l'empereur romain d'Occident Honorius (413) et envahit la province romaine de Belgique ; le général romain Aetius, avec le soutien des Huns, anéantit alors le royaume des Burgondes. Cet événement se retrouve, à sa manière,

---

[1] *Hronika čelovečestva*, p. 212.

dans les œuvres de l'épopée germanique, l'Edda poétique et la Chanson des Nibelungen.[2] »

Les récits de la *Khronika tchelovietchestva* montrent avec clarté le rôle que les Huns jouèrent en Europe à cette époque. Le centre de leur empire se trouvait entre le Danube et la Tizsa. Ayant subi des revers dans leurs guerres contre la Chine, les Huns parvinrent à rassembler leurs forces et à étendre leur influence des montagnes de l'Altaï et du Gobi-Altaï jusqu'aux plaines d'Europe centrale. Dans leur progression vers l'Ouest, il ne fait aucun doute que les Huns assimilèrent les petits peuples qu'ils trouvèrent sur leur chemin, raison pour laquelle certains peuples turcs (les Turcs, les Azéris, etc.) changèrent d'apparence, tout en conservant leurs langues, leurs cultures, leurs coutumes, leur mentalité, leurs idées. C'est également la raison pour laquelle les Kazakhs, aujourd'hui, relèvent d'une race intermédiaire, entre la race européenne et la race altaïque : on ne peut donc les considérer comme un peuple entièrement asiatique, car ils appartiennent à une race eurasienne[3]. Cette assimilation de petits peuples par les Huns (Turcs) s'est faite aux III$^e$ et IV$^e$ siècles, soit il y a 1700 ans, une période qui fait des Kazakhs un des plus anciens peuples existants, possédant sa propre culture, sa propre langue et sa propre mentalité. Soulignons qu'il n'existe, nulle part au monde, de « mono-nation » qui ne comprenne d'éléments empruntés à d'autres peuples ou tribus.

Toutefois, les Huns ne jouèrent pas de rôle majeur en Europe avant l'apparition sur la scène historique du grand Attila, sous la houlette de qui les Huns accomplirent leur

---

[2] *Hronika čelovečestva*, pp. 217-218.
[3] N. Čeboksarov, I. Čeboksarova, *Narody, rasy, kul'tury*.

grande mission européenne : la destruction de l'antique Empire romain esclavagiste. Au moment où Attila apparut, la situation générale était la suivante : l'Europe était en grande partie dominée par Rome, qui prélevait des tributs et complétait ses effectifs d'esclaves sur le dos des peuples européens. Toute tentative de se libérer du joug des Romains était aussitôt sévèrement réprimée par l'envoi de troupes punitives impitoyables. La deuxième grande puissance européenne, à cette époque, était le royaume des Wisigoths, gouverné par le roi Théodoric, qui contrôlait une grande partie de la Gaule et de l'Espagne. Les Romains et les Wisigoths étaient étroitement alliés, ce qui leur permettait de régner sur toute l'Europe. Les Ostrogoths, les Gépides et d'autres pays et tribus se trouvaient dans une situation difficile, dans la dépendance complète de Rome. Cette situation favorisa les opérations des Huns et de leur chef Attila pour s'attaquer à l'Empire romain. Le génie stratégique et militaire d'Attila lui inspirèrent de défaire d'abord le royaume des Wisigoths, tout en infligeant de lourdes pertes à l'armée romaine en termes d'effectifs humains puis, un an plus tard, de lancer contre Rome une offensive dont elle ne se relèverait jamais. Les campagnes d'Attila transformèrent tant l'Europe et le monde entier, apportant à celle-ci le progrès, qu'on ne peut les comparer, en termes de résultat final, qu'à la grande Révolution française, qui inaugura elle aussi une nouvelle ère en Europe.

L'humanité connut trois grands stades dans le développement de ses structures politiques :

1. L'époque des empires esclavagistes.
2. L'époque des régimes féodaux.

3. L'époque du capitalisme, qui se développe actuellement.

4. Le régime socialiste, qui ne s'est pas implanté en Europe et s'est écroulé avec la chute de l'ex-URSS. Nul doute que le même destin attend les autres régimes communistes qui existent encore dans le monde.

Si l'apparition du troisième stade est liée à la grande Révolution française, celle du deuxième stade est exclusivement due aux campagnes d'Attila contre le royaume des Wisigoths et l'Empire romain : on ne peut interpréter autrement l'impact qu'ont eu les Huns et leur chef. Tenter de prouver le contraire ou de minimiser leur rôle dans l'avènement du progrès en Europe, puis dans le monde, est impossible, relève du pur déni et ne repose sur aucune preuve. Attila et les Turcs, qui portaient en ce temps-là le nom de « Huns », mit à bas la Rome esclavagiste et ses principaux alliés, l'empire des Wisigoths, et la situation en Europe changea du tout au tout. L'esclavagisme disparut pour laisser la place à de nouvelles formes politiques et économiques. De nouvelles entités étatiques et de nouveaux peuples, se formèrent, qui donnèrent naissance à de nouvelles cultures et à de nouvelles grandes civilisations. L'Europe d'aujourd'hui et une grande partie de l'humanité sont les héritières de cette nouvelle civilisation. C'est après les campagnes européennes des Huns que se formèrent de manière définitive les peuples actuels : les Français, les Allemands, les Espagnols, les Italiens, les Portugais, etc., et cela est tout aussi irréfutable.

Le rôle que joueront les Huns (Turcs) en Europe occidentale est comparable à celui que joua la Horde d'Or à l'est de l'Europe. Jusqu'à l'invasion des troupes de l'*oulous* de Djötchi à l'ouest de la Volga, les principautés russes se livraient entre elles des guerres si durables et si sanglantes qu'elles étaient condamnées à disparaître. Elles se seraient détruites les unes les autres et auraient atteint un tel degré de déclin et de dégradation que leur fin prochaine aurait été inévitable. Il fallait une puissance qui intervienne dans ces événements et mette fin à ces guerres intestines et à ces effusions de sang entre les principautés russes. Et cette puissance arriva de par-delà la Volga : c'était l'empire kazakh de l'*oulous* de Djötchi et de la Horde d'or qui, conquérant l'une après l'autre toutes les principautés russes, mit fin aux guerres qu'elles se livraient. Dès lors, les princes russes furent désignés par les khans de la Horde d'Or ; ils recevaient d'eux des *iarlyks*, dispositions leur accordant le droit de gouverner leurs principautés, et avaient l'interdiction d'entrer en guerre sans l'aval du khan. Telle est la vérité. Pourtant, si les historiens européens ne la réfutent pas, il n'est reste pas moins qu'ils la taisent. Les historiens russes, eux, refusent de l'admettre. Seul l'historien français Amédée Thierry s'est exprimé ouvertement sur la question, sans être contredit d'ailleurs par quiconque. Ce silence est probablement une reconnaissance tacite du rôle que les Huns et Attila jouèrent dans l'histoire mondiale.

À l'heure actuelle, on assiste dans le monde entier à un tel regain d'intérêt sur les Huns qu'on publie un grand nombre de livres sur eux, en Europe et en Amérique. Toutefois, tous ces ouvrages ne prennent en compte, dans l'histoire des Huns, que les événements liés à Attila. Jusqu'ici et à la publication du présent ouvrage, *Histoire des Huns*, aucun livre n'a jamais été écrit qui couvrît toute l'histoire des Huns. Les nombreux travaux parus n'éclairent tous qu'une partie ou une autre de leur longue histoire, essentiellement le séjour d'Attila en Europe, l'origine des Huns ou encore les récits sur les premiers Huns tirés des chroniques chinoises, mais jamais leur histoire complète. Le présent ouvrage explore toute l'histoire des Huns, à partir de sources historiques primaires exclusivement, et éclaire tout leur parcours historique jusqu'à la chute de leur empire, consécutive à la mort d'Attila, et à la formation, sur les ruines de cet empire, des khaganats turcs. Nous n'avons pas, en revanche, étudié toute l'histoire des khaganats turcs, mais seulement la dernière étape de leur histoire, à savoir la division du khaganat turc en une partie orientale et une partie occidentale, puis le morcellement de celles-ci en groupement tribaux : les Oghouz, les Alach et les Karlouk. Ce livre constitue une somme sur l'histoire de la nation et de l'entité étatique kazakhes, des Huns à la République du Kazakhstan en passant par les Alach et les autres clans kazakhs, l'empire de Gengis Khan, l'*oulous* de Djötchi (la Horde d'Or), le khanat kazakh et la colonie de l'URSS. Tels sont le long cheminement historique du peuple kazakh, qui fut un grand peuple, et l'histoire que foulent aux pieds certains Kazakhs – sans même parler des historiens de l'ancienne métropole – ou qui est simplement ignorée, comme c'est le cas aux États-Unis et dans les autres pays développés. Voilà plus de quarante ans, depuis l'époque où j'étais encore étudiant, que je rassemble les sources primaires qui sont à la base des ouvrages que j'ai publiés.

**L'Harmattan Italia**
Via Degli Artisti 15; 10124 Torino
harmattan.italia@gmail.com

**L'Harmattan Hongrie**
Könyvesbolt ; Kossuth L. u. 14-16
1053 Budapest

**L'Harmattan Kinshasa**
185, avenue Nyangwe
Commune de Lingwala
Kinshasa, R.D. Congo
(00243) 998697603 ou (00243) 999229662

**L'Harmattan Congo**
67, av. E. P. Lumumba
Bât. – Congo Pharmacie (Bib. Nat.)
BP2874 Brazzaville
harmattan.congo@yahoo.fr

**L'Harmattan Guinée**
Almamya Rue KA 028, en face
du restaurant Le Cèdre
OKB agency BP 3470 Conakry
(00224) 657 20 85 08 / 664 28 91 96
harmattanguinee@yahoo.fr

**L'Harmattan Mali**
Rue 73, Porte 536, Niamakoro,
Cité Unicef, Bamako
Tél. 00 (223) 20205724 / +(223) 76378082
poudiougopaul@yahoo.fr
pp.harmattan@gmail.com

**L'Harmattan Cameroun**
TSINGA/FECAFOOT
BP 11486 Yaoundé
699198028/675441949
harmattancam@yahoo.com

**L'Harmattan Côte d'Ivoire**
Résidence Karl / cité des arts
Abidjan-Cocody 03 BP 1588 Abidjan 03
(00225) 05 77 87 31
etien_nda@yahoo.fr

**L'Harmattan Burkina**
Penou Achille Some
Ouagadougou
(+226) 70 26 88 27

**L'Harmattan Sénégal**
10 VDN en face Mermoz, après le pont de Fann
BP 45034 Dakar Fann
33 825 98 58 / 33 860 9858
senharmattan@gmail.com / senlibraire@gmail.com
www.harmattansenegal.com